# 实用学校体育学

（第二版）

主　编　韩会君　王　菁
副主编　付海燕　韩凤月

广东高等教育出版社
Guangdong Higher Education Press
·广州·

**图书在版编目（CIP）数据**

实用学校体育学/韩会君，王菁主编. —2版. —广州：广东高等教育出版社，2021.12
ISBN 978-7-5361-7187-9

Ⅰ. ①实… Ⅱ. ①韩… ②王… Ⅲ. ①学校体育-高等学校-教材 Ⅳ. ①G807

中国版本图书馆CIP数据核字（2021）第269290号

出版发行 广东高等教育出版社
社址：广州市天河区林和西横路
邮编：510500 营销电话：（020）87553335
http://www.gdgjs.com.cn
印 刷 广东海洋印刷有限公司
开 本 787毫米×1 092毫米 1/16
印 张 16.75
字 数 348千
版 次 2013年9月第1版 2021年12月第2版
2021年12月第2版第1次印刷，累计第3次印刷
定 价 48.00元

# 再版说明

2018年9月10日，习近平总书记在全国教育大会上强调指出："要树立健康第一的教育理念，开齐开足体育课，帮助学生在体育锻炼中享受乐趣、增强体质、健全人格、锤炼意志。"习近平总书记的重要指示为学校体育改革与发展指明了方向，也为学校体育理论体系的丰富与完善提供了行动指南。

为了顺应学校体育改革发展的浪潮，让体育院校的学生主动适应新征程的发展目标，广州体育学院学校体育教研室教师在"学校体育学"的教学和中小学体育课程与教学改革的介入中不断总结经验，围绕党和国家相关文件的精神实质，对2013年版的《实用学校体育学》进行了修订。

修订后的《实用学校体育学》仍保留了"实用"和通俗易懂的特性和原有的体例，并对某些章节做了重大的修订。如围绕"教会、勤练、常赛"的基本要求，将原版的课余篇中的"第十章　课余体育"分为课余体育锻炼、课余体育训练和运动竞赛三个章节。同时，修订后的《实用学校体育学》配以二维码的形式，充分拓展了学校体育的内容资源。

本书由韩会君、王菁担任主编，付海燕和韩凤月担任副主编，每个章节参与编写的人员有（以章节为序）：

第一章　学校体育的发展历程（韩凤月）

第二章　学校体育的结构、功能与目标（王菁）

第三章　体育课程（王菁、陈美婷）

第四章　体育教学目标（韩会君、付海燕）

第五章　体育教学过程（韩会君）

第六章　体育教学方法（王菁）

第七章　体育教学组织形式（付海燕）

第八章　体育教学设计、计划与实施（韩会君、马晓伟）

第九章　体育教学评价（付海燕）

第十章　课余体育锻炼（李佳薇）

第十一章　课余体育训练（马晓伟）

第十二章　学校运动竞赛（马晓伟、韩会君）

第十三章　体育教育实习（吴劲松、付海燕）

本书凝聚力了广州体育学院学校体育学教研室历任教师的集体智慧，在编写和出版过程中，得到了学校教务处、体育教育学院、体育与社会发展省级科研团队、广东高等教育出版社以及学界与业界同仁的大力支持。本教材在编写过程中，借鉴与引用了许多专家的研究文献以及不同版本《学校体育学》教材的相关成果，充实和丰富了本教材内容。在此，编写组一并表示衷心的感谢。

迈入新发展阶段，如何实现学校体育高质量发展，如何有效提升青少年体质健康水平，需要学校体育理论与实践做出积极的回应。体育与健康课程改革也将处于不断完善与深化之中，学校体育学的学科建设也将处于发展之中，本书难免存在这样和那样的不足之处，敬请读者和同行批评指正。

编　者<br>2021 年 11 月

# 目 录

# 第一章　学校体育的发展历程

内容概要

本章简要介绍了古今中外学校体育产生、发展的概况；总结了不同时期学校体育发展的基本特征；探析了影响学校体育产生、发展的主要因素及与社会发展之间的关系。

关于体育的起源，目前学术界尚未形成共识。但不管是哪种观点，学者普遍认为，原始社会的许多活动中已包含了某些体育的元素，孕育了体育的萌芽。学校体育作为体育的组成部分，是人类进入奴隶社会之后产生的。

# 第一节　国外学校体育的产生与发展

## 一、古代学校体育的产生与发展

西方的古代文明是在公元前4000年前后在西亚、北非区域出现，到17世纪欧洲资产阶级革命兴起之前结束，经历了奴隶社会、封建社会两个发展阶段。

### （一）奴隶制时期学校体育的产生

公元前8世纪希腊首先进入奴隶社会。希腊作为欧洲文明的发源地，无论是政治、经济还是文化、教育均处于领先的地位。在希腊城邦中，斯巴达和雅典城邦的教育独领风骚、各具特色。

9千户的斯巴达人作为入侵者在公元前8世纪占领了伯罗奔尼撒半岛东南部，统治着当地的25万名奴隶。为维护自己的统治力量，当权者非常重视斯巴达人的身体素质和战斗能力的培养。斯巴达城邦教育的特点是重武轻文，全民皆兵；重视妇女体育，强调体育教育与军事训练的紧密结合。

雅典城邦位于希腊的中部，地理位置便于航海经商。公元前6世纪已经实行奴隶制的民主制度，是希腊的文化、商业中心。雅典教育与斯巴达教育有着较大的差别，统治者不但重视公民的身体素质训练，也重视百姓文化知识的学习和艺术细胞的培养，培养出来的公民既能行军打仗，又能吟诗、画画、雕塑……足以可见雅典教育的特点是文武兼习，文武并重，注重人的德、智、体、美全面发展。

希腊作为西方古代教育的典型代表，充分展示了国外学校体育产生的初期目的的确立和内容的安排主要是为奴隶主贵族服务，并带有鲜明的军事色彩。

### （二）封建社会时期学校体育的发展概况

公元476年以西罗马帝国的灭亡为标志，欧洲开始进入封建社会。西方国家封建社会学校体育的发展各具特色，但总体而言受基督教的影响较大，体育的发展长期处于停滞、甚至倒退的状态。

基督教的教义认为“肉体是灵魂的监狱”，禁止信徒进行游戏和竞技活动，违反则要受到相应的惩罚。在基督教的影响下，中世纪的教会学校教育的内容主要是学习《圣经》和基督教神学，体育活动被排斥在外。中世纪体育发展严重受阻的同时，骑士教育却独树一帜，而且非常重视身体训练和军事训练。骑士教育的主要内容是“骑士七技”，即骑马、游泳、投枪、击剑、狩猎、游戏（包括下棋、球戏）和吟诗等。骑士教育的目的是为战争服务，主要围绕居室技能和体能进行训练。

阿拉伯帝国地域辽阔，商业发达。男孩除了到书馆学习之外，出于战争的需要，也必须在父兄的指导下学习军事技能，例如骑马、射箭、击剑等。

美洲大陆早在纪元前就诞生了印第安文化，许多民族的男子从小就要学习与军事有关的各种技艺。青年男子满16岁时要举行“成年礼”，而且必须接受“考试”，考试的项目大多属于现在的学校体育内容，例如跑步、跳高、跳远、投掷石块等。

中亚草原各民族主要以游牧生活为主。他们的生活方式和轻骑兵作战方式对学校体育有较大的影响，例如波斯帝国7～16岁的贵族子弟要到教馆中学习摔跤、射箭、跑步、投枪等。

从几个有代表性的国家或民族学校体育的发展历程，我们可以总结出一些具有共性的规律：古代外国学校体育仍然与当时的社会需要、作战方式等紧密相关，并没有形成独立的、系统的体育教育体系。

## 二、近代国外学校体育的产生与发展

世界近代史是从1640年英国资产阶级革命到1917年俄国十月革命为起始点，但世界近代体育则伴随着14世纪以来的文艺复兴、宗教改革、启蒙运动逐渐产生并传播，近代体育思想和实践体系对此时期的学校体育不可避免地产生了强烈的影响。

从14—18世纪，欧洲先后爆发了文艺复兴、宗教改革、启蒙运动。经过三大思想文化运动，奠定了近代体育思想的基础，近代体育体系也基本形成。人们不再认为身体是灵魂的监狱，体育在教育及社会生活中的独特价值得到基本肯定；身体健康的重要性得到世人的重视，身心全面发展的原则基本确立；许多教育家开始关注不同年龄阶段青少年儿童的体育教育方法与内容，不断总结体育教育经验，涌现了许多体育教育改革家。

14—16 世纪欧洲先后爆发了文艺复兴运动，这场资产阶级思想文化运动解放了人们长期以来被禁锢的思想，人文主义教育观逐渐得到社会民众的认可，体育在教育中的地位也引起世人的重视。

宗教改革时期，天主教会分为旧教（耶稣会派）和新教两派。为了维护自己在教育方面的独占权，迎合新时代的潮流，旧教也效仿新教在教育活动中加入体育实践的内容。由于旧教在世界各地办学，因此客观上对近代学校体育的传播起到了积极的推动作用。

在宗教改革时期，捷克著名的教育家夸美纽斯（1592—1670 年）在教育改革方面冲破贵族狭小天地，奠定了近代学校体育的基础。在他的教育计划中体育首次成为教育的有机组成部分。作为文艺复兴以来体育理论的集大成者，夸美纽斯被西方学者称为“学校体育之父”。

英国著名思想家、教育家洛克（1632—1704 年）首次将学校教育的任务划分为智育、德育和体育三部分，并对三者之间的关系进行了论证，认为体育是学校教育中不可缺少的组成部分，充分肯定了学校体育的重要性。

18 世纪的启蒙运动对欧洲乃至整个世界都产生了深刻的影响。一些改革倡导者的思想和理论对近代学校体育的发展做出了重要贡献。法国的卢梭（1712—1778 年）认为，在教育中应该让儿童了解足够的娱乐知识，掌握一定的技能。他崇尚“自然体育”的思想，主张让青少年在大自然中快乐地游戏、健康成长，对后世自然体育学派产生了较大的影响。

德国的巴塞多（1724—1790 年）汲取夸美纽斯、卢梭的体育思想，在学校体育教育实践方面进行了积极的探索。1774 年，他在德国的德绍创建了一所学校，首创了学校体育课程。这所学校固定开展的体育项目称为“德绍五项”，即跑步、跳高、攀登、平衡和负重。

博爱派教育家古茨穆茨（1759—1839 年）使学校教育彻底摆脱了贵族性质，对近代学校体育发展做出较大贡献，被誉为“德国近代体育之父”。他发表的《青年体操》（1793 年）和《游戏》（1796 年）被译成多种文字出版；他建立的古氏体操体系和方法成为近代学校体育的普遍模式。古氏的体育理论和方法顺应了当时社会对从事工业化生产的劳动者身体素质的需求，彻底改变了学校体育只为少数人服务的性质。

19 世纪，多国政府认识到学校体育教育的重要性，渐次开设学校体育课程，这其中，丹麦成为开设体育课程最早的国家。1809 年丹麦政府要求中学必须开设体操课，1814 年下令小学也要上体育课。随后，瑞典和德国政府也陆续将体操列为学校教育内容。19 世纪末 20 世纪初，美、德、法、英等国陆续颁布了有关学校体育法案，标志着学校体育法制的确立。

20 世纪初期，美国的“新体育”学说和奥地利高尔霍菲尔（1885—1941 年）的学校体育改革对后世影响较为深远。“新体育”学说也称为“自然体育”学说。该学说非常重视儿童的兴趣，主张给他们自由活动的时间，认为体育应包括机体教育、神经肌肉活动的教育、品德教育等。新体育学说促进了体育的科学化和社会化。

奥地利教育家高尔霍菲尔等人对学校体育实践形式进行了改革、创新，使其更符合学生生理、心理的特点。遵循循序渐进的原则，考虑不同年龄学生的差异，教学内容更加丰富、均衡。不但有适于室内的德式体操、瑞典体操技巧等内容，也加入了跑、跳、游戏等户外体育内容，其体育教育体系对世界学校体育发展产生了较大的影响。

近代学校体育起源于欧洲，在世界范围内的传播主要通过以下三个途径：第一是移民传播，例如美洲和大洋洲的移民将欧洲近代学校内容带到居住地；第二是主动引进，例如日本、俄国等，在进行资本主义制度改革过程中，积极进行教育改革，其中包括近代体育的引进；第三是（殖民地半殖民地）被迫改变，例如中国等国。外国列强侵入中国后，不仅抢掠物质资源，还将本国文化教育思想输入到我国。中国政府为了富国强民也不得不效仿欧洲强国改革教育制度，引入西方近代学校体育内容，以强健国民的体质。

## 三、现代学校体育的发展概况

随着现代社会科学技术的快速发展，人们的物质生活有了极大的改善，随之也带来了生活方式的改变，人们的健康意识不断提升，也更加重视体育在健康促进中的作用。体育教育不但是学校教育的组成部分，也与终身教育联系起来，学校体育出现了一些新的发展趋势，主要表现在以下几个方面。

### （一）体育课程资源日益丰富

竞技体育项目经过改造更加符合学生的身心特点，深受学生的喜爱；新兴运动项目以其新颖、刺激、娱乐性等特点成为体育课程资源内容的新鲜血液，引人瞩目；民族传统体育在继承与创新中进一步发展，发挥着独特的育人功能。

### （二）教学方法丰富多样

随着社会的发展，学校体育不再单纯为增强学生体质服务，还在发展学生个性、娱乐学生身心、发展学生社会适应能力、发展学生创新能力等方面发挥自己独特的作用。因此，教学方法也不单纯局限于传统的讲解、示范、分解、完整、循环练习等方法，体育教师逐渐引用小群体学习、合作—探究学习、情景教学等方法，以培养学生的综合素质和能力。

**（三）体育教学评价与测试方法更科学、合理、公正**

体育教学评价理念不断更新，与素质教育、终身体育相结合，强化全面教育目的，强调评价体系的测试、反馈、激励等综合功能；评价内容注重多元性，既评价学生的身体健康、运动技术、技能情况，也关注学生的学习态度、心理情感等方面的发展；综合运用多种评价方式，即定性与定量评价相结合，自评与他评相结合，诊断性评价与形成性评价、终结性评价相结合。

**（四）课外体育活动普遍受到重视**

虽然许多国家将体育课程作为必修课程，但很难做到每天都安排体育课。为了保证学生每天都有一定的体育锻炼时间，世界各地非常重视学生体育课程之外的锻炼，不同的国家制定了不同的制度与方法。中国政府为了保证中小学生每天在校内有 1 小时的体育锻炼时间，中国政府规定，除了保证完成规定的体育课程之外，每天必须做早操、课间操。近几年推广的“大课间”对强健学生的体质有积极的影响。西方许多国家课外体育采用运动俱乐部制，学生在课外可以参加运动俱乐部的活动。

# 第二节　我国学校体育的产生与发展

## 一、古代学校体育的产生与发展

**（一）奴隶社会学校体育的产生**

当中华文明告别原始社会进入奴隶社会之后，发展节奏日益加快。为了传承人类文明的成果，为现实社会服务，中国在夏代就出现了“校”“序”“庠”等不同名称的学校，商代也出现了“大学”“庠”两级学校教育的场所。夏、商时期学校教育内容主要“习射”，教育的特点是文武兼习、偏重武。到了西周时期，学校教育系统逐渐完善，贵族子弟 6 ~ 15 岁入“小学”学习，学习“六艺”（礼、乐、射、御、书、数），15 岁进入“大学”学习，学习的内容主要是“四术”（礼、乐、诗、书），学校教育的特点是文武兼习，文武并重。其中的乐、射、御属于体育教育内容，说明先秦时期体育教育普遍受到重视。

总之，奴隶制社会出现了学校体育的雏形。统治者为了维护自己的政权，在学校教育中实行“文武合一”的教育方式，学校教育中“武”的内容，主要为战争服务，即学校体育与作战方式紧密相关。

### （二）封建社会学校体育的发展

公元前 221 年，秦始皇结束了诸侯争霸的混乱局面，统一了中国，建立了第一个封建王朝，从秦朝至 1840 年鸦片战争为止，这一阶段是中国的封建社会时期。

先秦时期，由于战争和社会现实的需要，学校教育偏重武学的内容，注重学生的身体锻炼和军事技能的培养。但到了汉武帝时期，这一社会风气发生了转变，学校教育开始“重文轻武”，以经取仕的人才选拔制度不但让官学排除了武艺的教学内容，还对后世的社会风气产生了深远的影响。唐朝武则天开创“武举制”，重文轻武的风气有所好转，也促进了宋朝武学的出现。宋明时期的书院，在以学文为主的前提下，学生在业余时间也开展休闲体育活动。清代书院教学内容中也有骑射的内容。

总之，封建社会自汉代以来，学校教育长期重视经学教育，虽然每个时期重文轻武的程度不尽相同，但总体而言，学校体育的发展受到严重的阻碍。

## 二、近代学校体育的发展

中国的近代是从 1840—1949 年，中国近代学校体育主要指在这一段时期内学校体育的发展概况。

1840 年，外国列强利用坚船利炮打开了中国几千年封闭的大门，随之，近代体育也传入了中国。加之国内先后爆发的洋务运动和戊戌变法对近代文明的大力宣传，愈发加速了近代体育在中国的传播速度，学校体育也发生了极大的改变。

洋务运动时期，近代学校体育首先出现在效仿西方的新式学堂中（包括军事学堂），学堂规定学生要学习兵式体操、瑞典体操和游戏等内容，课外体育活动也主要以西方近代体育为主。洋务运动对学校引入西方近代体育做出了不可磨灭的贡献。

戊戌变法时期，康有为等维新派积极宣传西方新的教育观念，充分肯定体育教育对儿童青少年健康成长的重要性，对近代中国学校体育发展产生了深远的影响。

1903 年清政府为了强健国民的体质，挽救濒临灭亡的政权，颁布了《奏定学堂章程》，规定各级各类的学堂都要上“体操科”。效仿日本的做法，学校体育课程的教学内容主要以日本军事体操为主。虽然内容比较枯燥，教师专业水平较低，教学效果并不理想，但毕竟结束了几千年学校教育没有体育课程的历史。

辛亥革命后，学校体育出现了课内、课外课程内容差异较大的现象。体育课仍以军事体操内容为主，课外体育则引进了田径和球类等西方近代体育内容，体育课的呆板、无趣与课外体育活动的愉快、活泼形成了鲜明的对比。

五四新文化运动发起后，毛泽东、恽代英等人分别发表文章抨击当时的教育现状，并对体育的意义等进行了论述。1917 年，毛泽东以“二十八画生”为笔名，在《新青年》杂志第 3 卷第 2 号上发表了他的著名体育论文——《体育之研究》。文章以近代科学的眼光，就体育的概念、目的、作用，以及体育与德育、智育的关系，体育锻炼的原则和方法等问题均做了详尽的讨论，闪烁着青年毛泽东的体育思想光辉。文章除前言外共分 8 节：释体育、体育在吾人之位置、前此体育之弊及吾人自处之道、体育之效、不好运动之原因、运动之方法贵少、运动应注意之项和运动一得之商榷。1917 年 5 月，恽代英发表了《学校体育之研究》一文，在文中恽代英明确提出学校体育应当以“所以保学生健康”为首要目标，并对当时学校体育中“选手体育”“军国民体育”等不良现象进行了驳斥。他在 1917—1919 年间编撰和翻译了大量有关学校体育的文章，如撰写了《运动之训育方法》《儿童问题之研究》《与黄胜白先生论中学体育》等篇；翻译了《最良之五分钟体操》《普通体育之改良（并图注）》《儿童游戏时间之教育》等篇，涉及学校体育目标的论述、学校体育具体改革措施的构想、学校体育竞技运动的开展、学校体育要服务于社会等多个方面的内容。

在新文化运动影响下，北洋政府于 1922 年颁布了“壬戌学制”，对学校体育进行了改革，废除实行了 20 年的日本学制，改为效仿美国的学制。1923 年公布《新学制课程标准》，将“体操科”改为“体育课”，教学内容也由原来的兵式体操改为田径、球类、游泳、普通体操等近代体育内容，并将生理卫生、保健知识纳入学校体育教育内容，这次的重大改革是我国学校体育发展史上的里程碑。与此同时，部分教师对教学方法进行了改革尝试，师资培养受到人们的重视，先后成立了“南京高等师范学校体育科”和“北京高等师范学校体育科”。

1927 年是中国战争频繁的时期，1927 年国民党建立南京政府，中国共产党创建农村革命根据地，中国出现了两种政权。在抗日战争爆发之前，国民政府对学校体育进行了一些改革，取得了一些成绩。例如成立了学校体育领导机构，先后颁布了一些关于学校体育的法令，教育部聘请相关专家编写中小学体育教材；在体育课之外，还将军训列为学校正式课程；成立了培养体育师资的专科学校和体育系科。但由于经费短缺、制度落实不够等原因，此时期学校体育发展缓慢。与此同时，在根据地各类学校也开设体育课。虽然条件艰苦，师生们充分利用现有的场地设施，开展形式多样、丰富多彩的各类体育活动。

## 三、中华人民共和国成立之后学校体育的发展概况

1949 年中华人民共和国成立，中国进入社会主义社会发展阶段。学校体育在 60 多年的发展过程中虽然经历了许多波折和起伏，但总体而言取得了巨大的进步与成就。

1. 初创基业阶段（1949—1957 年）

中华人民共和国成立之后，党和政府非常重视青少年的身体健康，1950 年和 1951 年毛泽东两次作出“健康第一”的指示。1952 年国家体委专门设立群众体育司学校体育处，1953 年各省（直辖市、自治区）也相继成立相应的机构，学校体育工作有了组织保障。教育部和国家体委颁布《学校体育工作暂行规定》，对学校体育目标做了明确的规定，并规定小学至大学体育课是必修课，每周 2 学时，学校体育有了制度保障。1956 年出版了效仿苏联十一年制的体育教学大纲，1957 年中小学体育教学参考书也正式出炉，体育教学工作日趋规范化。

为了促进青少年积极参加体育锻炼，提升青少年体质健康水平，1954 年在学习苏联经验的基础上制定了《准备劳动与卫国体育制度》，制定了不同年龄阶段应达到的标准，对学校体育的发展有着积极的促进作用。为了解决师资问题，1952 年创立了历史上的第一所独立建制的体育学院，即华东体育学院（1956 年改名为上海体育学院），之后又创立了北京、武汉、成都、西安和沈阳体育学院，并在 38 所高校建立了体育系科，有效解决了体育师资数量不足、专业素质差等问题。

总之，在这一阶段，无论是管理制度还是规范性、专业建设、师资培养等都取得了长足的进步。

2. 曲折发展阶段（1958—1965 年）

1958 年由于极左思想的影响，学校体育工作“左”指导思想上出现了偏差，违背青少年身心发展规律，提出了一些不符合实际的指标，青少年的身体健康在一定程度上受到损害。加上 1960 年爆发的三年自然灾害，学生的体质普遍下降。

所幸的是 20 世纪 60 年代这种“左”倾思潮很快得到纠正，学校体育工作逐步走向正轨。

3. 严重破坏阶段（1966—1976 年）

1966—1976 年是十年动乱时期，教育系统也同其他战线一样处于混乱状态：学校的管理制度被破坏，学生无故旷课、迟到等现象严重，正常的上课秩序不能保证，无法完成教学任务。体育课被“劳动课”“军训课”代替，场地器材受到破坏且缺乏。以往的教育方针和教学大纲受到批判，17 年取得的成绩被否定。总之，十年动乱时期学生身体健康状况下降，学校体育工作处于混乱和停滞状态。

4. 快速发展阶段（1977 年至今）

1976 年“文化大革命”结束，1978 年 12 月党的十一届三中全会拨乱反正，教育战线也逐步走向正轨，学校体育管理机构得以恢复并逐渐加强，陆续出台了一系列的改革措施，学校体育经历了前所未有的变革，逐步朝科学化、规范化、现代化的方向发展。

为了保障青少年身心健康，中央政府先后出台了一系列的政策，促使各省市管理部门重视学校体育工作。1979 年 10 月，教育部和国家体育运动委员会（现为国家体育总局）下发了《高等学校体育工作暂行规定》（试行草案）、《中小学体育工作暂行规定》（试行草案），对学校体育工作涉及的内容做了明确的规定。1990 年 3 月，在试行了 10 年之后，国务院批准正式颁布了《学校体育工作条例》。从此，我国学校体育工作走上了有法可依的轨道。1992 年，一些省市试行初中生升学体育加试，并在 1998 年全国试行。2001 年和 2002 年，教育部和国家体育总局联合颁布《体育与健康课程标准》。新一轮的改革几乎涉及学校体育的方方面面，更加注重与素质教育、终身体育的结合，更加注重学生身心全面发展：提出了“健康第一”的指导思想；教学方法的运用更注重体现学生的主体地位，更注重培养学生的心理素质与社会适应能力；体育课程资源得到充分的开发与利用，体育教师和学生对学习内容的选择有了较大的自主权；体育评价更科学、全面。2004 年开始进行高中课程改革，高中体育课实行选修制，学生可根据自己的兴趣选择喜欢的学习内容。2007 年 5 月 7 日，针对青少年部分体能指标持续下降的问题，首次以中共中央、国务院的名义下发了《关于加强青少年体育增强青少年体质的意见》（中发〔2007〕7 号），进一步强调了青少年体育工作的重要性，也为各省市学校体育工作指明了发展方向。2007 年，教育部组织相关领域的专家对《体育与健康课程标准》进行了修订，使其更加完善、更加贴近实际、更具有操作性。2021 年 10 月，中共中央办公厅、国务院办公厅印发了《关于全面加强和改进新时代学校体育工作的意见》（以下简称《意见》），对新时代我国学校体育工作提出了全面的要求，确立学校体育“四位一体”的目标：通过学校体育包括体育课、体育锻炼和体育竞赛，让学生享受乐趣、增强体质、健全人格、锤炼意志。体育的内容包括教会学生基本的健康知识、基本的运动技能和专项的运动技能；在教会的基础上，要组织经常性的体育锻炼和面向人人的体育竞赛。《意见》要求改变对体育价值和意义的认识，把体育从过去理解的片面的身体活动上升为一个培养人的全面素质特别是涉及意志品质、健全人格和人际交往，乃至弘扬爱国主义、集体主义精神的一个非常重要的渠道和载体。体育教学要做到“教会、勤练、常赛”，教会学生健康知识，教会学生基本的运动技能，还要教会学生专项的运动技能；勤练是指学校体育除了课堂教学之外，还要组织经常性的课余训练、课余体育锻炼，使学生熟练课堂上学到的健康知识、基本运动技能和专项的运动技能；常赛是指学校体育教育应该包括体育竞赛，没有体育竞赛的体育不是完整的体育。体育竞赛应面向学校中的每一位学生，学完体育一定要参加体育竞赛，只有参加体育竞赛，才能健全体育育人功效。

## 四、我国学校体育学课程的产生与发展

学校体育学是研究学校体育现象及其规律的一门学科。从中华人民共和国成立到20世纪80年代初期，学校体育学是体育院校“体育理论”课程的重要组成部分，并非一门单独的学科。随着社会的发展，学校体育在教育中的地位不断提升，其重要性日益凸显。人们对该领域的认识与研究不断深入、丰富，将其作为单独学科的呼声逐渐引起各方的重视。1983年10月，人民体育出版社出版了第一本《学校体育学》，各体育院系也陆续开设了“学校体育学”课程。至此，学校体育学从体育理论学科中分化出来，成为一门新兴的学科，对我国学校体育的发展产生了深远的影响。

## 五、中华人民共和国体育课程指导性文件的历史沿革

中华人民共和国成立以来，我国体育事业取得了举世瞩目的成就，体育课程指导性文件也历经更迭，引领着学校体育持续健康发展。为促进青少年体质健康，为我国体育从“东亚病夫”“体育弱国”到“体育强国”的转变做出了积极的贡献。有学者认为中华人民共和国真正有革命意义的体育课程改革，一次是实施“体育教学大纲”，另一次是实施“体育与健康课程标准”。2017年，以核心素养为导向修订的《普通高中体育与健康课程标准（2017年版）》，给体育课程带来了新变化。梳理中华人民共和国体育课程指导性文件，一方面可以认清其历史发展脉络，另一方面可以积累经验，为后续课程发展提供启发与思考。

### （一）“体育教学大纲”演变历程

从中华人民共和国成立至2000年之前，我国共颁发了六次体育教学大纲，历次体育教学大纲的制定受国家教育发展方针（政治目的）、国外学校体育理论（国际视野）、体育学科内在逻辑（科学依据）、学生身心发展特点（主体需求）以及国家、地区或学校特色（文化差异）等因素影响，推动了不同时期学校体育的发展。

1956年，以苏联体育教学大纲为模仿样本，我国推行了《小学体育教学大纲（草案）》和《中学体育教学大纲（草案）》，提出了体育在学校教育中的基础性作用，指出以游戏、体操和田径为主要手段，促进学生掌握知识与技能、全面发展、达到《准备劳动与卫国体育制度》标准等。

1961年，教育部颁布了《小学体育教材》和《中学体育教材》，将教学大纲和教材合编为一本。这是对1956年教学大纲的继承与发展，也是对实践反思的总结与提升。这次教学大纲改善了三年困难时期导致学生体质下降严重的现状，首次提出了体

质教育的指导思想。同时，为体现民族特性，将武术作为与体操、田径和游戏并列的项目，丰富了体育教学内容，也为照顾地区间的差异，实施了基本与选用教材。

1978 年，教育部修订了《全日制十年制学校小学体育教学大纲（试行草案）》和《全日制十年制学校中学体育教学大纲（试行草案）》。这段时期国内外政治和社会均发生了巨大的动荡。国际上，中苏关系恶化，中美关系解冻，中日正式建立外交关系等；国内，我国学校体育经历了“文化大革命”的十年浩劫，有些地区体育课被取消，或被劳动课和军事课所取代，学生体质明显下降。在此背景下，此次修订的体育教学大纲提出，学校体育的目的之一是有效地提高学生体质。为此增加了“课课练”的内容、重复练习法和循环练习法等也得到了广泛的应用、体育课的练习密度和运动量得到了一定的重视，早操和课间操等课外体育活动也逐渐发展起来。此外，这次体育教学大纲首次明确提出培养学生体育基本知识、体育基本技术和体育基本技能（以下简称“三基”）的任务，首次渗透体育教学要以教材为中心、以教学为中心和以教师为中心（以下简称“三中心”）的理念等。

1987 年，《全日制小学体育教学大纲》和《全日制中学体育教学大纲》颁布，借助改革开放的春风，我国体育课程发展迎来了崭新的机遇。如突出教材的多样化和趣味性，满足学生的兴趣和爱好；掌握锻炼身体的原理和方法，满足学生休闲娱乐和终身体育的要求等内容。

1992 年，国家教委颁发了《九年义务教育全日制小学体育教学大纲》（试用）和《九年义务教育全日制中学体育教学大纲》（试用）。在巩固“三中心”“三基”和体质教育等内容的基础上，提出“建立体育、卫生保健教育与身体锻炼相结合的体系”，“制定比较完整的目标体系”；明确“体育教师是体育教学的主导，学生是体育教学的主体”的观念等。

2000 年，教育部颁布了《九年义务教育全日制小学体育与健康教学大纲（试用修订版）》《九年义务教育全日制初级中学体育与健康教学大纲（试用修订版）》和《普通高级中学体育与健康教学大纲（试用修订版）》。此次教学大纲首次将“体育课程”改为“体育与健康课程”，不仅契合了“健康第一”的教学理念，也明确了体育为健康服务的本真目的。它突破教学大纲中的“三中心”，提出了以学生为主体，满足学生的兴趣和乐趣，挖掘学生的积极性和自觉性，建立教师与学生、教与学双边协调的发展机制等。

### （二）《体育与健康课程标准》演变历程

为顺应时代潮流，满足现实需求，实施素质教育和健康第一的指导思想，从 2000 年至今，体育与健康课程标准取代了体育教学大纲，经历了部分地区实验、全面实施到修订完善的过程。这个过程将指令性文件转变成指导性文件，缓解了教学大纲统得过死的问题，给予了体育课程发展更大的弹性和空间。

1.《九年义务教育全日制体育与健康课程标准》

《九年义务教育全日制体育与健康课程标准》（以下简称《新课标》），于2001年实验，2005年实施。《新课标》划分了六个学习水平，提出了运动参与、运动技能、身体健康、心理健康和社会适应五个学习领域，构建了国家、地方、学校三级课程，注重发展性评价等。自《新课标》实施以来，教育部组织专家对其进行了广泛的调研，调研结果显示，《新课标》认同度很高，但也存在一些问题，专家依此得出基本的判断，即“新课标大方向是正确的，基本框架是合理的，对其的修订应是建设性的改进”。修订稿于2011年颁布，其与实验稿的差异主要体现在，提出目标要引领内容，内容和方法需促成目标的达成，并将原来的五个领域改成四个，即心理健康和社会适应合二为一，且给出了大量的案例，增强了对一线教师的指导等。

2.《普通高中体育与健康课程标准》

《普通高中体育与健康课程标准（实验）》（以下简称《高中课程标准（实验）》），于2003年实验，2005年实施。它继承了《新课标》划分的五个学习领域，加大了学生的自主选择性，建立了多元评价体系，体现了目标统领内容的设计思路等。依据时代对高中生提出的新要求，结合当前国际发展趋势和国内课程发展经验，《普通高中体育与健康课程标准（2017年版）》（以下简称《高中课程标准（2017年版）》）于2018年颁布。与《高中课程标准（实验）》相比，《高中课程标准（2017年版）》在课程目标方面，首次提出培养学生的核心素养；课程特性在基础性、实践性和综合性的基础上，增加了选择性；在课程基本理念方面，突出课程在育人方面的重要作用，强调引导学生喜爱体育，深刻体验运动的乐趣和价值，倡导创设复杂的情境等；课程内容方面，增加了学分，体能内容代替了田径必修内容，课程表述的角度和层度也不同等；在评价方面，增加了学业水平评价等。

中华人民共和国成立以来，从体育教学大纲到体育与健康课程标准，从增强学生体质、发展学生素质到培育学生核心素养的过程中，我国体育课程指导性文件的推行，为解决特定时期学校体育突出的、重要的问题做出了积极的贡献。当前，以培养核心素养为导向的体育课程改革将迎来崭新的挑战。其中，领导与教师的认识水平、体育教师的核心素养、体育课程资源等实施影响因素都将受到前所未有的重视。未来伴随着全球化、信息化和现代化程度的加剧，人们工作方式、学习方式、休闲方式和运动方式的转变，将会进一步地促进我国体育课程指导性文件的发展，为培养符合社会发展的现代公民贡献出体育领域的一份力量。

**思考题:**

1. 影响中外学校体育发展的因素是什么?
2. 近代资产阶级三大思想文化运动对近代学校体育产生了哪些影响?
3. 现代学校体育发展出现了哪些变化?
4. 中国封建社会学校体育发展的特征是什么?
5. 中华人民共和国成立后，政府采取了哪些措施促进学校体育的发展?

《关于全面加强和改进新时代学校体育工作的意见》

体育历史学习视频参考网站

# 第二章　学校体育的结构、功能与目标

内容概要

本章主要介绍目前我国的学校体育目标体系的构成，并结合我国的实际，阐述了确定学校体育目标的依据及实现学校体育目标的组织形式和要求，强化学校体育的目标体系对于完成学校体育工作具有科学导向作用的认知。

自然科学和社会科学普遍地存在着各种各样的结构和功能问题，学校体育作为教育系统的重要组成部分也同样存在着自成体系的结构及相应的功能。用系统论的观点对学校体育体系进行分析，将学校体育作为一个整体，了解其各个要素的构成及特征，厘清其构成状态及相应的功能是本章主要探讨的问题之一。

系统论的基本思想方法，就是把所研究和处理的对象当作一个系统，分析系统的结构和功能，研究系统、要素、环境三者的相互关系和变动的规律性，并用系统优化的观点看问题。世界上任何事物都可以看成是一个系统，系统也是普遍存在的社会现象。结构是指系统内部各个组成要素之间的相对稳定的联系方式、组织秩序及其时空关系的内在表现形式，反映了系统的内部关系，是系统的一种内在规定性。系统是由要素有机联系组成的整体，因此系统的结构取决于系统之中的要素。系统的结构按照存在的形式可以划分为空间结构、时间结构和时空结构三种。当然，系统的结构按照空间程度的大小、组织化程度的强弱、寿命的长短等不同标准，还可以划分为不同的层次，如宇观结构、宏观结构、微观结构等。

对于一个复杂系统，结构有基本结构与辅助结构之分。系统的功能是由系统的基本结构所决定的，系统的基本结构不变，系统便会保持原来的性质与功能。反之，如果系统的结构发生了改变，那么系统的功能也必然会发生相应的变化。系统的结构和系统的功能，实际上是系统中要素之间相互联系、相互作用的。一方面，系统的机构是系统功能的基础，功能不能脱离结构而存在，结构优化和功能优化密不可分；另一方面，系统的功能又可以反作用于系统的结构，可以促进系统结构的改变，使改变了的结构可以发挥更佳的功能。

## 第一节　学校体育的结构

欲了解学校体育的结构应从对学校教育结构的认识入手，用系统论的观点可知，学校体育属于学校教育系统中的重要组成部分，是学校教育系统必不可少的要素。因此，应首先了解学校教育系统的构成。

### 一、学校教育系统的结构

学校教育体系的结构可从纵、横两个维度去认识，如果以时间为纵向维度的指标，以学校教育的内部构成为横向维度的指标，可以清晰地得出学校教育的结构图，即横向的类别结构和纵向的层次结构，二者合一称为学校教育结构。学校教育结构是指学校教育的总体中各个部分的比例关系和组合方式。任何学校教育系统都包含一定的组成部分，而它们的层次和类别以某种方式组合起来，并形成一定的关系，就是学校教育结构。

### （一）学校教育的横向结构

学校教育的横向结构是指学校教育系统内各构成要素之间的类别结构。学校教育的横向结构由课程结构、教学目标结构、教学过程结构、教学方法体系结构、师资队伍结构和管理体制结构等构成，是具有一定宽度的体系（如图2-1所示）。

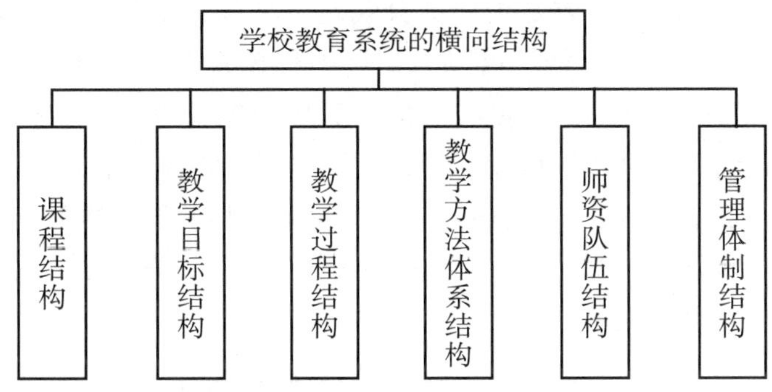


图2-1　学校教育系统的横向结构

### （二）学校教育的纵向结构

学校教育的纵向结构是指学校教育系统中各级教育之间的比例关系和相互衔接，主要体现在学校教育的层次结构上。我国现行学校教育的类别体系包括基础教育体系、职业技术教育体系、高等教育体系、成人继续教育体系、党政干部教育体系。我国现行学校教育的学历体系包括幼儿教育、初等教育、中等教育和高等教育四级层次（如图2-2所示）。

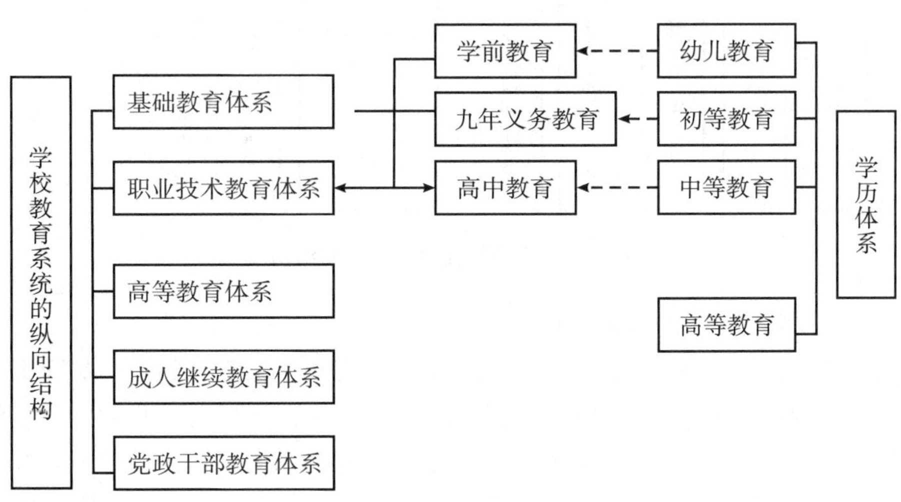


图2-2　学校教育系统的纵向结构

## 二、学校体育的结构

作为学校教育重要组成部分的学校体育，其结构必然受到学校教育体系结构的影响，在学校教育体系的框架下，形成具有自身功能特色的层次结构。在对学校教育体系结构形成基本认识的前提下，可用相同的视角从纵、横两个维度对学校体育结构进行分析。

### （一）学校体育体系的横向结构

学校体育作为学校教育的重要组成部分既是一种教育活动，又具有自身显著的特点。通过对学校体育工作进行分析可以看出，学校体育工作由体育教学、课余体育、学校体育环境和学校体育管理四个部分构成。其中，体育教学是学校体育工作的中心环节，体育教学又包括体育教学目标、体育教学内容、体育教学方法、体育教学过程、体育教学评价等要素（如图2－3所示）。课余体育作为体育教学工作的重要补充，也越来越受重视，内容日益丰富、形式日益多样化，课余体育主要包括课余体育活动、课余运动和运动训练竞赛等。

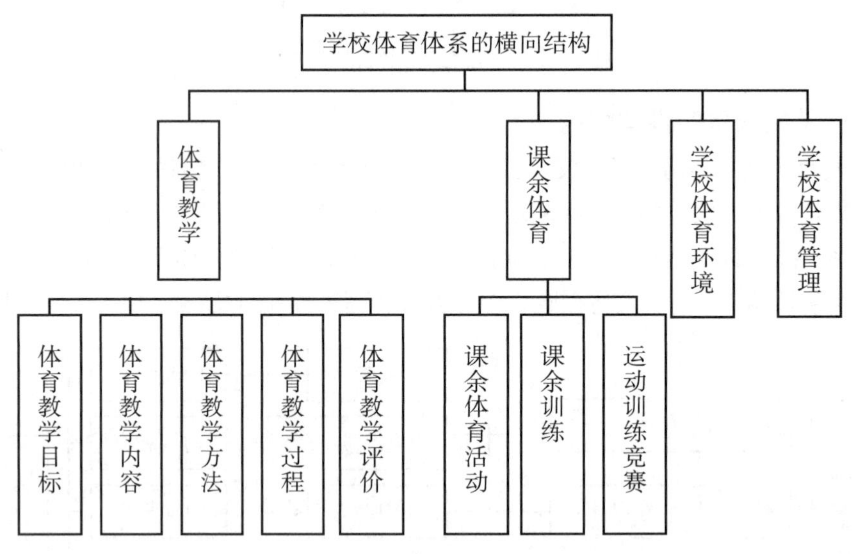


图2－3　学校体育体系的横向结构

### （二）学校体育体系的纵向结构

学校体育是全面发展教育的重要组成部分，体育在学校教育的各个层面都是必不可少的内容。通过对学校教育的纵向结构分析，我们可以形成与之相对应的学校体育的纵向结构，为了分清各学段的特点，可将学校体育的纵向结构分为学前教育阶段的体育、初等教育阶段的体育、中等教育阶段的体育、高等教育阶段的体育（如图2－4

所示）。各阶段学生的身心特征均会发生变化，具有其年龄特征。因此，体育也应该有其侧重点，对不同阶段体育重点的把握将影响学校体育目标的实现及各级体育教学目标的达成。

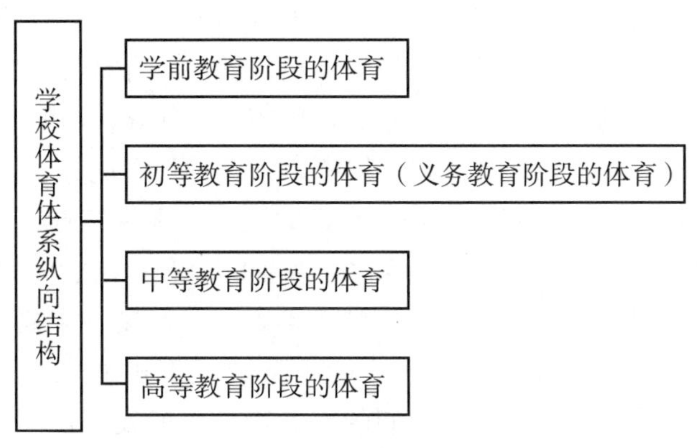


**图 2－4　学校体育体系的纵向结构**

1. 学前教育阶段的体育

学前教育阶段包括幼儿园和学前班，学生的年龄一般在 3～6 岁，他们无论在生理上还是心理上正处于生长发育过程中。

（1）生理特点：骨骼、肌肉发育不成熟，各个器官系统的功能也不完善。五六岁儿童的大脑重量已基本接近成人脑重的最低水平，重 1 250～1 300 g，神经细胞容积大、神经纤维增长，支配运动器官的能力增强，使学习简单动作及组合成为可能。

（2）心理特征：这一时期，儿童的生活范围逐渐扩大，独立性增强，好奇、好动、好模仿、好强。他们喜欢被人称赞，胆子大，语言和动作发展较快。竞争性和自主性逐渐增强，愿学简单生活技能，爱做集体游戏，喜欢和同伴交际。

（3）学生身体发展的窗口期：这个阶段主要发展学生的柔韧、灵敏、协调等身体素质，学生柔韧性发展的窗口期在 5～9 岁。

（4）体育的主要内容：基本活动技能，包括走、跑、跳跃、投掷、平衡、钻爬、攀登等；体操包括各种徒手操和轻器械体操、模仿操、韵律操和各种简单的队列队形变换以及各种游戏。

（5）体育教学的主要形式：根据学前教育阶段学生的特点，此阶段体育一般以游戏和小型比赛等形式来组织。

（6）体育的重点：①促进学生动作技能的发展，在游戏教学的基础上，开始有目的、有计划地学习一些较复杂的动作技能和一些生活技能，为下一阶段的体育奠定基础；②培养学生对体育活动的兴趣及习惯，使其从内心喜欢体育，为终身体育奠定基础。

2. 初等教育阶段的体育

初等教育阶段的时间跨度较长，此阶段学生的年龄一般为6～15岁，在我国属于义务教育阶段，分为小学和初中两个阶段。

（1）小学生的生理特点：小学生正处在生长发育的高峰期。骨骼中胶质较多，钙质较少，因而骨骼的弹性较大，可塑性强，不易骨折，但容易弯曲变形、脱臼和损伤；大肌肉群的发育优于小肌肉群的发展；心脏容积较小，新陈代谢快，血液循环量较大，脉搏频率高，大脑皮层兴奋和抑制过程不均衡，兴奋过程占优势。

（2）小学生的心理特征：感知觉具有明显的无意性和情绪性，注意不稳定缺乏持久性。记忆以机械记忆为主，思维以形象思维为主，自我控制能力较差，容易外露。

（3）初中生的生理特点：初中生身体的外形发生了巨变，主要表现在身体迅速地长高，体重猛增和“第二性征”的出现。初中生的生理机能也有了明显的增强，力量、耐力和速度等素质提高较快，但他们的心血管系统的发育还落后于运动系统的发育，不宜进行运动量过大或时间过长的活动。神经系统的结构和机能虽然发生了较大变化，但脑细胞仍然较脆弱，神经系统的兴奋过程比抑制过程强。

（4）初中生的心理特征：感知觉的精确性和概括性增强，观察的目的性和自觉性也有提高，有意识记忆明显发展。抽象思维能力逐渐占主要地位，情感易于外露，有时偏激，或振奋而洋洋得意，或沮丧怄气而消极，但情感的社会性内容日益加强，重友谊，讲义气。自我控制能力有所发展，独立性增强，活动的主动性和自觉性有所提高。

（5）学生身体发展的窗口期：小学阶段主要发展学生柔韧、灵敏、协调、速度等身体素质，灵敏素质的敏感期在10～12岁，协调性发展的敏感期在10～13岁，反应速度的敏感期在9～12岁，位移速度的敏感期在7～14岁；初中阶段重点发展学生的耐力素质，一般耐力的敏感期在12～14岁，专项耐力的敏感期在15～16岁。

（6）体育的主要内容：①体育与健康的基础理论知识，引导学生树立正确健康观；②基本掌握1～2项运动技能，小学低年级（一至二年级）以游戏和跑、跳、投等基本运动技能学习为主，小学高年级开始逐步涉及各种运动项目如足球、篮球、排球、田径、游泳、体操、武术、冰雪运动等基本技能的学习。

（7）体育教学的主要形式：小学低年级还是主要采用游戏和比赛的形式和方法组织教学；初中阶段讲解、提问、示范、分析、自主探究等方法的运用逐步增多。

（8）体育的重点：①继续培养学生的体育兴趣及习惯；②掌握1～2项运动技能，为后续阶段的体育打下坚实基础，包括身体素质和运动能力；③针对两个生长发育关键期，及时有效地进行生理和心理干预，促进学生健康成长。

3. 中等教育阶段的体育

中等教育包括普通高中、职业高中和各种各样的中等专业学校。这个阶段学生的年龄一般为 15～18 岁，其身心发展已基本成熟。

（1）生理特点：身高、体重、身体结构和外部形态等方面已逐渐接近成人。神经系统已经发育完全，兴奋和抑制过程基本平衡。骨化过程已基本完成，肌肉力量明显增强，心血管系统和呼吸系统的发育也已经接近成熟。性机能的发育也已经基本成熟，男女生在体态上表现出明显的两性差异。

（2）心理特征：智力发育已接近成熟。在感知和观察方面，比初中生更富有目的性、系统性、全面性和深刻性。逻辑思维开始发展，具有较强的独立思考和分析问题的能力。由于自尊心的发展，情感逐渐稳定而深厚，并且不轻易外露。这一阶段学生的意志表现出明显的目的性和自觉性，其自我意识的发展日趋成熟，自我教育更加自觉，并且能够对自我、对外界事物进行比较正确的评价。

（3）体育的主要内容：高中阶段体育应进一步发展学生运动专长，引导学生养成健康生活方式，形成积极向上的健全人格。学习各种各样的竞技、娱乐以及休闲等运动项目，除了基本技术和战术的学习，还要涉及体育文化方面的内容，如各运动项目的发展历史、比赛规则、比赛礼仪等。职业教育的体育应与职业技能培养相结合，培养身心健康的技术人才。

（4）体育教学的主要形式：形式更加多样化，出现了体育必修课和选修课；方法上，学生更多地采用自学、合作学习和探究学习形式，教师更多进行引导、帮助、启发和诱导，体现学生学习上的主体地位。

（5）体育的重点：①培养学生的各种体育能力，如自我锻炼能力、自我学习能力、自我运动能力等；②进一步发展学生 1～2 个运动项目的运动专长；③指导学生根据自己的条件，选择适合自己的锻炼项目，科学地锻炼身体，形成积极向上的健全人格。

4. 高等教育阶段的体育

高等教育包括了本、专科教育和硕士、博士的研究生教育。此阶段学生的年龄一般在 17～30 岁。其生长发育的水平，无论是心理上还是生理上都与成年人没有差别，各器官系统的功能都达到了最好水平。他们的自我意识较强，智力水平较高，已具备了参与各种社会活动的能力。高等教育阶段的体育应与创新人才培养相结合，培养具有崇高精神追求、高尚人格修养的高素质人才。

（1）体育的主要内容：各所学校都具有自己的特色，主要由社会需求、专业需求和学生需求决定。总体而言，该阶段体育的内容以各种运动项目为主，但是基本上体现了学生个人的兴趣、爱好以及身体各方面的条件，每个学生在选择活动内容时有较大的自主性。另外，此阶段的体育内容还在一定程度上体现了生活化与实用性，力求与未来终身体育相衔接，适应未来职业对学生运动素质和技术技能上的一些特殊要求，如地质、石油等专业，需要学生具有爬山、攀岩及野外活动方面的技能，在这类学校上述内容开展得非常普遍。

(2)体育教学的主要形式：体育课形式多样，课外体育活动自由度大、形式灵活，主要通过体育社团、体育俱乐部、体育协会等形式展现。

(3)体育的重点：①培养学生的体育文化素养，使学生能感悟和理解体育；②培养学生的各种体育实践能力，如组织开展各种体育比赛及体育活动的能力等。

学校体育应体现连续性和阶段性的统一，从学前教育阶段到高中教育阶段，学校体育教学应该既有密切的衔接又体现各自阶段的重点。根据以上分析，小学阶段的体育要体现趣味化，初中阶段的体育要体现多样化，高中阶段的体育要体现专项化的特点。小学阶段，体育课以体育游戏为主要教学方式，激发学生对体育运动的兴趣；初中阶段，为学生提供丰富多样的体育项目体验，帮助学生发现适合自己的，符合自身发展需要的体育项目；高中阶段，实施体育课“俱乐部制”模式和“走班制”教学，学生可根据兴趣爱好自主挑选喜欢、擅长的体育课程，掌握体育技能，提升体育素养，养成良好的体育锻炼习惯。

# 第二节　学校体育的功能

## 一、学校体育功能的概念

“功能”是指功效、作用，它是某一事物在环境中所能发挥的作用和能力。所谓学校体育功能是指学校体育在一定的环境和条件下对人和社会所能够发挥的作用。学校体育的功能与学校体育的结构有着密切的关系，就系统论的角度而言，学校体育既是学校教育的一个子系统，又是国民体育的一个子系统。因此，学校体育功能既是学校教育功能的构成部分，又与国民体育的功能有着不可分割的紧密联系。由此可见，学校体育的功能是教育功能与体育功能的综合体现。学校体育功能是学校体育本质的反映，它映射出学校体育特有的育人功效。

## 二、学校体育的功能

### (一)健身功能

学校体育的健身功能是学校体育最原始、最主要的、最为独特的功能，学校体育的健身功能主要表现在以下几个方面。

1. 养成正确身体姿势，促进生长发育

青少年学生正处于生长发育的关键时期，身体的可塑性比较大。实践证明，体育锻炼对培养学生正确的身体姿势，促进机体的生长发育具有重要作用。经常参加体育活动，可以促进骨组织的血液循环，使骨密质增厚，骨骼变粗，骨骼的坚固性、抗弯、抗断和耐压的性能显著提高。另外，经常参加体育锻炼，还可以促进骨骼生长，这对青少年学生身高的增长有着积极的意义。

2. 提高机能水平

体育锻炼可以有效提高机体的功能水平。参加体育活动可使人体内能量消耗增加，代谢产物增多，新陈代谢旺盛，从而使机体的各个器官系统，如神经系统、血液循环系统、呼吸系统、消化系统等的功能水平得到改善。

3. 提高身体素质和基本活动能力

体育锻炼对发展速度、力量、耐力、灵敏性、协调性、平衡性、柔韧性等素质以及走、跑、跳、投、攀登、爬越等基本活动能力也有着重要的作用。

4. 增强对外界环境的适应能力

外界环境包括人类生存的自然环境和社会环境，它是一个非常复杂的系统。自然环境的变化，人的生命和健康不可避免受到一定程度的影响，人体必须随时调节各器官系统的功能来适应这种环境的变化，使人体的内外环境能保持相对的平衡。而经常参加体育锻炼则可以提高学生对自然环境的适应能力，并且可以增强对疾病的抵抗能力。

值得注意的是，现代科技的发展和人民物质生活水平的提高，客观上会对人和社会的发展造成一些负面影响。如人的生物性的退化、现代文明病的产生、社会应激增加、人物关系的强化以及人与人之间关系的淡化等，这些给学校体育的健身功能赋予了新的意义与内涵。学校体育的健身功能将从增强体质的单维结构拓展为促进人的生理、心理发展和社会适应能力的三维结构，这既是人类自身发展的需要，也是时代赋予学校体育新的使命。

### （二）教育功能

对学校体育的教育功能，长期以来停留在对学校德育作用的探讨上，桑新民和陈建翔在《教育哲学对话》一书中，提出了“体育内在地包含着德、智、美育”的观点，为我们重新认识学校体育的教育功能提供了一个全新的视角。学校体育对学生的教育作用是全方位的，蕴藏着极大的潜力和深刻的内涵，体育不仅仅是一门学科和学校教育的组成部分，它还包含了人们对自身的认识和对生命的感悟，学校体育的教育功能主要表现在以下几个方面。

1. 促进智力发展

学校体育通过各种各样的体育活动，可以促进学生的智力发展。体育锻炼能够促进学生神经系统的发育，这为智力的开发奠定了生物基础。

人体在进行体育运动时，视觉、听觉、平衡觉和本体感觉等多个感官均要参与工作，各种感觉信息不断传入大脑皮层的各个中枢，从而活化和刺激了大脑细胞并改善大脑的供氧量，有利于促进大脑思维活动的物质——脑啡肽的分泌，使人头脑清醒、思维敏捷。

学校体育本身是一项创造性的活动，蕴含着丰富的开发智力、培养创造力的内容，对全面培养观察能力、广泛训练记忆能力、启迪诱导想象力和提高思维能力具有重要的作用。此外，有研究表明，运动有助于开发大脑右半球的功能，对发展儿童的直觉、空间转换、形体感知等形象思维及创造力具有重要作用。

2. 形成优良品德

学校体育是德育的重要内容和手段，对学生的个体社会化过程和人格完善过程起着重要作用。学校体育的德育作用表现在：①学校体育可以培养学生的道德认识与信念，如公平、法律、规则、纪律、尊重、合作、民主和竞争等；②学校体育能有效地营造一个特殊的德育环境——“微缩的社会”，使学生的道德信念通过体育活动得到强化，并内化为学生具体的道德行为；③学校体育能有效地培养学生的个性意志品质，如勇敢、顽强、对挫折的承受力和对困难的忍受力等；④学校体育还可以培育学生的集体主义和爱国主义精神以及责任感和荣誉感。这一切，不仅是学校德育的重要内容，也是现代人所必备的重要素质。

3. 培养审美情趣

学校体育同时还是学校美育教育的重要与特殊途径，运动的过程始终伴随着美。学校体育不仅可以塑造身体美，而且相应还可以带来心灵美、行为美以及运动美，四者在运动实践中得到完美的结合。体育锻炼的这种塑造健美身体的作用是非常直接的，通过体育锻炼，能使学生体魄健美、身材匀称、姿态优雅、动作矫健，这既是健康的标志，也是人体美的表现。运动中的形体美、动作美、节奏美、服饰美以及行为举止美都将给学生以强烈的美感体验，使其得到美的享受和情感的陶冶与升华。学校体育培育学生鉴赏美、表现美和创造美的作用是独特的、具体的，有着极强的实践性，这是其他学科所无法比拟的。

### （三）娱乐功能

学校课余体育锻炼与运动竞赛，是学生课外活动的重要内容。一方面，学生通过参加体育活动可以调节感情、丰富生活，并且缓解由于学习所引起的神经紧张和疲劳；另一方面，学生通过观赏体育比赛和表演可以得到心理上的满足和精神上的享受。学校体育还是学生休闲的重要手段，是扩大学生社会交往的重要媒介以及表现自我、展现自我的重要舞台。

更为重要的是，学校体育在某种程度上会对学生未来的生活方式产生巨大的、潜移默化的影响。学生在学校体育活动中所得到的乐趣和愉快体验，不仅会影响他们的体育态度，甚至还会影响他们未来的人生态度，这种受益将是终身的。

### （四）文化功能

学校体育的文化功能，是学校体育最主要的社会功能，主要表现在：学校体育是校园文化的重要内容。学校内部和学校之间开展的多种多样的体育活动，既可以丰富学生文化生活，又可以营造一种健康向上的人文氛围和环境，对学生的成长具有重要意义。学校体育是传播体育文化的主阵地，学校通过对学生进行全面、系统的身体教育，可以使学生掌握体育、卫生保健等方面的基本知识、技术以及科学锻炼身体的方法，在这一过程中，体育文化被一代代传递、延续和继承。学校体育对体育文化的创新与发展具有同样重要的作用，其无论是理论还是实践手段的创新与发展，都与学校体育有着密切的关系。

### （五）辐射功能

学校体育对竞技体育的辐射（或基础）作用早已得到肯定。随着我国社会体育的不断发展，学校体育对社区体育和家庭体育的辐射作用也日渐凸显，许多社会体育方面的研究都不约而同地得出了“社区体育要以社区附近的学校为中心来开展”这样一个基本结论，充分说明了学校体育的基础地位，对现代学校体育是一个新的挑战。

学校体育的辐射功能也是学校体育本身向纵向的时间和横向的空间拓展的一个必然趋势，是对终身体育的积极回应。现代学校体育在时间和空间上应该跨越封闭的学校界限，立足于未来的目标，与社会体育和家庭体育形成相互辐射的有机整体，促进青少年体质健康也需要家庭体育和社区体育相呼应。

# 第三节　学校体育目标

## 一、确定学校体育目标的依据

### （一）学校体育的功能

学校体育的功能体现了其自身的特点和价值，只有根据自身特点和价值确立的目标才具有针对性、可实现性，学校体育功能是确定我国学校体育目标的主要依据。

### （二）学生身心发展特点

学校体育的主体是学生，一切工作和努力的最终目标是将学生培养成合格的人才。因此，在制定不同年龄阶段学校体育的目标时必须考虑学生身心发展的特点，根据实际情况制定科学的、切实可行的、有针对性的学校体育目标。

### （三）社会发展的需要

学校教育的指导思想和培养目标必须与社会发展的需要相一致，学校体育作为学校教育的重要组成部分必须遵循这个法则。我国奴隶社会战争频繁，为了培养战场上的勇士，学校教育许多内容与军事训练有关，非常重视“武”，这些类似于现代学校体育的“武”的内容主要为战争服务，与当时的作战方式有紧密的联系。现代社会要求培养的人才要身心健康，掌握科学与人文知识，具有创新能力，因此，学校体育的目标也要随之调整，满足新时代的新需要。

### （四）学校体育的基本条件

学校体育的目标还应考虑我国的国情和全国多数学校的基本条件，如体育场地器材、经费、师资力量等。确定的目标不能太低，但也不能过高，应该是多数学校通过努力可以达成的。

## 二、我国学校体育的总目标

习近平总书记在全国教育大会上强调指出：“要树立健康第一的教育理念，开齐开足体育课，帮助学生在体育锻炼中享受乐趣、增强体质、健全人格、锤炼意志。”“享受乐趣、增强体质、健全人格、锤炼意志”四位一体目标的提出，标志着我国学校体育发展进入了一个全新的时代，开启了加快现代化教育的新征程。

围绕新时代教育发展的总体要求，学校体育总目标确定为：坚持“健康第一”的指导思想，全面增强学生体质，促进学生身心和谐发展；培养学生体育锻炼的兴趣、习惯和能力，为终身体育奠定基础，为国家输送优秀体育人才；培养学生良好的思想品质和心理素质，增强社会适应能力，使其成为社会主义现代化建设需要的合格人才。

## 三、我国学校体育的具体目标

### （一）通过各种体育教学方法和手段的运用，培养学生体育运动的兴趣，使学生逐步养成体育锻炼的意识和习惯，为终身体育奠定基础

中华人民共和国成立以来，学校体育工作在许多方面都取得了巨大的进步。但由于各种复杂的原因，学生的体育运动态度、兴趣和习惯仍不尽如人意，部分学生体育课内、外不能主动参与体育运动，无法达成每天锻炼 1 小时的目标。毕业后，在没有

压力的情况下，不能持续、规律地锻炼身体，终身体育无法实现。

实践证明，健康的身体是适应现代社会生活的基础条件，人生的每个阶段都需要体育运动来强健身体、娱乐身心。培养学生体育运动的兴趣、爱好和习惯是实现终身体育的必要条件，也是提高现代人生活质量的有效方法，学校体育以其独特的育人功效，肩负起历史的使命。

### （二）传授体育与健康知识，发展学生体能素质，全面提高学生的体质水平

全国青少年体质调查结果显示：相当数量的学生不重视体育卫生保健知识的学习与运用，近视率居高不降；某些体能指标持续下降，力量、耐力等素质差强人意，与目前社会进步状况不相吻合。为了改变这种状况，国家相关管理部门颁布了一系列文件，力争全面增强学生的体质。

学生只有了解了一定的体育卫生保健知识与运动的方法，才能深刻领悟体育锻炼的意义与价值，提高自我锻炼的兴趣与能力。影响青少年体质的因素有很多，体能素质是其中重要的组成部分，体质水平的高低与体能有直接的关系。因此，要提高青少年的体质，必须让他们掌握一定的体育运动卫生、保健知识，重视体质各因素的均衡发展，尽快改善他们的健康状况。

### （三）让学生掌握基本的体育运动知识、技术、技能，学会自我锻炼的方法，具备科学锻炼的能力

让学生掌握基本的体育运动知识、技术和技能，学会科学锻炼的方法是学校体育最基本、最主要的目标。只有掌握了一定的体育运动知识和技术、技能，才能体会运动的乐趣和价值。因此，体育教师应科学地制订教学计划，根据不同的年龄阶段学生的身心发展特点传授适合他们的知识与技术、技能，鼓励他们发展 1 ~2 项擅长的运动项目，为自我锻炼奠定基础，为终身体育做好准备。

### （四）对学生的思想品德和心理素质施加积极影响，健全人格，锤炼意志

身心全面发展是当代社会对人才培养的要求。体育运动不但可以强健学生的体质，而且可以对学生的思想品德和心理素质产生积极的影响。学校体育应该充分利用体育运动所具有的独特价值和功能，培养学生顽强拼搏、不惧艰难、吃苦耐劳等良好的心理素质；培养他们团结合作、遵纪守法、热爱集体等思想品质，为今后更好、更快地融入社会、服务社会做好充分的准备。

### （五）充分挖掘学生的体育潜能，为国家培养优秀的体育人才

改革开放以来，我国竞技体育实现了跨越式的发展，学校体育为竞技体育培养了大量的人才。学校是培养各类体育人才的摇篮，在完成基本教学任务的基础上，体育教师应该善于发现各个项目的体育尖子，利用课余时间提高他们的体育专项技术和能力，为国家培养竞技体育后备人才。

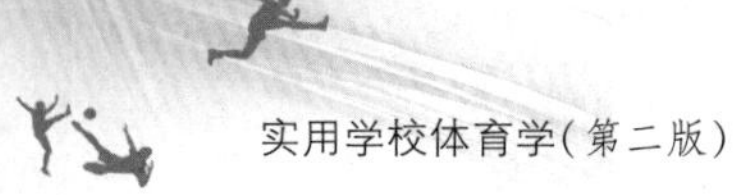



# 第四节　实现学校体育目标的途径和要求

## 一、实现学校体育目标的途径

实现学校体育目标的组织形式主要包括体育与健康课程和课外体育活动。体育与健康课程和课外体育活动各自的侧重点不同，它们共同担负着实现学校体育目标的重任。

1．体育与健康课程

体育与健康课程是中小学生的必修课程，是影响学校体育目标能否实现的决定因素，是完成学校体育目标的基本组织形式。国家对中小学生的体育学习都有课程标准和教学指导材料，对体育师资和教学内容、时间、评价、场地器材等都有着规范性要求，并作为初中升高中的考试科目之一。

2．课余体育锻炼

课外体育锻炼主要包括早操、课间操、大课间体育活动、班级体育锻炼和体育节等组织形式，是体育与健康课程的有机组成部分，也是体育课的延伸。只有有效地组织课外体育锻炼，学生才能进一步练习在课内学到的体育技能，并得到巩固和提高，实现课内外联动。

3．课余训练

中小学的课余训练主要以学校代表队的形式呈现，而普通高等学校的课余训练宜采取高水平运动队的形式。课余训练体现的是基础性和业余性，只有对有兴趣、有体育特长的学生进行科学、有效的课余训练，才能为竞技体育的发展打下坚实的基础。

4．运动竞赛

运动竞赛是体育的本质特征，也是考量学生体育技能水平的“试金石”和“催化剂”。通过运动竞赛，不但有助于学生体育技能的巩固和提高，而且能够有效地培养学生的体育品德。因此，应在课内外开展多种形式的运动竞赛活动，达到“学、练、赛”的有机统一。

## 二、实现学校体育目标的要求

### （一）基本原则

1. 改革创新，面向未来

立足时代需求，更新教育理念，深化教学改革，使学校体育同教育事业的改革发展要求相适应，同广大学生对优质丰富体育资源的期盼相契合，同构建德、智、体、美、劳全面培养的教育体系相匹配。

2. 补齐短板，特色发展

补齐师资、场馆、器材等短板，促进学校体育均衡发展。坚持整体推进与典型引领相结合，鼓励特色发展。弘扬中华体育精神，推广中华传统体育项目，形成“一校一品”“一校多品”的学校体育发展新局面。

3. 凝心聚力，协同育人

深化体教融合，健全协同育人机制，为学生纵向升学和横向进入专业运动队、职业体育俱乐部打通通道，建立完善家庭、学校、政府和社会共同关心支持学生全面健康成长的激励机制。

### （二）基本要求

1. 深化教学改革

严格落实学校体育课程开设的刚性要求，不断拓宽课程领域，逐步增加课时，丰富课程内容。义务教育阶段和高中阶段，学校严格按照国家课程方案和课程标准开齐开足上好体育课。鼓励基础教育阶段学校每天开设 1 节体育课。高等教育阶段学校要将体育纳入人才培养方案，学生体质健康达标、修满体育学分方可毕业。鼓励高校和科研院所将体育课程纳入研究生教育公共课程体系。

学校体育课程注重大中小幼相衔接，聚焦提升学生核心素养。学前教育阶段开展适合幼儿身心特点的游戏活动，培养体育兴趣爱好，促进运动机能协调发展。义务教育阶段体育课程帮助学生掌握 1 ~ 2 项运动技能，引导学生树立正确健康观。高中阶段体育课程进一步发展学生运动专长，引导学生养成健康生活方式，形成积极向上的健全人格。职业教育体育课程与职业技能培养相结合，培养身心健康的技术人才。高等教育阶段体育课程与创新人才培养相结合，培养具有崇高精神追求、高尚人格修养的高素质人才。学校体育教材体系建设要扎根中国、融通中外，充分体现思想性、教育性、创新性和实践性，根据学生年龄特点和身心发展规律，围绕课程目标和运动项目特点，精选教学素材，丰富教学资源。

推广中华传统体育项目，认真梳理武术、摔跤、棋类、射艺、龙舟、毽球、五禽操和舞龙舞狮等中华传统体育项目，因地制宜开展传统体育教学、训练和竞赛活动，并融入学校体育教学、训练和竞赛机制，形成中华传统体育项目竞赛体系。涵养阳光健康、拼搏向上的校园体育文化，培养学生爱国主义、集体主义和社会主义精神，增强文化自信，促进学生知行合一、刚健有为、自强不息。深入开展“传承的力量——学校体育艺术教育弘扬中华优秀传统文化成果展示活动”，加强宣传推广，让中华传统体育在校园绽放光彩。

强化学校体育教学训练，逐步完善“健康知识 + 基本运动技能 + 专项运动技能”的学校体育教学模式。教会学生科学锻炼和健康知识，指导学生掌握跑、跳、投等基本运动技能和足球、篮球、排球、田径、游泳、体操、武术和冰雪运动等专项运动技能。健全体育锻炼制度，广泛开展普及性体育运动，定期举办学生运动会或体育节，组建体育兴趣小组、社团和俱乐部，推动学生积极参与常规课余训练和体育竞赛。合理安排校外体育活动时间，着力保障学生每天校内、校外各 1 小时体育活动时间，促进学生养成终身锻炼的习惯。加强青少年学生军训。

健全体育竞赛和人才培养体系，建立校内竞赛、校际联赛、选拔性竞赛为一体的大中小学体育竞赛体系，构建国家、省、市、县四级学校体育竞赛制度和选拔性竞赛（夏令营）制度。大中小学校建设学校代表队，参加区域乃至全国联赛。加强体教融合，广泛开展青少年体育夏（冬）令营活动，鼓励学校与体校、社会体育俱乐部合作，共同开展体育教学、训练、竞赛，促进竞赛体系深度融合。深化全国学生运动会改革，每年开展赛事项目预赛。加强体育传统特色学校建设，完善竞赛、师资培训等工作，支持建立高水平运动队，提高体育传统特色学校运动水平。加强高校高水平运动队建设，优化拓展项目布局，深化招生、培养、竞赛、管理制度改革，将高校高水平运动队建设与中小学体育竞赛相衔接，纳入国家竞技体育后备人才培养体系。深化高水平运动员注册制度改革，建立健全体育运动水平等级标准，打通教育和体育系统高水平赛事互认通道。

2. 改善办学条件

配齐配强体育教师，各地要加大力度配齐中小学体育教师，未配齐的地区应每年划出一定比例用于招聘体育教师。在大中小学校设立专（兼）职教练员岗位。建立聘用优秀退役运动员为体育教师或教练员制度。有条件的地区可以通过购买服务方式，与相关专业机构等社会力量合作向中小学提供体育教育教学服务，缓解体育师资不足问题。实施体育教育专业大学生支教计划。通过“国培计划”等加大对农村体育教师的培训力度，支持高等师范院校与优质中小学建立协同培训基地，支持体育教师海外研修访学。推进高校体育教育专业人才培养模式改革，推进地方政府、高校、中小学协同育人，建设一批试点学校和教育基地。明确高校高职体育专业和高校高水平运动队专业教师、教练员配备最低标准，不达标的高校原则上不得开办相关专业。

改善场地器材建设配备，研究制定国家学校体育卫生条件基本标准。建好满足课程教学和实践活动需求的场地设施、专用教室。把农村学校体育设施建设纳入地方义务教育均衡发展规划，鼓励有条件的地区在中小学建设体育场馆，与体育基础薄弱学校共用共享。小规模学校以保基本、兜底线为原则，配备必要的功能教室和设施设备。加强高校体育场馆建设，鼓励有条件的高校与地方共建共享。配好体育教学所需器材设备，建立体育器材补充机制。建有高水平运动队的高校，场地设备配备条件应满足实际需要，不满足的原则上不得招生。

统筹整合社会资源，完善学校和公共体育场馆开放互促共进机制，推进学校体育场馆向社会开放、公共体育场馆向学生免费或低收费开放，提高体育场馆开放程度和利用效率。鼓励学校和社会体育场馆合作开设体育课程。统筹好学校和社会资源，城市和社区建设规划要统筹学生体育锻炼需要，新建项目优先建在学校或其周边。综合利用公共体育设施，将开展体育活动作为解决中小学课后“三点半”问题的有效途径和中小学生课后服务工作的重要载体。

3．完善评价机制

推进学校体育评价改革，建立日常参与、体质监测和专项运动技能测试相结合的考查机制，将达到国家学生体质健康标准要求作为教育教学考核的重要内容。完善学生体质健康档案，中小学校要客观记录学生日常体育参与情况和体质健康监测结果，定期向家长反馈。将体育科目纳入初、高中学业水平考试范围。改进中考体育测试内容、方式和计分办法，科学确定并逐步提高分值。积极推进高校在招生测试中增设体育项目。启动在高校招生中使用体育素养评价结果的研究。加强学生综合素质评价档案使用，高校根据人才培养目标和专业学习需要，将学生综合素质评价结果作为招生录取的重要参考。

完善体育教师岗位评价，把师德师风作为评价体育教师素质的第一标准。围绕教会、勤练、常赛的要求，完善体育教师绩效工资和考核评价机制。将评价导向从教师教了多少转向教会了多少，从完成课时数量转向教育教学质量。将体育教师课余指导学生勤练和常赛，以及承担学校安排的课后训练、课外活动、课后服务、指导参赛和走教任务计入工作量，并根据学生体质健康状况和竞赛成绩，在绩效工资内部分配时给予倾斜。完善体育教师职称评聘标准，确保体育教师在职务职称晋升、教学科研成果评定等方面，与其他学科教师享受同等待遇。优化体育教师岗位结构，畅通体育教师职业发展通道。提升体育教师科研能力，在全国教育科学规划课题、教育部人文社会科学研究项目中设立体育专项课题。加大对体育教师表彰力度，在教育教学成果奖等评选表彰中，保证体育教师占有一定比例。参照体育教师，研究并逐步完善学校教练员岗位评价。

健全教育督导评价体系，将学校体育纳入地方发展规划，明确政府、教育行政部门和学校的职责。把政策措施落实情况、学生体质健康状况、素质测评情况和支持学校开展体育工作情况等纳入教育督导评估范围。完善国家义务教育体育质量监测，提高监测科学性，公布监测结果。把体育工作及其效果作为高校办学评价的重要指标，纳入高校本科教学工作评估指标体系和“双一流”建设成效评价。对政策落实不到位、学生体质健康达标率和素质测评合格率持续下降的地方政府、教育行政部门和学校负责人，依规依法予以问责。

4. 加强组织保障

加强组织领导和经费保障。地方各级党委和政府要把学校体育工作纳入重要议事日程，加强对本地区学校体育改革发展的总体谋划，党政主要负责同志要重视、关心学校体育工作。各地要建立加强学校体育工作部门联席会议制度，健全统筹协调机制。把学校体育工作纳入有关领导干部培训计划。各级政府要调整优化教育支出结构，完善投入机制，积极支持学校体育工作。地方政府要统筹安排财政转移支付资金和本级财力支持学校体育工作。鼓励和引导社会资金支持学校体育发展，吸引社会捐赠，多渠道增加投入。

加强制度保障，完善学校体育法律制度，研究修订《学校体育工作条例》。鼓励地方出台学校体育法规制度，为推动学校体育发展提供有力法治保障。建立政府主导、部门协同、社会参与的安全风险管理机制。健全政府、学校、家庭共同参与的学校体育运动伤害风险防范和处理机制，探索建立涵盖体育意外伤害的学生综合保险机制。试行学生体育活动安全事故第三方调解机制。强化安全教育，加强大型体育活动安全管理。

## 思考题：

1. 学校体育的总目标是什么？
2. 实现学校体育目标的组织形式及要求有哪些？
3. 要实现学校体育的总目标必须完成哪些具体目标？

**《习近平在全国教育大会上强调　坚持中国特色社会主义教育发展道路培养德智体美劳全面发展的社会主义建设者和接班人》**

# 第三章　体育课程

内容概要

体育课程是学校课程的重要组成部分，是学校体育的核心内容。本章在对体育课程的含义、类型进行阐释的基础上，概述了体育课程目标和体育课程资源的开发与利用；对我国现行体育与健康课程的基本理念、体育与健康课程标准的结构和内容进行了阐述。

# 第一节　体育课程含义和类型

## 一、课程的含义

“课程”一词，英语为 curriculum，原出于拉丁语 currere。含义为“跑道”，即引导年轻一代经过学习而达到一定的目的。

在我国，“课程”一词始见于唐、宋年间，最早出自唐代孔颖达的《五经正义》，其中注疏《诗经·小雅》时就用过“课程”一词，说“教护课程，必君子监之，乃得依法也”。南宋朱熹在《朱子全书·论学》中有“宽着期限，紧着课程”，“小立课程，大作工夫”等论述。我国古代“课程”的含义有教学范围和进程的意思。由此可见，不同的国家或不同的时期对课程的理解有所不同。概括起来，主要有以下几种观点。

（1）课程是教学内容。如“课程就是有计划的系统的教学内容，是一系列教学科目的集合。具体讲，就是指‘教学计划’‘教学大纲’和‘教科书’所规定和表述的那些教学内容”。

（2）课程是经验。如“广义课程是一种教育性经验，是对主体产生积极影响的各种因素的总和；狭义课程专指学校场域中存在和生成的有助于学生积极健康发展的教育性因素以及学生获得的教育性经验”。

（3）课程是程度和进程。如“课程是为了实现一定的培养目标而规定的教育内容及其结构、程度和进程”。

（4）课程是计划。如《简明国际教育百科全书·课程卷》中认为“课程是一种学习计划”。

（5）课程是中介或媒体。如“课程是由一定育人目标、基本文化成果及学习活动方式织成的，用以指导学校的育人规划，是引导学生认识客体、了解自己、提高素质的媒体”。

以上的论述，对我们理解课程的内涵和实质有所启示：①课程是一个不断发展变化的概念；②课程不能局限于只是各门科目的静态的集合，而应包括动态的学习过程；③课程不仅包括学科，还包括其他与之相应有计划和无计划的活动。

根据对课程基本含义的理解、结合课程专家的论述，我们认为，课程是在一定培养目标指引下，由系列化的课程目标、课程内容及学习活动方式组成的，具有复杂结构与运行活力的，用以促进学生各项基本素质主动发展的方案。

## 二、体育课程含义

中华人民共和国成立后，我国最早采用“体育课程”一词的正式文件是1992年国家教委颁布的《全国普通高校体育课程教学指导纲要》。之后，“体育课程”一词开始逐渐出现在有关文件、专著和论文之中。

随着对体育课程的理解和研究的深入，我国体育理论学者开始对体育课程的定义和内涵进行界定。例如“体育课程是指学校根据一定社会的教育目的要求，为学生提供的、并且在一定程度上给学生规定或学生自己选择的、被规范了的体育学科课程和活动课程内容、学习操作程序和方式，不同学段的学生所要达到的体育基本素质、能力和体质健康标准的总体设计。体育课程的特点是具有方案性和计划性，它对体育学科课程和活动课程的组织和实施提供方案”。

综上所述，可以认为体育课程是为实现学校体育目标和学生自主发展目标，由系列化的体育课程目标、体育课程内容及学习活动方式组成的，具有复杂结构与运行活力的，用以促进学生核心素养和各项基本素质主动发展的方案。

## 三、体育课程类型

体育课程类型是指体育课程的组织方式或设计体育课程的种类。由于课程工作者的课程观不同，学校的具体情况不同。因此，所设计的体育课程类型也会有所不同。

### （一）学科课程与活动课程

学科课程是以传统和公认的体育知识和运动技术为基础，按照体育教育目标要求，从体育知识和规范的运动技术领域中选择一定的内容，根据其内在的逻辑体系而组织起来的体育课程。学科课程是最古老、最广泛的课程类型。活动课程是以学生的体育兴趣、需要和能力为编制课程的出发点，以学生主体性活动的经验为中心组织的体育课程。学科课程与活动课程是学校体育中的两种基本课程类型，两者之间是一种互相补充而非相互取代的关系，具有内在的统一性。只有将两者有机结合起来，才可以优势互补，相得益彰。

### （二）分科课程与综合课程

分科课程强调各种体育科学文化知识和运动技术的独立性，强调各类体育知识和运动技术的逻辑体系的完整性。分科课程的目标主要是使学生在相对集中的时间内系统掌握某类体育知识和运动技术，体验这项体育运动的价值，如篮球、田径等课程。

综合课程强调以运动为手段，主要目的是运用多种体育知识与活动内容来增进学生健康，增强体质，让学生全面认识体育功能与价值。强调不同种类体育知识、运动技术和身体素质之间的关联性、统一性，有助于学生把体育知识、运动技能和身体素质彼此整合起来，如体育活动与信心课程、勇敢者之路、探索滚动方法、平衡练习等课程。

从学科本身发展来看，这两类课程知识的组织形式是不能随意地彼此取代的。综合课程常常是在分科课程所获得的体育基础上才能进行。因此，分科课程在课程目标上，应注意强调知识与技能、过程与方法、情感态度与价值观三个方面的整合；在课程内容的选择与组织上，注重体现基础性、开放性、实用性和综合性。综合课程在课程目标上，应强调连续的发展性；在课程内容选择与组织上，应注重体现逻辑性和整体性。

### （三）国家课程、地方课程和校本课程

这是从课程设计、开发和管理的主体来区分的三种类型。国家课程是国家教育行政部门专门组织编制和审定的统一课程，它是国家专门为未来公民接受基础体育教育之后所要达到的共同素质而开发的课程。根据不同教育阶段的性质与培养目标，制定体育与健康课程标准或教学大纲，编写教科书、体育教师用书等。

地方课程是在国家规定的各个教育阶段的课程计划内，由省一级的教育行政部门或其授权的教育部门依据当地的政治、经济、文化、民族等发展需要而开发的课程。地方课程在充分利用地方教育资源、反映基础教育的地域特点、增强课程的地方适应性等方面有着重要价值。

校本课程是在具体实施国家课程和地方课程的前提下，主要是由本校或校际之间的体育教师（也有校长、学生和学生家长代表参与）通过对本校学生的需求进行科学评估，充分利用当地社区和学校的课程资源，根据学校的办学思想而编制、实施和评价的课程。校本课程是课程计划中不可或缺的组成部分，它可以使学生在国家课程和地方课程中难以满足的部分发展需要得到更好的体现。

由国家制定的国家课程，主要体现的是国家的教育意志；地方课程是由地方制定，主要是满足地方社会发展的需要；校本课程是由学校制定，主要是展示学校的办学理念和特色。

### （四）隐性课程与显性课程

一般认为，隐性课程是与显性课程相对应的一对范畴。显性课程是指为实现一定的教育目标而正式列入学校教学计划的各门学科以及有目的、有组织的课外活动。我国出版的《教育大辞典》对隐性课程下的定义是：学校政策及课程计划中未明确规定的、非正式和无意识的学校学习经验。在体育课程学习过程中体育设施及其安排、体育文化和体育活动中的人际关系及学生和教师的人格特点等都是体育隐性课程的重要内容，这些内容在不知不觉中潜移默化地影响学生的体育行为、体育价值观念和态度。

### （五）直线式课程与螺旋式课程

直线式课程，是把一门课程的内容组织成一条逻辑上前后联系的直线，前后内容基本不重复。加涅提出了直线编排教学内容的主张，他从学习层级论的观点出发，把教学内容转化为一系列习得能力目标，然后按这些目标之间的心理学关系，即从较简单的辨别技能的学习到复杂的问题解决技能的学习，把全部教学内容按等级来排列。

螺旋式课程，是以与儿童思维方式相符的形式将学科结构置于课程的中心地位，随着年级的提升，不断拓展加深学科的基本结构，使之在课程中呈螺旋式上升的态势。布鲁纳在《教育过程》中提出了螺旋式课程。螺旋式课程理念强调，一个社会所认可的有价值的学习内容应该在任何阶段能够教给任何学生。要实现这一课程理念，布鲁纳提出了表征系统理论，认为人类个体随着年龄的增长以顺次叠加的方式产生三种表征方式，分别是动作性表征、映像性表征和符号性表征。当学习内容能以这三种形式进行表征的话，就可以教给任何年龄阶段的任何学生。螺旋式课程的设计理念建立在布鲁纳著名的“三个任何”的假设基础之上，即任何学科都能够用智育上正确的方式，有效地教给任何发展阶段的任何人。即使是看上去很深奥的知识，也能以合理的方式教给幼小的儿童。为了完成教学任务，布鲁纳指出，一个好的螺旋式课程的编制应从三个方面入手：①把学科中普遍的、基本的概念和原理作为课程的中心，并且要注重内容编排的连续性；②使学科的知识结构与儿童的认知水平相统一；③重视知识的形成过程。

课程类型不仅局限于以上几种划分方法，在理论研究或实践中可以根据实际需要，按一定的客观标准，经过比较，有目的地对课程进行其他分类。体育课程类型的多样化是全面实现体育课程价值的一种重要方式，多种课程类型的有机结合将有助于学生身心健康发展，将为从根本上改变过去过分强调学生的运动知识和技能的掌握，而忽视学生心理健康和社会适应能力的培养的局面提供了有利的条件。

## 第二节　体育课程目标

体育课程目标是指在一定时期，体育课程实施所要达到的预期效果。它是体育课程设计的首要环节，是体育课程评价的依据，也是体育课程的出发点和归宿。

## 一、确定体育课程目标的依据

1. 学生的需要

需要是个体在生活中感到某种欠缺而力求获得满足的一种内心状态，它是机体自身或外部生活条件的要求在头脑中的反映。体育课程的主体是学生，因此，体育课程目标的确定应满足学生身心发展的需要，符合学生心理、生理的特点和发展变化规律。随着学生身心的发展，其需要会不断变化、不断生成、不断提升，因而学生身心发展的需要是动态的。

2. 当代社会生活的需求

学生的个体发展总是与社会发展交织在一起。社会生活需求就是社会本身发展的客观要求。人们要想提高生活质量，就必须考虑自身所在的群体和社会发展提出的要求。社会的变迁和发展，对人才的要求随之发生变化。现代社会对人才的要求归纳起来为健康的体魄、高超的智能、良好的心理素质、良好的职业道德和合作精神，这就要求体育课程的发展要满足人们日益增长的体育需求。当今体育课程目标的确定应体现出这些要求，要反映出未来社会发展的趋势。

3. 体育学科的发展

人的生活与文化密不可分。从文化学角度看，一个人的生命过程是在不断接受世代积累的文化遗产，保持社会文化的传递和社会生活的延续。体育文化是文化的组成部分，指的是人类体育运动的物质、制度、精神文化的总和，包括体育认识、体育情感、体育价值、体育思想、体育技术（属于体育认识的范畴，是认识过程的一种特殊形式），体育学科体现了体育文化的基本构成。因此，体育学科的知识体系和发展方向是确定体育课程目标的基本依据之一。

## 二、确定体育课程目标的基本方法

1. 筛选法

（1）预定若干项课程目标。

（2）书面征求专家和有关人员对预定课程目标的意见，允许他们补充其他目标。

（3）把原先预定的体育课程目标和补充的其他目标汇总在一起。

（4）根据汇总的体育课程目标，依次选出若干项最重要的目标。

（5）根据统计结果，确定排序靠前的若干项课程目标。

2. 参照法

在确定体育课程目标的过程中，参照过去的课程目标和其他国家的课程目标，根据本国或本地区的实际情况，确定符合本国或本地区行之有效的体育课程目标。

## 三、体育与健康课程目标体系

### （一）义务教育阶段的体育课程目标

体育与健康课程对于实施素质教育，培养学生的爱国主义、集体主义精神，促进学生德、智、体、美全面发展具有重要的意义。通过课程的学习，学生将掌握体育与健康的基础知识、基本技能与方法，增强体能；学会学习和锻炼，发展体育与健康实践和创新能力；体验运动的乐趣和成功，养成体育锻炼的习惯；发展良好的心理品质、合作与交往能力；提高自觉维护健康的意识，基本形成健康的生活方式和积极进取、乐观开朗的人生态度。

课程分为运动参与、运动技能、身体健康、心理健康与社会适应四个学习方面或领域，各方面的说明及目标如下。

1. 运动参与

运动参与是指学生参与体育学习和锻炼的态度及行为表现，是学生习得体育知识、技能和方法，锻炼身体和提高健康水平，形成积极的体育行为和乐观开朗人生态度的实践要求和重要途径，课程强调通过丰富多彩的内容、形式多样的方法，在小学阶段注重引导学生体验运动乐趣，激发、培养学生的运动兴趣和参与意识，在初中阶段引导学生逐步形成体育锻炼的意识和习惯。

运动参与的目标：①参与体育学习和锻炼；②体验运动乐趣与成功。

2. 运动技能

运动技能是指学生在体育学习和锻炼中完成运动动作的能力，它反映了体育与健康课程以身体练习为主要手段的基本特征，是课程学习的重要内容和实现其他学习方面目标的重要途径。在小学阶段，要注重体育游戏学习，发展学生的基本运动能力；在初中阶段，要注重不同项目运动技术的学习和应用，鼓励学生参加多种形式的比赛，逐步增强学生的体育与健康学习能力、安全从事运动的能力，加深对体育运动的理解。无论是在小学阶段还是在初中阶段，都要重视选择武术等民族民间传统体育活动项目进行学习。

运动技能的目标：①学习体育运动知识；②掌握运动技能和方法；③增强安全意识和防范能力。

3. 身体健康

身体健康是指人的体能良好、机能正常和精力充沛的状态，与体育锻炼、营养状况和行为习惯密切相关，这方面是课程学习的重要内容和期望的重要结果。课程强调

引导学生努力学习和锻炼，全面发展体能，提高适应环境变化的能力，形成关注自身健康的意识和行为。小学阶段要注意引导学生懂得营养、行为习惯和疾病预防对身体发育和健康的影响；初中阶段应要求学生了解生活方式、疾病预防等对身体健康的影响，自觉抵制各种危害健康的不良行为，初步掌握科学锻炼的方法，提高体能水平，基本形成健康的生活方式。

身体健康的目标：①掌握基本保健知识和方法；②塑造良好体形和身体姿态；③全面发展体能与健身能力；④提高适应自然环境的能力。

4．心理健康与社会适应

心理健康与社会适应是指个体自我感觉良好以及与社会和谐相处的状态与过程，与体育学习和锻炼、身体健康密切相关。本方面既是课程学习的重要内容，也是课程功能和价值的重要体现。课程十分重视培养学生的自信心、坚强的意志品质、良好的体育道德、合作精神与公平竞争的意识，帮助学生掌握调节情绪和与人交往的方法。小学阶段要注意培养学生自尊、自信、不怕困难、坦然面对挫折，引导学生在体育活动中学会交往；初中阶段要注意指导学生掌握调节情绪的方法，培养果敢、顽强的意志品质和团队合作精神。

心理健康与社会适应的目标：①培养坚强的意志品质；②学会调控情绪的方法；③形成合作意识与能力；④具有良好的体育道德。

运动参与、运动技能、身体健康、心理健康与社会适应四个方面是一个相互联系的整体，每个学习方面的目标主要通过身体练习去实现，不能割裂开来进行教学。

### （二）高中阶段的体育课程目标

1．总目标

通过本课程的学习，学生喜爱运动，积极主动地参与运动；学会体育与健康知识和技能，增强科学精神、创新意识和体育实践能力；树立健康观念，形成健康文明生活方式；遵守体育道德规范和行为准则，塑造良好的体育品格，发扬体育精神，增强社会责任感和规则意识。运动能力、健康行为和体育品德三个方面课程核心素养协调和全面发展，培养学生在未来发展中应具备的体育与健康的正确价值观念、必备品格与关键能力，形成乐观开朗、积极进取、充满活力的人生态度，身心健康、体魄强健，为新时代健康文明生活做好准备。

2．分目标

运动能力：高中学生运动能力发展的重点是发展体能、运动技能和提高运动认知。通过本课程的学习，学生能够运用所学体育与健康知识、技能和方法，参加与组织体育展示和比赛活动，显著提高体能与运动技能水平，掌握和运用选学运动项目的裁判知识和规则，增强发现问题、分析问题和解决问题的能力；能够独立或合作制订和实施体能锻炼计划，并对练习效果做出合理的评价；了解和分析国内外的重大体育赛事和重大体育事件，具有运动欣赏能力。

健康行为：高中学生健康行为养成的重点是锻炼习惯、情绪调控和适应能力。通过本课程的学习，学生能够积极主动地参与校内外的体育锻炼，掌握科学锻炼方法，养成良好锻炼习惯，形成基本健康技能，学会自我健康管理；情绪稳定、包容豁达、乐观开朗，善于交往与合作，适应环境的能力强；关注健康，珍爱生命，热爱生活，养成健康文明生活方式，改善身心健康状况，提高生存和生活的能力。

体育品德：高中学生体育品德培养的重点是积极进取、遵守规则和社会责任感。通过本课程的学习，学生能够自尊自强，主动克服内外困难。具有勇敢顽强、积极进取、挑战自我、追求卓越的精神；正确对待比赛的胜负，胜不骄、败不馁；胜任不同的运动角色，表现出团队合作与负责任的行为；遵守规则、文明礼貌、尊重他人，具有公平竞争的意识和行为。

# 第三节　体育与健康课程内容

## 一、体育与健康课程内容

### （一）水平一（一至二年级）

1．运动参与

积极、愉快地上体育与健康课和参加课外体育活动。如不旷课，主动积极地完成学习任务等。

2．运动技能

（1）学习运动项目或体育游戏的名称或动作术语。如知道跑步、篮球、乒乓球、游泳等运动项目的名称，以及滚翻、仰卧起坐等常见身体运动动作的名称或术语。

（2）做出基本身体活动动作。如在体育游戏活动中完成多种形式的走、跑、跳、投、抛、接、挥击、攀、爬、钻、滚动和支撑等动作。

（3）初步学会常见的球类游戏。如学习小篮球、小足球、乒乓球等适合本水平学生学习的球类游戏。

（4）学习一些体操类活动的基本动作。如学习横队和纵队看齐、向左（右、后）

转、立正、稍息、踏步、齐步走、站立、蹲立、仰卧、俯卧、纵叉、横叉等基本体操动作；棍、球、绳等轻器械体操动作；多种个人和集体的舞蹈动作、韵律动作等。

（5）学习一些武术类活动的基本动作。如学习基本手型、抱拳、马步、蹬腿、冲拳等简单的武术基本动作、3～5个简单动作组成的动作组合等。

（6）学习一些其他简单的民族民间传统体育活动项目的基本动作。如学习滚铁环、抽陀螺、荡秋千、跳皮筋、跳绳、踢毽子等活动的基本动作。

（7）学习基本的安全运动知识和方法，注意体育活动和日常生活中的安全。如注意穿着合适的运动服装上课，运动前做准备活动，在规定的场地内活动，合理、正确使用体育器材；过十字路口时不闯红灯，走斑马线；乘汽车时系安全带，头、手不伸出窗外。熟悉一些简单的紧急求助方法，如发生紧急情况时，会拨打求助电话等。

3．身体健康

（1）学习基本保健知识和方法，了解饮食、用眼、口腔卫生等个人卫生常识。如按时进餐，不挑食、不偏食，知道牛奶、豆类等食物的作用；按要求做眼保健操；知道正确的刷牙方法和龋齿预防方法；按时就寝；不乱扔果皮纸屑，不随地吐痰；饭前便后洗手，勤洗澡、勤换衣；文明如厕、自觉维护厕所卫生；知道蚊子、苍蝇、老鼠、蟑螂等会传播疾病；了解接种疫苗可以预防一些传染病；等等。

（2）学习正确的身体姿态，在日常生活和运动中注意保持正确的身体姿态。如保持正确的坐、立、行姿态和读写姿势等。

（3）学习柔韧性练习。如完成横叉、纵叉、仰卧推起成桥、握杆转肩、跪坐后躺下、坐位体前屈和立位体前屈握脚踝等柔韧性练习。

（4）学习灵敏性练习。如完成8字跑、绕杆跑等灵敏性练习。

4．心理健康与社会适应

（1）培养坚强的意志品质，认真完成体育学习和锻炼任务。如按要求努力完成教师在课堂上布置的体育与健康学习任务等。

（2）学会调控情绪的方法。如体验体育活动前后情绪变化的感受等。

（3）在新的合作环境中愉快地进行体育活动和体育游戏，与同学友好相处。如在重新分组后能很快和新伙伴一起愉快地活动等。

（4）在体育活动中表现出对同学的关心与爱护，乐于帮助同学。如当同学在体育与健康学习中遇到困难或需要保护时能够主动提供帮助等。

### （二）水平二（三至四年级）

1．运动参与

乐于参加新的体育活动、体育游戏和比赛。如愉快地参加新的情景类、角色扮演类、竞赛类等体育游戏和体育活动。

2. 运动技能

（1）学习奥林匹克运动的相关知识。如知道国际奥委会会旗、奥林匹克格言等。

（2）了解多种动作术语或动作名称的含义。如使用正确的术语描述已经学过的动作（如体转运动、跑跳步、马步、助跑、起跳等），并说出同类动作的不同变化（如投远与投准、跳高与跳远等）。

（3）完成基本身体活动动作。如在体育游戏活动中完成快速的曲线跑、合作跑、持物跑，单、双脚连续向高和向远跳跃，单、双手的投掷和抛物，有一定速度要求的攀、爬、钻等动作。

（4）掌握球类活动的基本方法。如初步掌握小篮球、小足球、羽毛球、乒乓球或其他新兴球类活动的基本方法。

（5）掌握体操类活动的基本动作。如初步掌握有队形的跑步走、齐步走变跑步走、各种队列队形变换，爬绳、爬杆，单杠、双杠、山羊、垫上等体操基本动作，健美操、校园集体舞等韵律活动和舞蹈动作。

（6）掌握游泳或冰雪类活动的基本动作。如初步掌握蛙泳或者滑冰、滑雪的基本动作，并进行一定距离的动作练习等。

（7）掌握武术类活动的基本动作。如初步掌握武术的基本动作、6～8 个简单动作组成的武术套路等。

（8）掌握简单的民族民间传统体育活动的基本动作。如初步掌握荡秋千、跳皮筋、跳绳、踢毽子等活动的基本动作。

（9）掌握体育活动、比赛和日常生活中的安全常识。如基本掌握体育活动中自我保护和相互保护的知识、消除体育活动中安全隐患的方法以及中暑的识别和预防等知识；在自然灾害（如地震等）或突发事件（如火灾等）发生时听从教师指挥，并做出安全的行动；掌握鼻出血的简单处理方法以及其他简便的止血方法等。

（10）学会规避运动伤害和危险的意识与行为。如在投掷练习中注意观察周围的安全情况等。

3. 身体健康

（1）掌握基本保健知识和方法。近视眼预防、食品卫生、主要营养素的作用等有关知识。如学会合理用眼，注意用眼卫生，定期检查视力；初步树立食品卫生意识，不吃不洁、腐败变质、超过保质期的食品；知道人体所需的几种主要营养素（如脂肪、蛋白质、糖类等）；认识烟草对健康的危害；树立尊重生命、保护生命的意识；等等。

（2）了解疾病的危害和预防知识。如知道常见呼吸道传染病的预防，肠道寄生虫病对健康的危害与预防，营养不良、肥胖对健康的危害与预防；懂得接种疫苗可以预防疾病，动物咬伤或抓伤后要及时注射狂犬疫苗，并在医生的指导下服药等知识。

（3）学会塑造良好体形和身体姿态。如初步了解身高、体重的合理比例及其重要性，合理膳食和体育锻炼对改善体形的作用；自我矫正和督促同伴矫正不正确的身体姿态等。

（4）发展柔韧性练习。如横叉、纵叉、仰卧推起成桥、握杆转肩、跪坐后躺下、立位体前屈握脚踝等练习。

（5）发展灵敏性练习。如十字象限跳、绕杆跑等练习。

（6）发展速度练习。如 50 米跑、15 秒快速跳绳等练习。

（7）发展力量练习。如通过立卧撑、纵跳摸高和斜身引体等练习。

4. 心理健康与社会适应

（1）在有一定困难的体育学习和锻炼中坚持完成任务。如在有氧练习中不怕苦累，坚持完成任务等。

（2）在体育活动中保持积极稳定的情绪。如在耐久跑、小篮球游戏比赛等活动中排除干扰，情绪饱满等。

（3）在体育活动中主动与同伴进行交流与合作。如乐于与同伴共同参加并完成体育活动等。

（4）运动规则、自我规范、体育道德培养。如在体育活动中做到文明用语、讲礼貌、遵守规则等。

### （三）水平三（五至六年级）

1. 运动参与

（1）认识到适当的体育活动是一种有效的积极性休息方式并付诸实践。如在学习疲倦时主动进行体育锻炼等。

（2）感受体育活动和比赛中的乐趣，获得成功的体验。如体验小篮球、小足球等比赛中得分时的乐趣和成功感。

2. 运动技能

（1）了解奥林匹克运动的知识。如现代奥运会的起源与发展、中国在奥运会上获得的主要成绩等方面的知识。

（2）了解运动项目的名称及其基本的健身价值。如田径运动、球类运动、体操类运动、水上和冰雪类运动、民族民间传统体育活动类以及新兴运动项目中一些项目的名称及其基本的健身价值。

（3）掌握科学锻炼方法。如运用已有的知识和技能改进或提高动作质量，改编简单的徒手操或体育游戏，创编跳绳的方法，选择较适宜的锻炼时间、场地和运动方法等。

（4）观看体育比赛。如观看足球、篮球、乒乓球、游泳、体操、武术等运动项目的比赛。

（5）掌握有一定难度的基本身体活动方法。如后蹬跑、连续纵跳摸高、急行跳远、各种方式的投掷动作，有一定速度要求的滑步、攀、爬、钻、滚动、滚翻等动作。

（6）掌握运动项目的技术动作组合。如小篮球、软式排球、小足球、羽毛球、乒乓球、短拍网球或其他新兴球类运动项目的技术动作组合。

（7）掌握体操类运动项目的简单技术动作组合。如有一定难度的队形变换和队列动作，单杠、双杠、山羊等器械体操和技巧的简单技术动作组合，健美操、街舞、啦啦操、校园集体舞等韵律活动或舞蹈的简单成套动作。

（8）掌握游泳或冰雪类运动项目的基本技术。如在掌握蛙泳或滑冰、滑雪基本技术的基础上，提高相应的速度等。

（9）掌握武术套路。如能够做出少年拳、地方特色拳种、9～10 个简单动作组成的武术套路等。

（10）掌握民族民间传统体育活动项目的基本技术。如初步掌握竹杆舞、花样跳组、抖空竹、踢花毽等项目的基本技术。

（11）运动损伤及常见意外伤害的预防与简易处理方法。了解并学会一些运动损伤及常见意外伤害的预防与简易处理方法。如运动中自我保护和相互保护的基本方法、常见运动损伤（如扭伤、挫伤、擦伤等）及轻微烫烧伤的预防与简易处理方法；能够识别常见的危险标识；了解煤气中毒、触电、雷击、中暑的发生原因及预防和简易处理方法；等等。

3. 身体健康

（1）掌握基本保健知识和方法。如知道有关肌肉、骨骼、关节等简单知识。

（2）了解卫生防病的知识和方法。如贫血对健康的危害及其预防，常见肠道传染病、疟疾、流行性出血性结膜炎、碘缺乏病的预防，视力保护，以及吸烟和被动吸烟的危害等基本知识和方法。

（3）了解食品安全的基本知识。如购买包装食品时注意查看生产日期、保质期、包装有无胀包或破损；不购买无证摊贩的食品；不采摘、不食用不认识的野果、野菜和蘑菇；了解容易引起食物中毒的常见食品；等等。

（4）了解青春期的生长发育特点与保健知识。如男女少年在青春发育期的差异，女生月经初潮和男生首次遗精及其意义，青春期的个人卫生知识，与体育锻炼有关的青春期保健常识（如女生知道经期体育锻炼的注意事项）等。

（5）塑造良好体形和身体姿态的练习。如区别不同身体姿态所表达的尊重、谦虚、亲近、傲慢、粗野等含义。

（6）提高灵敏性练习。如十字象限跳、8 字跑、三点移动、绕杆跑等练习。

（7）提高力量水平练习。如俯卧撑、立卧撑、双杠支撑臂屈伸、单杠斜身引体、纵跳摸高、举哑铃等练习。

（8）提高速度水平练习。如50米跑、快速仰卧起坐、15秒快速跳绳等练习。

（9）发展心肺耐力练习。如50米×8往返跑、定时有氧跑、校园定向越野比赛等练习。

4. 心理健康与社会适应

（1）在比较困难的体育活动中表现出自信和克服困难的勇气。如克服运动中的"极点"反应，在练习或比赛遭遇挫折时继续努力等。

（2）认识自己及他人的身体条件和运动能力，并对自己充满信心。如不会因为运动技能、身体条件等方面与他人有差异而感到骄傲、自卑或放弃努力。

（3）在体育活动中遇到挫折时注意控制自己的情绪，表现出自制能力。如比赛失利时不消极、不气馁、不讽刺对方，采用自我激励等方法控制焦虑、烦躁等不良情绪。

（4）乐意融入团队体育活动并完成自己的任务。如在小足球、接力跑、合作跑练习中扮演好自己的角色等。

（5）对体育道德具有一定的认识并能努力实践。如表现出胜不骄、败不馁，尊重同伴，尊重对手，尊重裁判等道德行为。

### （四）水平四（七至九年级）

1. 运动参与

（1）自觉上好体育与健康课，经常参加课外体育锻炼。如有简单的体育锻炼计划，并付诸实施等。

（2）形成积极的体育态度。如认识体育学习和锻炼的重要意义，对提高体育学习和锻炼的效果表达自己的观点，认真上好体育与健康课，积极参与课外体育锻炼等。

2. 运动技能

（1）简要分析现代体育与奥运会发展过程中所发生的一些重要事件与问题。如简要分析奥运会、兴奋剂、球场暴力等事件与问题。

（2）掌握科学锻炼身体的基本知识和方法。如运动强度和密度、靶心率、心率测定和运动量控制等基本知识和方法。

（3）掌握田径类运动项目技术。如短跑、中长跑、定向越野、跨栏跑、接力跑、跳远、跳高、投实心球等项目的技术。

（4）掌握球类运动项目的技术和简单战术。如篮球、排球、足球、羽毛球、乒乓球、网球、毽球、珍珠球和三门球等球类运动项目的技术和简单战术。

（5）掌握体操类运动项目的技术。如器械体操、健美操、街舞、啦啦操、校园集体舞等运动项目的技术动作与组合动作。

（6）掌握游泳或冰雪类运动项目的技术。如在掌握蛙泳或滑冰、滑雪基本技术的基础上，学习并掌握其他泳姿或有一定难度的滑冰、滑雪技术等。

（7）掌握武术类运动项目的1～2组技术动作组合。如9～10个动作组成的武术套路等。

（8）掌握民族民间传统体育活动项目的技术。如竹杆舞、花样跳绳、抖空竹、踢花毽等项目的基本技术。

（9）提高运动安全能力。如比较全面地掌握安全运动、保护他人和自我保护的方法以及常见运动损伤的紧急处理方法；基本掌握溺水的应急处理方法；等等。

（10）日常生活中的安全意识和能力。如在日常生活中走路、骑车以及特殊天气（如下雨、下雪、大雾等）条件下注意安全，懂得自然灾害（如地震等）或突发事件（如火灾等）发生时主动规避危险的知识和方法等。

3. 身体健康

（1）掌握基本保健知识和方法。如知道膳食平衡有利于促进健康，充足的睡眠有利于生长发育，不良生活方式有害健康；懂得食物中毒的常见原因；学会拒绝吸烟、酗酒的方法；了解毒品对个人、家庭和社会的危害，拒绝毒品；等等。

（2）掌握卫生防病的知识和方法。如乙型脑炎、肺结核、肝炎的预防方法，不歧视乙型肝炎患者和病毒携带者；了解艾滋病的基本知识及预防方法，不歧视艾滋病患者和病毒携带者；不滥用镇静、催眠等成瘾性药物。

（3）掌握青春期保健知识。如青春期心理发育的特点和变化规律，青春期常见生理问题的预防和处理方法；了解异性交往的原则，学会识别容易发生性侵害的危险因素，保护自己不受性侵害；预防网络成瘾；等等。

（4）提高灵敏性练习。如在球类运动中提高灵敏性等。

（5）提高速度水平练习。如在30秒快速跳绳或踢毽子中提高速度水平等。

（6）提高力量水平练习。如在体操类运动中提高力量水平等。

（7）提高心肺耐力练习。如在800米（女）、1 000米（男）跑中提高心肺耐力等。

4. 心理健康与社会适应

（1）积极应对各种困难，并果断做出决策。如在篮球比赛中，根据场上的形势变化果断做出决策行为等。

（2）分析体育学习和锻炼中遇到挫折和失败的原因，并保持稳定和积极的情绪。如正确认识挫折的原因，保持良好的心态等。

（3）在集体性体育活动中共同努力实现目标。如在比赛中为了集体的最终胜利，愿意为同伴创造更好的进攻时机等。

（4）在体育活动、比赛和日常生活中表现出良好的道德行为。如表现出公平、诚实、友爱、礼貌、尊重等行为。

### （五）水平五（高一至高三年级）

1. 必修必学内容

（1）体能。体能模块包括体能发展的基本原理与方法、测量与评价体能水平的方法、体能锻炼计划制订的程序与方法、有效控制体重与改善体形的方法等内容。

（2）健康教育。健康教育模块包括健康的基本知识与技能，合理营养和食品安全，常见传染性和非传染性疾病的预防与控制，环境、健康与体育锻炼的关系，安全运动和安全避险，常见运动损伤的预防与处理，提高心理健康水平和社会适应能力等方面的内容。

2. 必修选学内容

在运动技能学习方面，从有利于学生学会、学精、培养运动专长以及追求卓越的角度出发，学生可以选择某一运动项目（如足球）持续学练3年，也可以根据学校的安排按学年选择学习，包括6个运动技能系列。

（1）球类运动。球类运动系列包括足球、篮球、排球、乒乓球和羽毛球等运动项目。学生可以根据自己的兴趣和爱好从中选择1项进行较为系统的学习。主要包括基本知识与技能、技战术运用、专项体能与一般体能、展示与比赛、规则与裁判方法、观赏与评价等。

（2）田径类运动。田径类运动系列包括短跑、中长跑、跨栏跑、跳高、跳远、三级跳远和铅球等运动项目。学生可以根据自己的兴趣和爱好从中选择1项进行较为系统的学习。内容主要包括基本知识与技能、技战术运用、专项体能与一般体能、展示与比赛、规则与裁判方法、观赏与评价等。

（3）体操类运动。体操类运动系列包括基本体操、体操（单杠、双杠、支撑跳跃等）、韵律操（健身健美操、竞技健美操、啦啦操等）、操舞（街舞、校园集体舞等）等运动项目。学生可以根据自己的兴趣和爱好从中选择1项进行较为系统的学习。内容主要包括基本知识与技能、技战术运用、专项体能与一般体能、展示与比赛、规则与裁判方法、观赏与评价等。

（4）水上或冰雪类运动。水上或冰雪类运动系列包括蛙泳、自由泳、仰泳、蝶泳、滑冰、滑雪等项目。学生可以根据自己的兴趣和爱好从中选择1项进行较为系统的学习。内容主要包括基本知识与技能、技战术运用、专项体能与一般体能、展示与比赛、规则与裁判方法、观赏与评价等。

（5）武术与民族民间传统体育类运动。武术与民族民间传统体育类运动系列包括武术基本功、少年拳、太极拳、剑术、刀术、棍术、防身术、散手、民族民间传统体育等运动项目。学生可以根据自己的兴趣和爱好从中选择1项进行较为系统的学习。内容主要包括基本知识与技能、技战术运用、专项体能与一般体能、展示与比赛、观赏与评价等。

（6）新兴体育类运动。新兴体育类运动系列包括轮滑、攀岩、定向运动和花样跳绳等运动项目。学生可以根据自己的兴趣和爱好从中选择 1 项进行较为系统的学习。内容主要包括基本知识与技能、技战术运用、专项体能与一般体能、展示与比赛、规则与裁判方法、观赏与评价等。

## 二、体育课程资源的开发与利用

随着我国基础教育课程改革力度的不断加大，课程资源的重要性日益凸显，在一定程度上构成了课程改革的支持系统。课程资源的开发和利用，直接关系到新课程标准能否顺利实施，对保障课程改革的成功具有重要的现实意义。同时，开发利用各种课程资源也是课程改革的重要组成部分。由于课程与课程资源存在着十分密切的关系，课程资源的丰富性和适切性程度决定了课程目标的实现范围和实现水平。任何课程的实施过程实际上就是对一定课程资源的加工、分配和转换的过程。

### （一）体育课程资源的概念、特点与分类

1. 体育课程资源的概念

广义的课程资源，是指一切有利于实现课程目标的各种因素，包括素材性资源如知识、技能、经验、生活方式与方法、情感态度、价值观、培养目标等和条件性资源如直接决定课程实施范围和水平的人力、物力、财力、时间、场地、器材、设备、环境等。课程资源，可以理解为围绕实现课程目标的各种内外因素和条件的总和。然而，从课程编制的角度而言，并不是所有的资源都能称为课程资源。只有那些真正进入课程、与教育教学活动联系起来的资源，才能称作是现实的课程资源。

就体育课程而言，体育课程资源是指有利于实现体育课程目标的各种内外因素和条件的总和。这其中既包括物力的，也包括人力的；既有校内的，也有校外的；既包括传统的教科书和图书资料，也包括现代的网络和科技成果等。

2. 体育课程资源的特点

一般来说，体育课程资源具有以下几个特征。

（1）丰富多样性。在实际的教育教学过程中，可以开发和利用的体育课程资源是多种多样的。体育课程资源不仅是体育教材，也不仅局限于学校内部，而且它涉及学生学习与生活环境中有利于课程顺利实施、达到课程标准和实现教育目的的各种因素。因此，体育课程资源具有广泛多样的特点。

（2）价值潜在性。一切可能的体育课程资源都具有价值潜在性的特点。有相当部分体育课程资源在体育课程设计之前就已经存在，具有转化为体育课程实施的可能性，但还不具备现实的体育课程实施的现实条件。它们往往体现出一种潜在的价值，只有经过一定形式的开发、利用和转化，才能成为有利于体育课程实施的基本条件。

（3）具体性。体育课程资源的具体性特点表现在：不同的地域，可开发利用的体育课程资源不同；不同的文化背景下，人们的价值观念、道德意识、风俗习惯、宗教信仰具有各自的独特性，相应的体育课程资源亦各具特色；学校的性质、规模、办学条件等的不同，其可以开发利用的体育课程资源也不尽相同；学生个体的家庭背景、身心发展水平、生活经历的不同，可供开发利用的体课程资源必然也是千差万别。

（4）功能多元性。同样的体育课程资源，具有不同的用途、价值与功能，可以用于实现体育课程的不同目标。如学校附近的山峦，既可用于学生进行体育锻炼的场地，又可以用于对学生进行野外生存教育等。教师要注意并善于挖掘体育课程资源的多种利用价值，变一源为多用，使体育课程资源的潜在价值得以充分发挥。

3. 体育课程资源的分类

由于体育课程资源的丰富性，使得对其的分类显得较为困难。根据不同的标准，可以将体育课程资源划分成不同的类型。在实际运用中，可以将以下几种方法结合起来进行分类，以满足不同的需要（见表3－1）。

**表3－1 体育课程资源的分类方法**

| 分类标准 | 体育课程资源的类型 |
|---|---|
| 体育课程资源的功能与特点 | 1. 体育课程内容资源：体育知识、经验、技能、运动项目等<br>2. 体育课程条件资源：体育师资、场馆、器材、图书资料等 |
| 体育课程资源的空间分布 | 1. 校内体育课程资源：体育师资、校内体育场馆和设施等<br>2. 校外体育课程资源：家长、著名的运动员、社区体育俱乐部等 |
| 体育课程资源的性质 | 1. 自然体育课程资源：学校附近的山峦、森林、河流、湖泊等<br>2. 社会体育课程资源：学校的体育场馆、图书馆等 |
| 体育课程资源的存在方式 | 1. 显性体育课程资源：教科书、计算机、体育场地器材等<br>2. 隐性体育课程资源：经验、生活方式、学校体育传统与风气等 |
| 体育课程资源的管理要素 | 1. 体育课程人力资源：体育教师、学生、家长、社区体育指导员等<br>2. 体育课程物力资源：校内外体育场馆、器材等<br>3. 体育课程财力资源：学校体育经费、社会的各种捐赠和赞助费等<br>4. 体育课程信息资源：体育知识、网络信息、体育图书、期刊等 |

### （二）开发利用体育课程资源的意义

1. 体育课程实施的必要前提

体育课程与课程资源之间存在着非常密切的联系。没有体育课程资源就没有体育课程可言；没有体育课程资源的广泛支持，再完美的体育课程改革设想也很难转化为实际的教育成果。相反，有体育课程就一定有体育课程资源作为前提。然而，体育课程资源的外延范围远远大于课程本身的外延范围。所有的体育课程资源只有根据课程目标、学校实际和学生身心发展等，经过教育学的加工并付诸实施才能成为体育课程。因此，体育课程的实施范围和水平，一方面取决于体育课程资源的丰富性，另一方面则在很大程度上取决于对体育课程资源的合理开发和利用。

2. 提高教师的教学水平，促进教师的发展

体育教师不仅是重要的体育课程资源，也是开发利用体育课程资源的重要主体之一。开发利用各种体育课程资源，将全面带动体育教学手段、方法和组织形式等方面的变革。在此过程中，体育教师的教学水平将会得到进一步的提高，其教育观念、方法等也将不断适应现代社会和课程改革的要求，这对体育教师的专业发展具有重要意义。

3. 提高学生的主体地位，促进学生的全面发展

学生是学习的主体，对体育课程资源的开发和利用也必须围绕着学生这个主体来进行。按照现代课程的理念，学生同样是重要的体育课程资源和开发利用体育课程资源的主体。对体育课程资源的开发利用，不仅要让学生亲自参与，让他们的生活和经验进入体育课程，而且要在这一过程中激发他们学习的兴趣，陶冶情操，不断提高他们探求新知的能力。这意味着学生的学习方式将发生根本性的转变，学生将由被动的知识接受者转变为知识的共建者。

开发利用体育课程资源更重要的现实意义，还表现在它能够对新一轮基础教育课程改革产生积极的影响，为《体育与健康课程标准》的顺利推进和实施奠定良好的基础。

### （三）开发利用体育课程资源的途径和方法

1. 体育课程内容资源的开发与利用

体育课程内容资源极为丰富，可以说，人类所创造的一切体育文化形式都可以作为体育课程内容的基本来源。体育课程内容资源与日常生活、竞技运动、民族民间传统体育、养生活动、社会体育、宗教祭祖、军事以及医学等方面都有着非常密切的联系，其手段、形式和内容构成了体育课程所需要的广泛而又丰富的内容资源。开发利用体育课程内容资源可以从以下几种形式入手。

（1）改造现有的竞技运动项目。竞技运动项目以其突出的竞赛性、娱乐性和高超

的技艺等特点而深受广大青少年学生的喜爱。然而，在没有考虑客观条件和学生身心发展特点的前提下，直接将竞技运动项目全盘引进体育课程，特别是将其作为中小学体育课程的内容有时会显得不合时宜。因此，必须从教育的角度对现有的竞技运动项目进行改造，使之成为可以利用的体育课程内容。改造的方法主要有：①简化比赛规则，只保留一些能够激发学生运动兴趣，使学生很快“玩”起来的简单规则；②简化技战术，将最基本、最适合学生身心特点的基本技术和战术提炼出来；③修改内容，去掉那些繁、难、偏、旧不利于学生身心发展的、学生不感兴趣的内容，不过分强调内容的系统性和完整性；④降低难度要求，即降低动作难度、练习难度，不苛求动作的细节等；⑤改造场地和器材，使场地和器材更加符合学生的身心发展特点。

（2）引进新兴运动项目。随着现代社会的发展，人们在休闲、娱乐和健身过程中，发明创造了大量新兴的运动项目，如攀岩、野营、保龄球、极限运动、轮滑和沙狐球等。这些新兴运动项目具有娱乐性强、动作易学和场地器材简单等特点，特别适合作为体育课程内容，可以通过选择、加工等方法对这些资源进行有效的开发利用。

（3）开发民族、民间传统体育项目。我国幅员辽阔，民族和民间体育文化源远流长，各个地区、各个民族存在着大量群众喜爱、老少皆宜的体育形式，如武术、龙舟、舞狮、珍珠球以及多彩纷呈的体育游戏等。这些体育形式都可以通过适当的加工和改造进入体育课程。对这些资源的开发不仅有利于形成具有各个地区、各个学校特色的体育课程，还可以很好地将学生的生活经验与课程的学习紧密地结合在一起。

（4）整合各种体育课程体育内容资源，创造新的体育课程内容。体育教师要善于对各种体育课程内容资源进行整合，不断创造出各种新的体育手段和形式，使其成为体育课程的新内容。如可不可以将乒乓球与排球进行整合，用乒乓球的球拍和球、排球的场地和规则来进行活动呢？答案当然是肯定的。日本和美国的体育教师在此方面做了许多探索和实践，值得我们借鉴。

（5）让体育教师和学生的知识和经验进入体育课程。体育教师和学生的经验是非常重要的体育课程内容资源，如果能够通过体育课程教学进行有效的开发利用，将对体育教师的教学方式和学生的学习方式的变革产生积极的影响，特别是可以培养学生主动探究和创新的能力。如在教学中向学生提供一些体育器材，要求学生根据这些器材和自己已有的知识与经验通过小组讨论、尝试练习等方式，创编一种新的游戏方法。同时，在这一过程中教师和学生、学生和学生之间共享其已有的知识和经验，将其转化为各种新的体育课程内容。

对体育教师和学生已有知识和经验的开发利用，在我国以往的体育课程教学中是极其薄弱的一个环节，应该注意加强。同时，这也需要体育教师从根本上转变教育观念。

2. 体育课程条件资源的开发与利用

体育课程的条件资源主要包括：学校内外的各种人力资源、物力资源和自然地理环境资源等。

（1）对体育课程人力资源的开发。体育课程的人力资源包括：体育教师、学生、家长、班主任和其他有一定体育特长的教职工、校医、校外体育专家、社会体育指导员、运动员、教练员、医生、有一定体育特长的社会其他人员等。他们的知识、智力以及体力等都可以通过开发进入体育课程。在开发体育课程人力资源的过程中要注意以下问题。

第一，充分发挥体育教师的作用。由于体育教师是最重要的体育课程资源，在体育课程资源的开发过程中，教师的素质决定了课程资源的识别范围、开发与利用的程度以及效益发挥的水平。对体育教师潜能的开发，应该成为体育课程人力资源开发的重点。

第二，以生为本。要鼓励和引导学生积极参与体育课程资源的开发，如让学生自制体育器材和教具，通过网络和媒体收集体育信息、创编各种体育游戏等。

第三，积极挖掘其他人力资源。如进行健康教育，可以请医生、家长等协助进行；又如可以请一些著名的运动员进行体育表演，以激发学生的学习兴趣等。

（2）对体育课程物力资源的开发。当前我国大部分学校，特别是广大农村和偏远地区学校体育场地和器材等缺乏的现象较为严重，短期内难以有效地解决。在这种现状下，积极开发各种体育课程的物力资源便显得尤为重要。可以通过以下方法和途径进行体育课程物力资源的开发：一是发挥现有体育器材的多种功能，即一物多用。如跨栏架可以用来跨栏，也可以用作投射门，还可以用作钻爬的障碍等。二是自制简易器材和替代品。如利用废排球制作实心球，用书包作负重物或标志物等。三是改造场地，合理布局，提高场地的利用价值。如篮球场可以改造成篮球、排球、羽毛球、轮滑等项目都可以使用的多功能场地等。四是充分利用学校附近的社区或单位的体育场地和器材设施等。

（3）对体育课程自然地理环境资源的开发。学校附近的山川、湖泊、森林、草原、田野、沙丘、海滩以及阳光、空气、冰雪等都是极为宝贵的体育课程资源。利用这些自然地理环境资源可以开发出多种多样的体育课程内容，如利用森林，可以进行野营、定向越野；利用沙丘，可以进行爬沙丘、滑沙、沙疗等；利用海滩，可以进行沙滩足球、沙滩排球等。

自然地理环境资源的开发，不仅可以缓解一些学校体育场地、器材不足的矛盾，还可以形成学校的体育课程特色，这对校本体育课程的开发与建设具有重要的意义。

**思考题：**

1. 选择体育课程内容的原则是什么？
2. 试述我国《体育与健康课程标准》的目标体系。
3. 《体育与健康课程标准》的实施对体育教师提出了哪些挑战？
4. 如何进行课程资源开发？

《义务教育体育与健康课程标准（2011 年版）》

《普通高中体育与健康课程标准（2017 年版）》

体育与健康课程内容及动作分析

各模块阶段性学业质量水平

体育与健康课程内容资源开发案例

# 第四章　体育教学目标

内容概要

正确制定体育教学目标的前提是明确体育教学目标的概念。本章在阐述体育教学目标概念和特征的基础上，重点介绍体育教学目标的分类、合理制定体育教学目标的要求，并结合案例教学让学生有效掌握体育教学目标制定的技巧。

# 第一节 体育教学目标的概念、特征及作用

## 一、体育教学目标的概念及特征

### （一）体育教学目标的概念

目标是学校教育教学中运用十分广泛的一个概念，它是教学论、学习论和教学设计三门学科共同研究的课题。“目标”一词指的是射击、攻击或寻求的对象，也指想要达到的境地或标准。在《教育大辞典》中，教学目标被界定为“教学中师生预期达到的学习结果和标准”。因此，我们可以把体育教学目标理解为，体育教学中师生预期达到的学习结果和标准。需强调的是，这个预期结果和标准是教和学双方都应共同遵循的，对教师来说它是教授的目标，对学生来说则是学习的目标。

### （二）体育教学目标的特征

1. 体育教学目标的导向性

体育教学目标是体育教学活动重要的参照标准，从某种意义上来说，它是体育教学的方向，教学设计、教学过程的组织与实施，教学评价等都要受到它的制约。当教学目标定位合理，教学活动与教学目标趋于一致时，教学就易于收到良好的效果；而当教学目标不符合客观实际时，以此为指向的教学活动所产生的结果就会出现偏差。

2. 体育教学目标的层次性

体育教学目标的层次性主要体现在以下两个方面：一是体育教学目标是渐进式的，较低层次的目标可能是较高层次目标的分解或具体化，也可以是较高目标的阶段目标，且较高层次的目标往往是以较低层次的目标作为基础或手段的。如终身体育能力，它就是以体育知识、运动技能、锻炼习惯、健身方法等为基础的。二是教学目标是与学段密切相关的，体育教学贯穿学校教育始终，它所面对的是多个学段的学生，教学对象不同，具体的教学目标就会有差异。如小学阶段，教学目标重点在于培养学生对体育的兴趣，初步学习保健和卫生知识，发展身体的基本活动能力等。而在大学阶段，则要注重满足学生个体对体育的需求，进一步提高体育素养和终身体育能力，使个体需求和社会需要相结合。可见，体育教学目标有着明显的层次性，由低向高呈梯形发展。

3. 体育教学目标的系统性

体育教学目标是由认知目标、技能目标、情感目标等构成的整体，它们既相互联系，又拥有各自的地位和功能。虽然各目标实现的时间和程度不一，但它们总是直接或间接地、即时或过后影响体育教学目标的达成，它们的有机联系和相互促进，便能产生“整体大于各部分总和的”效应。这是促进学生全面发展，构建良好的素质结构的需要，也是素质教育的必然要求。

4. 体育教学目标的灵活性

体育教学目标的灵活性是指体育教学目标的达成可以有一个适宜的调整空间，它有利于教师根据学生的身心发展水平，体育能力现状和体育教学及锻炼的相关条件等因素来展开教学工作，提出与学生基础和教学条件相适应的分类目标，体现出对现实情况的正视和对学生的尊重，从而充分调动学生的主观能动性，发挥他们的主体作用。使他们的发展更加符合客观实际，为健康个性的形成创设一个良好的外部环境，体现以人为本的基本思想。

5. 体育教学目标的可操作性

教学目标在表述上应尽量行为化，具有外显性和可见性，使师生双方都明确教什么、学什么和怎样教、怎样学。因此，教学目标必须用教学内容（知识点、能力培养点、智能开发点等）加上可以观察的行为动词来表述，例如，“85%的学生能跨过3～5个降低高度的栏架”“90%的学生能够完成三步上篮的动作技术”和“学生能够说出篮球单手肩上投篮的动作技术要领”等。

6. 体育教学目标的可测性

所确定的教学目标是否达成，需采取相应的方式加以检测，即教师使教学目标“题目化”，通过完成相应的题目，检查学生学习现状与目标之间的差距。体育教学目标既是教学活动追求的标准，也是衡量教学活动效果的尺度。运用体育教学目标的要求对学生认知、技能、情感、品格等进行评价和比较，可以检测教学内容、教学方法、教学手段及教学环境等的选择与运用的效果，及时将检测信息反馈到教学活动之中，便可有效地调节教学过程，使教学效果不断地得到优化。

## 二、体育教学目标的作用

1. 对体育教学过程推进的引导作用

体育教学目标是体育教学活动的预期结果，这个预期结果决定了体育教师的教学方向与学生的学习方向。对于体育教师的教学而言，教学目标决定了教学过程中各教学要素的选择与运用。根据教学目标，教师选择对应的教学内容、运用相应的教学方法和手段、使用相匹配的教学组织方式、布置教学所需场地和准备教学过程中所需器

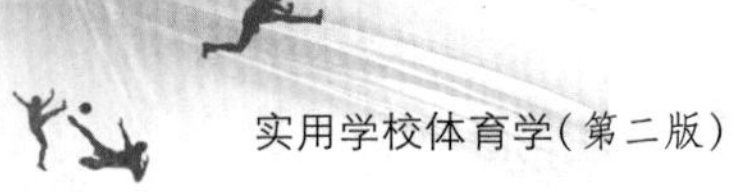



材，教学过程中的所有教学元素均指向目标达成。而对于学生的学习而言，明确了学习目标，学习才会有方向感。知道学习过程中应当先做什么、后做什么，从而使学生在学习过程中更加主动地思考问题、分析问题，评价自己的学习效果。

2. 对体育教学中师生行为的激励作用

在心理学理论中，目标与激励是密切相关的。一个既定目标的实现，会激发行为者强烈的动机和兴趣，增强行为者前进的动力，并指向下一个目标。在体育教学中，由于教学目标的不断达成，教师会感受到“教”的成功，学生则会体会到“学”的成功。这种成功体验，会进一步增加师生对体育教学活动的愉悦感，感受到参与体育教学活动的乐趣，从而激发他们更加持续深入地投身于体育教学。然而，体育教学目标激励作用的发挥，需要目标本身具有合理性。只有为教师与学生所理解并符合他们行为需要的目标，才能够真正体现出激励的作用。

3. 对体育教学效果达成的评价作用

明确的学习目标不仅引领教学方向，而且决定了学生学习效果评价的合理性与科学性。体育教学目标的确立，是学生学习效果评价的基础，缺乏了明确的体育教学目标，则无法确定学生学习效果评价的内容与方法。同时，是否能达成既定的教学目标，也是测评教学成功与否的重要标准。只有通过比对教学目标，才能准确把握教学前后学生发生的变化，了解学生学到了什么，知识掌握到何种程度。从这个角度来看，若要对体育教学进行科学评价，首先要制定出可行、可测的体育教学目标。

## 第二节　体育教学目标体系

### 一、体育教学目标体系

体育学科教学与其他学科教学一样，是一个持续发生的过程，从时间序列来看，这个过程短则一节课，长则十数年。就学段而言，一位学生从小学开始一直到大学结束，都要参加体育教学活动。由于学生身心发展的阶段不同，体育课中学习的内容和要求也必然会有所区别。这种区别最终会反映到教学目标的确立，进而使得教学目标有了层次的区分。从《体育与健康课程标准》关于学习水平阶段的划分看，体育教学目标在层次上一般分为学段（水平）体育教学目标、学年体育教学目标、学期体育教学目标、单元体育教学目标和课时体育教学目标五个层级。其中，上位目标为下位目标的确立提供依据，下位目标则是对上位目标内容的细化，并为上位目标的实现提供前提。各层级目标相互呼应、彼此衔接，引导体育教学活动逐层向前发展。

需要说明的是，层次只是从时间序列上描述了体育教学目标的纵向衔接方式，要完整地理解体育教学目标的体系，还必须从体育促进学生发展的作用维度梳理各层次目标的横向结构。从我国《体育与健康课程标准》的表达来看，义务教育阶段的课程目标包含四个维度，即运动参与、运动技能、身体健康、心理健康与社会适应；高中阶段的课程目标包括三个维度，即运动能力、健康行为和体育品德。在表述上，二者虽然有所区别，但主要都聚焦在促进学生的身体健康、心理健康、运动技能、道德品质和社会适应等方面。教学是课程的实施途径，体育教学目标在内容范畴上自然要与体育课程标准中设定的目标维度保持一致（如图 4－1 所示）。

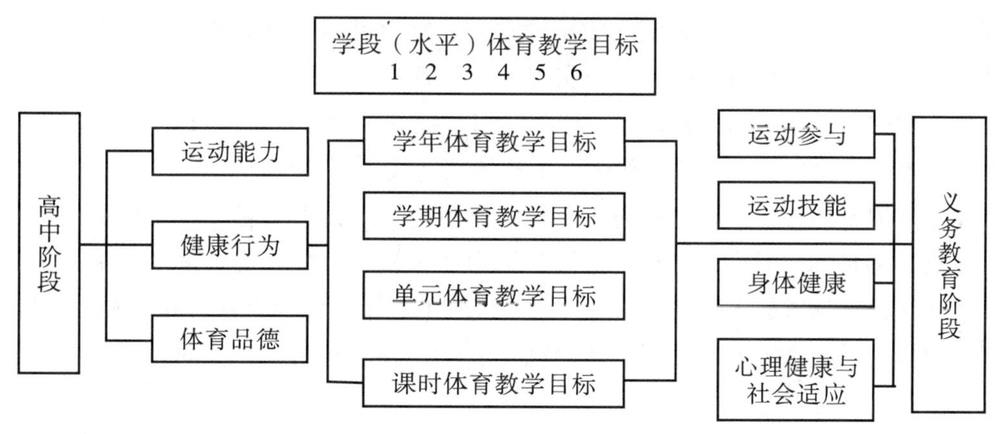


**图 4－1 体育教学目标体系**

将体育教学目标的纵向和横向结构结合起来看，可以发现体育教学目标体系的三个特点：①体育教学目标纵向上的每一个层次都包含了横向上的全部维度；②随着学生年龄及年级的增长，体育教学目标横向上任一维度都会有新的内涵赋予；③体育教学目标的实现情况最终需要其横向维度的达成情况来检验。

## 二、体育教学目标的分类

### 1. 布鲁姆等的教育目标分类

布鲁姆的教育目标分类采用“三维分析法”对教学目标进行划分，将其分为三个领域，即认知领域、技能领域和情感领域。每个领域由低到高包含了许多层面变量，表明与这种行为评估相关的、需要抽样的内容可供有的放矢按需选择（见表 4－1）。

表4－1　布鲁姆等的教育目标分类

| 认知领域（六级） | | | | | | 技能领域（七级） | | | | | | | 情感领域（五级） | | | | |
|---|---|---|---|---|---|---|---|---|---|---|---|---|---|---|---|---|---|
| 知道 | 领会 | 应用 | 分析 | 综合 | 评价 | 领悟 | 定向 | 模仿 | 操作 | 自动化 | 修正 | 创新 | 接受 | 反应 | 态度 | 组织 | 性格化 |

2. 新课程的三维目标

新课程的三维目标，是指在知识与技能、过程与方法、情感态度与价值观这三个维度方面的目标。这种目标表述与布鲁姆所提出的教育目标类型基本一致。知识与技能、过程与方法、情感态度与价值观，三者有各自的内涵和特性，它们又密切相关、相辅相成。其中，知识与技能是教学目标的核心，它通过过程与方法、情感态度与价值观目标的实现过程而最终实现；过程与方法是教学目标的组成部分和课堂教学的操作系统，它渗透在知识与技能目标的实现中而实现；情感态度与价值观是教学目标的组成部分和课堂教学的动力系统，它伴随知识与技能、过程与方法目标的实现而实现。三维目标紧密联系在一起，只能作为一个整体来达成，不能分割。

体育与健康课程针对新课程的三维目标，制定了“课程目标—领域目标—水平目标”三维体系目标。其中，课程目标被分解为四个领域目标，每个水平级别，都定义了该水平在四个领域的水平目标，每个水平级别的四个领域都有各自的领域水平目标。领悟了这样一个三维体系目标，也就明确了教学思路。同时，教学的设计、内容的选择与教法的运用也就会更加合理。

（1）知识与技能。包括本知识、基本技能、运动要领、保护帮助方法、练习方法、项目了解。关键词有：了解、理解、掌握、运用等。

（2）过程与方法。主要是学生通过什么活动，过程培养了什么能力，掌握了什么方法和知识等。关键词有：通过……提高/发展/培养等。

（3）情感态度与价值观。包括对培养体育锻炼习惯、终身体育意识等方面的内容、学生态度和人生观。关键词有：体会……感情；培养……精神；体验……乐趣等。

3. 马杰的行为目标理论

1962年，马杰出版了《准备教学目标》，此书被誉为“教学目标中发起的一场革命”。马杰的观点引发美国国会1975年在“94－142公法”中提出：“教师应用具体的教学目标让学生参与特定的教学计划。”马杰的行为目标有时也称作业目标，指用可观察和可测量的行为陈述的目标。马杰认为写得好的行为目标应具有三个要素：①说明通过教学后，学生能做什么；②规定学生行为产生的条件；③规定符合要求的作业标准。由此可见，行为目标的优点就是通过最简单的水平分析，找出要解决的问题。像开处方一样清楚地告诉我们：如何设置目标（确定教学范围）—提供什么条件实现教学目标（选择教学策略）—教学后学生达到什么行为（建立评估标准）。

4．格兰论的目标理论

格兰论认为，外在学习行为的变化实质是内在心理的变化，并提出了把内部过程与外显行为相结合的展开目标表述法。这一方法既保留了行为目标表述的层次性和外显性的优点，又避免其忽略内心变化的缺点，是用于情感态度与价值观表述的比较合适的方法。需要注意的是，由于内在的行为变化存在难以直接进行客观观察和测量的特性，教师在具体运用时对目标的陈述不仅要应用具体的词语予以明确，还要对反映这些行为变化的“样本”加大说明（见表4－2和表4－3）。这样可操作性会更强，对教学过程和教学测量与评价起更具体的指导作用。

**表4－2　初中体育少年拳教学目标的表述**

| 错误类型 | 错误样例 | 正确样例 |
|---|---|---|
| 以教育目的代替教学目标 | 1．通过少年拳教学使学生成为全面发展的人 | 1．90%的学生了解少年拳基本步伐、手型，学习掌握1～4节动作 |
| | 2．以拳为媒，实施美育教育，陶冶情操 | 2．通过礼仪学习，培养学生以礼习武的武德 |
| 含糊其辞、标准模糊 | 1．发展学生武术能力 | 1．提高学生出拳速度与飞跃跳跃的武术基本能力 |
| | 2．培养学生武术锻炼习惯 | 2．通过个性展示，引发武术爱好、培养锻炼习惯 |
| 行为主体，表述错位 | 1．培养学生勇敢顽强拼搏的武德 | 1．通过鞠躬礼，培养学生尊重他人、以礼待人的武德 |
| | 2．提高学生身体素质，培养优良品质 | 2．借助互助学习，培养学生团结合作的健康行为 |

**表4-3　高中体育篮球教学目标正确样例的表述**

1. 知识与技能目标

（1）90%的学生能初步掌握“投篮、移动运球、行进间投篮、传接球”的技术要领和各种基本动作，建立正确的动作概念。

（2）通过四种动作学习，发展学生的速度、灵活性及快速反应能力，全面提高身体素质。

（3）培养学生的组织纪律性、认真学习的态度及相互帮助、善于与他人合作的优良品质，为以后长期进行体育活动奠定基础。

2. 过程与方法目标

（1）以分组学习、组合学习、个别化学习等多种变式练习，培养学生对篮球运动的学习兴趣，提高练习的积极性与应用篮球运动的能力。

（2）以领会学习、成果展示等促进学生学会与利用篮球的手段与方法，进行体育锻炼。

3. 情感态度与价值观目标

（1）通过篮球的学习，培养学生团结合作、互相帮助的集体主义精神。

（2）通过广播、电视、报纸等传媒收集篮球知识，养成热爱体育的良好情感与科学运动的习惯

5. 加涅的教学目标分类

加涅认为，对教学目标的分类，也就是对学习结果的分类。他提出了五类学习结果：①智力技能：即学生运用概念符号与环境交互作用的能力，它意味着学习“如何完成”的某种智慧行为，并被进一步分解为鉴别作用、获得具体概念、为概念下定义、掌握规则和高级规则三个子类别；②认知策略：是学生用来指导自己注意、学习、记忆和思维的能力，可分解为编码的策略、记忆探求的策略、检索的策略和思考的策略；③言语信息：即“知道什么”的信息，是一种我们能够陈述的知识，并根据言语信息的复杂程度不同，区分为名字、事实、命题三个类型，又被称作陈述性知识；④动作技能；⑤态度（见表4-4）。

**表4-4　加涅的教学目标分类**

| 学习结果 | 行为样例 |
| --- | --- |
| 智力技能 | 在观看一场足球比赛时，指出哪些行为属于违规行为 |
| 认知策略 | 归纳有氧运动对控制体重的作用 |
| 言语信息 | 陈述奥林匹克运动的宗旨 |
| 动作技能 | 熟练完成一套健美操，要求动作优美、流畅 |
| 态　度 | 选择跑步作为锻炼的常态化形式 |

6. 体育学科核心素养目标

学科核心素养是我国在基础教育新一轮改革过程中提出的一个新的概念，是学生通过学科课程学习所形成最基本、最重要的素养，是指学生在课程学习和实践活动中养成的具有该学科特征的基础知识、基本技能、基本品质和基本经验的综合。体育学科核心素养就是通过体育学科学习，学生所能掌握与形成的终身体育锻炼所需的、全面发展必备的体育情感与品格、运动能力与习惯、健康知识与行为（见表4－5）。

**表4－5　体育学科核心素养目标表现**

| 一级指标 | 二级指标 | 具体表现 |
|---|---|---|
| 体育情感与品格 | 体育情感 | 喜欢体育、热爱体育等 |
| | 体育品格 | 能坚持、守规矩、善合作、顽强拼搏等 |
| 运动能力与习惯 | 运动能力 | 基本运动能力：走、跑、跳、投、掷、爬、钻等 |
| | 运动习惯 | 专项运动能力：锻炼能力、竞赛能力 |
| | | 每天运动1小时（各运动项目） |
| 健康知识与行为 | 健康知识 | 学科健身、运动伤病预防、安全防范知识等 |
| | 健康行为 | 运动前做充分的准备活动等 |

7. 体育学科核心素养目标示例

（1）运动能力。发展学生力量、耐力、灵敏、协调性等身体素质，进一步提高篮球各种基本动作技术和综合运用能力。

（2）健康行为。养成良好的运动习惯，科学锻炼，按照篮球运动规则开展学、练、赛。

（3）体育品德。培养学生的篮球兴趣，为终身体育打下基础，塑造勇敢果断、吃苦耐劳的精神品质和团结互助的集体精神。

# 第三节　体育教学目标的设计

## 一、确定教学目标的依据

1. 课程标准

课程标准是制定教学目标的理论依据。课程标准对教学目标的论述体现在目标与内容的统一性上。在各门学科的课程标准中，每一项内容标准均对应着相关内容的教学目标。同时，课程标准还特别注意与该目标相关的教学活动，并提出与之对应的活动建议。

2. 体育教学内容

在具体的教学目标设计过程中要根据内容的特性去确定，也就是说，要立足于对教学内容的各知识点的准确把握，分析其中的教育元素，确定教学的重点与难点，为建立教学目标奠定基础。要对学习内容进行深入分析，以确定学生需学习哪些知识和技能，要达到什么程度和水平，培养何种能力和态度，身心获得怎样的发展等。

3. 学生的条件

教学目标的设计要充分考虑到学生的年龄特点、身心发展规律和已有的学习状态，以及学生的体育兴趣、态度、需要、学习倾向等个性因素，使教学目标的设计更有针对性。

4. 教学条件

在进行教学目标设计时，还应考虑到场地、器材等实际情况，以使教学目标的设计更符合客观条件，更具有操作性。

## 二、体育教学目标的构建

教学目标的选择和确定是一个求精的推理过程，一个良好的教学目标设计，需要回答以下几个问题。

（1）教学目的是否描述清楚、可验证？

（2）内容区域是不是已被清楚地界定？

（3）这些行为是不是可以清楚表现、可测量？

（4）教学目标符不符合学习者的需要？

（5）教学目标与教学环境是否存在逻辑的一致性？

在回答上述问题后，教学目标的撰写可以采用以下几个步骤。

（1）写出教学目的，列出所有学习者要做的和要达到的目的行为。

（2）这些行为是不是可以清楚表现。

（3）分析所要进行的行为表现，选择那些最能反映目标完成情况的行为。

（4）将所选择的行为用观察、可测量的明晰话语进行描述，说明学习者要做到什么程度。

（5）审查目标陈述，判断学习者通过这些行为后是否就算达成了教学目标。即完成学习任务后，获得什么新本领，掌握哪些新知识，会做什么事。

这一构建告诉我们，当教学目标不能用可观察和可测量的明晰话语进行描述，并说明学习者要能做到的行为与程度，即使学生课上很活跃，如果未习得知识与技能，这样的课充其量只能算是练习课。正如教师们常说的，一堂课花拳绣腿，教师什么也没有教，学生什么也没有学到。一个规范的教学目标应符合以下要求。

（1）教学目标陈述的是学生的学习结果，不是陈述教师做什么。应陈述学生通过教学后会做什么，做到什么程度，能在什么情况下应用。

（2）教学目标的陈述应是明确、具体，可以观察和测量的。不能用模糊不清和不切实际的语言陈述，应用一些行为动词表现行为的具体化。

（3）教学目标的陈述应能反映出学习结果的层次性。认知领域的教学目标一般应反映记忆、理解和运用（包括简单运用和综合运用）三个层次。在过程领域的目标应反映学会了什么，会做什么。在态度领域的目标应包含接受、反应和评价三个层次。

（4）如果该课重点在于知识和技能的掌握，低年级则采用行为目标、高年级采用加涅学习结果分类，以表现目标为补充形式较宜。如果该课重点在培养学生解决问题的能力，采用行为目标为补充形式较宜。如果该门课体现的是系统目标，则采用布鲁姆的教育目标分类较宜。如果是该门学科目标的制定，则采用普遍性目标较宜。

## 三、体育教学目标的表述

有国外学者指出，课堂教学目标应包含四个要素，即行为主体、行为动词、行为条件和表现程度。

1．行为主体

行为主体指的是学习者。由于教学目标指的是学生的学习结果，不管教师在教学过程中做什么、怎么做，行为主体应该是学生，而不是教师。因此，在制定课堂教学目标时，无论是一般的行为目标还是具体的行为目标，在描写时都应指向学生的学习

行为而不是教师的教授行为，一般不用来描述教师的教学程序或活动的安排。例如，“为学生……”“使学生……”“让学生……”“提高学生……”“培养学生……”等描述。规范的行为目标开头应当要清楚地表明达成目标的行为主体是学生。例如，“学生……”用“能说出……”。“学生”二字可以不用出现，但目标表述的方式仍要体现出学生是行为完成的主体。例如，（学生）能够利用各种泳姿连续游行 50 米，（学生）熟练掌握燕式平衡的动作技术等。

2. 行为动词

行为动词用以描述学生所形成的可观察、可测量的具体行为。它要表明学生通过学习之后能够达到什么，是目标表述句中的谓语和宾语。这是目标表述句中最基本的成分，不能省略。在新课程改革中，教学具体目标应采用可观察、可操作、可检验的行为动词来描述，以增强所设计教学目标的可观察性和可测性。传统体育教学目标表述中使用的“掌握”“知道”“熟悉”等几个概括含糊的、难以观察到的、仅表示内部心理过程的动词，往往难以测量、难以检验。而采用“说出”“描述”“解释”“说明”“分析”“评价”“参与”“讨论”等能直接反映学生活动的行为动词，则意义明确，易于观察，便于检验。

3. 行为条件

行为条件是学习者表现行为的情景因素，即学生学习结果的特定的限制范围，在什么条件下产生行为，是目标表述句中的状语。例如，“通过小组合作讨论，制定……”“借助挂图讲解……”“在保护帮助下……”等。

4. 表现程度

教学目标中的程度是指教学目标设计中学生应当达到的最低表现水平，用来评价学生课堂学习结果的达成度。例如，“分析归纳出篮球双手胸前传球的几个要点”“能准确地投中几个球”“会具体地写出……”等表述中的状语和补语部分。这样就限定了教学目标水平的表现程度，以便检测学生学习结果所要达到的程度。

## 四、体育教学目标案例

1. 案例 1——广播操

（1）运动参与：大部分同学能参与到教学当中，形成和发展学生对运动的兴趣，体验活动的乐趣。

（2）运动技能：学习新的广播体操，85% 的同学能连贯地做出完整的动作，15% 的同学能协调有力地做出正确的动作。基本掌握自主学习、合作学习等方法，打好技能基础。

（3）心理健康：通过本次课的教学，学生在参与中体验学习的乐趣，并通过游戏，在活动中与同伴合理分配角色建立良好的人际关系，培养良好的合作精神。

（4）注意事项：用百分数表述教学目标时，不能只写出让百分之多少的学生掌握了什么。应该把余下的补充完整，这是因为我们的教学是要面向全体学生而不是部分学生。

2. 案例 2——田径：跨越式跳高（水平二，跳跃内容）

（1）认知目标：初步了解跨越式跳高的动作技术，通过学习、实践，能正确展示、评价自己的动作。

（2）技能目标：学生基本掌握单脚跳有力、两脚依次跨越的动作要领，提高身体的柔韧、协调和灵敏等素质。

（3）情感目标：学生学会合作，在合作与交流中体验运动的快乐，培养学生团结互助的集体主义精神。

3. 案例 3——篮球：单手肩上投篮（水平四，八年级）

（1）通过讲解示范与学习，建立正确的动作概念，85% 的学生较好地掌握单手肩上投篮动作，其余 15% 的学生能基本做出该动作。

（2）通过坐姿持球俄罗斯转体接力游戏的素质练习，发展学生的核心力量、反应能力、手脚协调性等身体素质，并且可以培养学生的竞技精神。

（3）通过小组合作探究学习以及教学比赛，培养学生的团结合作精神及解决问题的能力。

4. 案例 4——排球：正面双手垫球技术动作（水平五，高中一年级）

（1）通过讲解示范和学习，90% 的学生较好地掌握正面双手垫球技术动作，剩下 10% 的学生基本完成该动作。

（2）通过分组练习，掌握好垫球的击球点和击球部位，发展力量、协调等身体素质。

（3）通过运动体验和小组合作，养成对排球运动的兴趣和勇于进取的精神，形成互帮互助的意识和集体精神。

5. 案例 5——足球：持球突破（水平四，八年级）

（1）运动技能：知道运球突破的方法和原则，初步掌握“踩单车”假动作运球突破的动作要领。

（2）身体健康：发展灵敏、协调、速度等身体素质。

（3）心理健康与社会适应：培养顽强拼搏、敢为人先、积极进取的意志品质和团结协作的集体主义精神。

6. 案例 6——足球：脚背内侧踢球（水平四，八年级）

（1）较好地掌握脚背内侧踢球技术，能运用足球基本技术配合完成脚背内侧踢球技术。

（2）发展学生灵敏、协调、力量等素质，提高反应判断能力。

（3）培养果断、勇敢、坚强的意志品质，增强团结合作意识，激发爱国主义情怀。

7．案例7——篮球：双手胸前传接球（水平三，五年级）

（1）知识与技能目标：学生能了解掌握原地双手胸前传接球动作要领，体会传球时手指拨球的正确动作。

（2）过程与方法目标：学生能在学练过程中，不断加强对双手胸前传球的技术掌握，进而培养学生的灵敏、协调等素质。

（3）情感态度与价值观目标：培养顽强拼搏、团结协作的品质，学会欣赏他人，增强个人对集体的责任感。

8．案例8——排球：排球垫球基本技术及运用（水平三，五年级）

（1）运动能力：增强学生综合身体素质，提高专项运动能力，发展力量、灵敏、判断和协调性等身体素质。

（2）健康行为：养成良好的、正确的体育运动习惯，科学锻炼，符合排球运动规则的指导精神开展学、练、赛。

（3）体育品德：培养学生对排球运动的兴趣，增进团结协作能力，养成不怕苦、不怕累的好习惯，具备克服困难的优秀品质。

**思考题：**

1．如何理解“体育教学目的”和“体育教学目标”之间的关系？

2．国内外有哪几种较为典型的教学目标分类理论？你认为哪一种更合理？为什么？

3．根据你所熟悉的体育教学内容，拟写一份课时教学目标。

4．请根据以下教学要素按照《体育与健康课程标准》的基本要求，写出本堂课的学习目标、教学重难点。

教学班级：某中学八年级（1）班，男生30人，女生25人。

教学内容：篮球单元计划，单手肩上投篮（第一次课）。

场地：标准篮球场2个，篮球若干，其他器材不限。

各教学设计中教学目标案例

# 第五章　体育教学过程

内容概要

对体育教学过程的把握直接影响体育教学的效果，本章在介绍体育教学过程概念的基础上，解释了体育教学过程的特点、要素及结构；阐述了体育教学过程中的人际交往以及教学原则等。

# 第一节 体育教学过程的概念与特点

体育教学是实现学校体育目的任务的基本途径，也是全面教育的有机组成部分。它是在体育教师和学生的共同参与下，通过有效的教学方法与手段，指导学生掌握体育与健康的基本知识、技术和技能，增强学生体质，培养体育能力的一种有组织的教育过程。

## 一、体育教学过程的内涵

### （一）体育教学过程的概念

体育教学过程是实现体育教学目标的基本途径，是认识和把握体育教学本质和内在规律的前提条件，是体育教学中最为核心的因素。具体来说，体育教学过程是体育教师与学生为达成体育教学目标而进行的教学活动的程序。在时间上，体育教学过程表现为体育教学活动的流程，在空间上表现为体育教学的组成要素与活动特点。

### （二）体育教学过程的含义

（1）体育教学过程是师生教与学相互作用、共同活动的过程。教与学是矛盾统一体，教学活动与学习活动是在统一的教育过程中实行的。因此，教学过程不是教与学的简单相加，而是教与学相互依赖、相互渗透的矛盾过程。

（2）体育教学过程是一种特殊的认识过程，也是促进学生身心发展的过程。

（3）在体育教学过程中，教师有目的、有计划引导学生能动地进行认识活动，循序渐进地掌握体育的知识与技能，以促进学生智力、体力等方面的发展。

## 二、体育教学过程的基本特点

体育教学过程的基本特点主要是体育教学和其他课程教学的比较而显示出来的，双方有着相同点也有不同点，不同点所体现的就是体育教学的特殊性。

### （一）共同点

1．均要遵循认识过程的规律

学生体育学习与其他课程学习一样，要经历由感性认识上升到理性认识，透过现象认识本质的过程。人们对事物的认识，可以划分为三个阶段：事实认知阶段、个体评判阶段和社会评判阶段。事实认知阶段是指人们通过观察、比较、记忆对事物的感性认识阶段。个体评判阶段是指人们在感性认识的基础上，从个体的角度，按照个体的标准对其认识对象做出评价的阶段。社会评判阶段则是人们按照社会的普遍的标准对其认识对象做出评价的阶段，包括对个体评判结论的重新认识和协调。

2. 均为师生的双边活动

教学是以知识为对象的双边传习活动，这种传习活动的输出输入两端分别由教师和学生所执。在这一活动过程中，教师是学生学习活动的参与者、组织者、引导者，起着“导向”的作用。而学生是学习的主体，通过教师的导学，将各门课程的知识内化为自身的素质。

3. 均要服务“三维目标”的基本要求

21 世纪伊始，我国新的课改提出了“知识与能力”“过程与方法”及“情感态度与价值观”三维课程目标的基本理念。新课改提出的“三维目标”是对各门课程的共同要求，实现三维目标、提高学生整体素质是各门课程的共同价值体现。在实践中，通过每门课程的具体实施，使“知识与技能、过程与方法、情感态度与价值观”，存在其中并得到实现。

### （二）不同点

不同点主要体现在体育教学与其他课程教学的区别上，也是体育教学的特点，差异性主要体现在以下几个方面。

1. 教学目标

体育教学的目标主要发展学生的体力，而其他文化课学习却侧重在智力发展上。

2. 教学内容

学生通过体育与健康课程的学习，主要是体育知识与技能及身体健康知识的掌握过程，在此过程中学生要承担一定的生理负荷和心理负荷，这就决定了体育教学的内容以体育项目（或者说身体练习）为主。而其他课程的教学主要以人文与科学文化知识为主，兼以实践教学。

3. 学习方式

其他课程的学习方式主要以思维活动为主，并在此过程中掌握相关的科学知识。而体育教学过程在通过思维活动的过程中，还要通过肌肉的本体感觉，把信息传递到中枢神经系统，经过感知、分析、综合去达到对体育知识与技术的理性认识。同时，达到增强体能的目的。

4. 身体负荷

在体育教学过程中，学生主要承受的是生理负荷，在身体活动过程中去掌握体育的技能。而其他课程的学习主要体现在学生的心理负荷上。

5. 教学组织

相对于其他课程的教学来看，体育教学过程的组织比较复杂。教师除了要有效组织学生练习外，而且要考虑安全因素。

6. 教学场所

体育教学主要在体育场馆中进行，而其他课程的教学主要在课室中进行。

# 第二节 体育教学过程的基本要素

## 一、体育教学过程的基本阶段

美国教育学家和心理学家布鲁姆认为教学过程主要有三个阶段：准备阶段、实施阶段和总结阶段。

### （一）准备阶段

体育教学过程的准备阶段主要任务是教学前的准备，它发生在实际展开教学活动之前，包括明确教学目的和目标、教学材料处理、教学方法策略的选择及教学设计方案的编写等。教师要在掌握教学任务的基础上把教学目的具体化，并设法通过问题情境等形式引发学习者的学习兴趣，使他们产生探究、理解新知识的需要。学习者的任务则是明确自己的学习目的，为学习活动做好物质上的和心理上的准备。

### （二）实施阶段

实施阶段主要是展开教学活动，是教学过程中最复杂、最关键的环节，其中要进行多种相互交织的活动。

1. 感受新经验

使学生通过对体育与健康的新知识、新技能的感知形成正确的表象和概念。可以通过观察、练习等进行直接感知，也可以通过教师的语言表述等进行间接感知，并逐步由直观到概括。

2. 理解

教师要帮助学习者将新经验与原有知识经验联系起来，并对新经验进行分析与综合、抽象与概括，弄清事物的结构、特性与功能等。这一环节是一个持续的深化过程，而不是一蹴而就的，要逐步提高理解的丰富性、灵活性和深刻性，这其中贯穿着学习者积极的思维活动，是整个教学过程的中心环节。

3. 巩固

促进学生对新知识新技能的保持和熟练化，其中包括对知识的复述以及对技能的操练等。

4. 运用

运用环节主要是解决问题，对新知识、新技能等进行综合或转化，应用到新的问题情境中，从而促进知识与技能向能力的转化。

这四种活动过程往往是交织进行的，可能有不同的先后顺序和不同的组合方式。比如，学生可能从对新经验的感知开始，逐步获得新理解、巩固新知识、应用新知识；也可能在学习的开始就是一个需要解决的实际问题，在调动、运用原有知识经验解决该问题的过程中，学习者会寻找有关的新信息，进行各种的推理活动，逐步发现和建构新知识。

### （三）总结阶段

总结阶段主要是对教学活动的评价和反思。在教学过程中，教师要随时评价学生对新知识、新技能的掌握情况，从而判断教学目标的达成度，需要采取何种调整或补救措施等，学生也需要对自己的学习状况进行自我监控。另外，教师和学生都需要对自己的教—学活动进行反思，看自己在这一过程中是怎样做的，效果如何，为什么自己要这样做，有没有更好的方法或策略，等等，这种评价反思活动对有效教学来说具有非常重要的意义，同时对于教师的教学能力以及学生的学习能力的发展来说也是非常关键的。评价反思是教学中一个相对独立的环节，但同时又贯穿在整个教学过程之中。

## 二、体育教学过程的基本要素

### （一）体育教学的构成性要素

从系统论的观点来看，体育教学系统的要素构成了体育教学过程的要素。对于体育教学过程的构成要素有几种不同的解释和看法。

（1）三要素说。这种理论观点认为，体育教学系统是由体育教师、学生和体育教材（或教学内容）三个基本要素构成。

（2）四要素说。认为体育教学系统由体育教师、学生、体育教学内容、体育教学手段（或教学媒介）四个要素构成。

（3）五要素说。该观点认为，体育教学系统由体育教师、学生、体育教材、体育教学方法和教学物质条件五个要素构成。

除了上述几种观点以外，有的学者还把体育教学系统的过程性要素和体育教学系统的构成性要素糅合在一起，形成了多要素的观点。

从教学的本质来看，无论是几要素说，有三个基本的要素是共同的，即体育教师、学生、体育教材（或称体育教学内容）。体育教学活动的主体是人，体育教学过程是教师与学生双边统一活动的过程。因此，体育教师和学生是体育教学必不可少的两个基本要素，而双方共同的作用对象就是体育教材，体育教材起着中介的作用，将教师和学生连接在一起去完成教学任务。

**（二）体育教学的过程性要素**

体育教学系统的过程性要素是指组成体育教学系统运行的逻辑程序。体育教学过程作为体育教学活动的展开和运行过程，是体育教师依据课程标准的基本要求，确定具体的教学内容，选择适当的教学方法和手段，指导学生学习，从而达成一定的体育教学目标的过程。体育教学系统的过程性要素主要包括体育教学目标、体育教学内容、人际关系、体育教学方法与手段、体育教学环境、体育教学反馈等。

1．体育教学目标

教学目标是教学所要达到的目的，它反映了体育教学的价值取向，在体育教学过程中起着导向的作用，是体育教学的出发点，也是归宿。

体育教学目标可以分为国家目标和个人目标。国家目标是教育部所制定的《体育与健康课程标准》对全国中小学体育教学的统一要求；个人目标是体育教师根据本校本班学生的实际所确定的标准，相对于国家目标，个人目标更具体，更符合学生的发展水平。

2．体育教学内容

教学内容是指在体育教学过程中，传授给学生的体育与健康的基本知识和各种身体练习技能等。体育教学内容直接影响和规范着体育教学目标的达成及人才培养的质量，是构成体育教学过程和决定体育教学质量的重要因素之一，也是体育教师组织教学活动的主要依据。体育教学内容应根据国家教育行政部门确定的课程标准、体育教材，遵循科学性、时代性、实用性、娱乐性、民族性等基本要求进行选择。在实践中，要充分挖掘地方和学校的体育课程资源，选择符合本校及学生实际的教学内容。

3．人际关系

体育教学过程中的人际关系是指教师与学生、学生与学生在教学互动过程中所形成的关系。相对于其他课程的教学，体育教学具有较强的动态性特征，这也使得教师与学生、学生与学生的交往机会比较频繁。为此，体育教师应紧紧把握住这一特点，加强对学生心理和社会适应性的教育。从另一个角度来看，在体育教学过程中，只有确立良好的人际关系，处理好教师与学生之间的关系，加强信息沟通，才能有利于教学质量的提高。

4．体育教学方法与手段

体育教学方法与手段是体育教学目标得以达成不可缺少的要素。体育教学方法是在体育教学过程中，教师和学生为达成体育教学目标而采取的教与学相互作用的活动方式的总称。从方法的实质上来说，是一种活动模式，它规定人们按一定的行为模式去活动。体育教学手段是指在体育教学过程中，体育教师和学生为达成体育教学目标而相互传递信息的工具、媒体或设备。

体育教学方法与手段直接关系到体育教学工作的成败和教学效率的高低，因此，科学地选择和使用体育教学方法和手段是实现体育教学目标的关键所在。

5. 体育教学环境

教学环境是指体育教学活动的场所、各种体育教学设施、体育传统及班风等。从体育教学的特点来看，可以将体育教学环境分为物质环境和人文环境两大类。物质环境主要是体育教学所需要的场地、器材等体育设施，这也是体育教学活动得以展开不可缺少的条件；人文环境主要指的是学校的体育氛围，这种软环境以一种无形的影响力融入体育教学之中。

6. 体育教学反馈

教学反馈是体育教学效果提高的有效手段。只有通过各种信息反馈，教师才能够清晰地了解教学方法选择、练习的安排等是否符合教学目的的要求，是否符合学生的实际。体育教学反馈的途径主要包括：测验、考试、观察、学生的口头汇报等。

# 第三节　体育教学过程中的人际交往

## 一、体育教学中人际交往的含义

人际交往是在社会活动中人与人之间进行的重要的信息交流和情感沟通的过程，是人类生命存在的一种重要方式。体育教学中的交往是指师生在体育教学情境中，以特定的符号系统为中介，为传递体育知识技能、沟通情感及交换意见而发生的直接的相互影响、相互作用的活动。

## 二、体育教学中交往的原则

体育教学中交往的原则是教学理论与教学实践之间的中介，是达成教学目标、促进学生发展的基本依据和基本要求。体育与健康课程把教学过程看成是师生交往，积

极互动，共同发展的过程。把教学本质定位为交往，强调教学是教与学的交往互动，师生双方相互交流、相互沟通、相互启发、相互补充。在这个过程中教师与学生分享彼此的思考、经验和知识，交流彼此的情感、体验与观念，丰富教学内容，求得新的发现，从而达到共识、共享、共进的目的，实现教学相长和共同发展。

### （一）主动性原则

主动性原则是指在教学中必须有效地促进学生主动参与到教学活动中来，积极主动地学习，积极主动地参与人际交往，自主建构认知结构。这就要求把教学活动看作是在教师指导下，学生积极开展人际互动的社会建构过程，是学生对知识的意义建构和主体结构的建构过程。坚持主动性原则，教学中就要给学生施加积极的影响，使学生处于主动、活泼的状态，从而积极参与各种人际交往活动和认知建构活动，以达到建构学生主体结构的目的。

### （二）激励性原则

激励性原则是指教师在课堂教学中给学生施加积极的影响，使学生处于一种能动的、活跃的动力状态，从而引发学习动机，强化人际互动，促进学生主体结构的建构。

一般来说，每一个学生都有交往的愿望和心理需要，然而，这种交往的意识与主动性是因人而异、各不相同的，这就需要教师创设一定的条件和情境，运用多种手段激励、帮助学生参与学习与交往活动。为此，可采用以下几种激励方式。

（1）成功激励。学生的学习就是为了获得成功，享受成功的喜悦，并且成功的喜悦又可转化为进一步学习的强大动力。因此，在教学中应创造更多的使学生获得成功的机会，特别是对差生更应特别关照，让每个人都有获得成功的机会。

（2）评价激励。通过实施激励性评价激发学生学习的主动性，以引导学生积极、主动地学习。

（3）竞争激励。开展合作与交往，并不是不要竞争，适当的竞争有利于激发学生学习的积极性。

### （三）平等性原则

平等性原则是指在教学交往活动中，师生之间、生生之间在人格上应保持平等，这是开展人际交往活动的前提。在教学中，师生之间、生生之间在认知水平、认知方式等方面是有差异的，但他们在交往教学中的地位是平等的，在人格上也是平等的。正是为了解决他们在认识上的矛盾与差异，才需要在平等原则基础上实现对话、协商与讨论，以达到认识上的共享与共识。坚持平等性原则，要求在师生之间、生生之间开展平等的对话与讨论。为了促进平等的对话与讨论，教学中应注意以下几点。

（1）相互尊重对方的观点。

（2）共同协商对话或讨论的课题、内容，各抒己见，达到分享认识成果、求同存异、达成共识。

### （四）互动性原则

互动性是指教学过程中师生之间、生生之间的交往活动应是相互作用、相互影响的。通过优化教学中的互动方式，即通过调节师生之间、生生之间的关系及相互作用，形成和谐的师生互动、生生互动，就能强化学生主体与学习环境的交互影响，促进学生主体结构的建构。

坚持互动性原则，首先要强化师生互动。所谓师生互动，是指师生之间的相互作用和相互影响。师生互动是课堂教学中最主要、最基本的人际交往。师生互动不仅是认知信息的交流过程，也是情感信息的交流过程。在课堂教学中，师生对话是师生交往与互动的重要途径与形式。所谓对话，是指师生基于相互尊重、信任和平等的立场，通过言谈和倾听而进行双向沟通的方式。通过师生对话，就能形成一种相互接纳、相互理解的人际关系和合作、民主、平等、和谐的教学氛围，只有形成这种良好的人际关系和教学氛围，才能实现人与人的沟通，才能促进学生主体结构的建构。其次，要强化生生互动。所谓生生互动，是指学生之间的相互作用和相互影响。实践证明，开展小组合作学习是课堂教学中生生互动的最有效形式。在小组合作学习中，由于每个学生都能以平等的身份参与讨论、交流，从而能有效地激发学生的学习兴趣，促使学生的思想和智慧得以激发和共享，加速知识的建构。同时，小组合作学习还能促进学生情感交流，培养学生合作精神，凸显学生的主体地位，开发学生的创造潜能。

## 三、体育教学中交往的基本要求

### （一）正确理解交往的内涵，有效把握教学过程的本质

在体育教学中，教师对学情要有充分的了解。只有发现学生学习内容上的缺失，把握好学生的身心发展特点，注重以人为本，才能有的放矢，使教学更有针对性和实效性。首先，教师要善于采用适当的方式方法，诱导学生暴露思维，亮出真实的自我。其次，教师应该是问题的引导者，由授业者转变为指引者、点拨者、探讨者。体育教学不应是体育教师一个人的“一言堂”，而是要成为一个师生交流、讨论的平台。再次，教师一定要做好“平等中的首席”。平等交往的前提就是尊重、理解、鼓励、多表扬少批评，有效地提高学生的自信心和成就感。

### （二）改进师生间交往的方向、维度，实现由单维向多维转变

体育教学过程强调师生间、学生间动态的信息交流，通过信息交流实现师生互动、相互沟通、相互影响、相互补充，从而达到共识。对教学而言，交往意味着对话，意味着参与，意味着相互构建；对学生而言，交往意味着心态的开放，主体性的激发，个性的彰显，创造性的解放。对教师而言，交往意味着一起分享与理解，在教学中师生交往应体现以下几个方面的内容。

1. 教师与学生是“交互主体”的关系

首先，教师与学生皆为教学过程的主体，教师“闻道在先”。教师的经验成熟，在知识与技能方面的发展水平远远高于学生，因而教师担负着教学过程的组织者、引导者、咨询者、促进者的职责，教师是主体。学生有独立的人格和独特的价值，能自由地、自主地、民主地参与课堂教学，学生在教学过程中有选择的权利和创造性自我表现的权利，学生是主体。其次，教师与学生这两个主体在彼此间相互尊重的前提下展开持续交往，由此形成“学习共同体”。在这种共同体中，教师与学生、学生与学生彼此之间相互尊重差异，展开自由交往和民主对话，每个人的创造性和潜能能够得到充分发挥，主体与主体之间在持续交往中生成“交互主体性”。

2. 教师与学生的交往过程以课堂为主渠道展开

体育教学交往是以课堂为主渠道展开的，教学中师生之间的交往维度应是多方面的。当教师与学生作为交互主体参与教学过程的时候，教师的作用就不是“主导作用”而是在尊重学生主体性前提下起到组织引导、咨询、促进作用，教师成为“咨询者”“促进者”。教师要善于丰富课堂教学交往的类型，单一的交往不利于师生之间达成相互理解，教师可以适当地引入交流互助、小组讨论、合作竞赛、合作探究、情景表演等形式增加师生及学生之间交往的多维性。

3. 教学交往应充分发挥教师主导作用与学生主体作用的相互统一

教学活动中的师生交往是学生主体地位和教师主导作用的统一。学生在教学交往中始终处于主体的地位，他们不是被动地接受教育，而是主动地、有选择地接受教育。教学活动的结果最终表现为学生学习和发展的结果，教师在教学活动中始终处于矛盾的主要方面，教育的内容、方式、进程是由教师而不是学生决定的，学生的学习方法、学习能力是由教师教会的；学生的学习态度、学习习惯、学习兴趣乃至社会态度和价值观，主要也是在教师引导下养成的。

### （三）改善师生间的交往方式，实现由专制型向民主型的转变

师生间较突出的关系就是教育活动中教师的教与学生的学，在教与学的关系中，师生之间是不平等的。教师要与学生建立民主、平等、真诚的对话关系，创设民主、和谐的教学环境，增强学生的安全感，使学生体验教师的关怀，感受教师的激励，不断增强信心，敢于面对学习困难。在教学交往中，注重“以人为本”，充分发挥学生主体作用。在教学中，以学生为中心，凸显学生的主体性，只有让学生主动、积极地参与到整个教学过程中，才能把教学过程从“教师一人言”变为“众人言”，才能充分调动他们的积极性。

### （四）增进师生间交往的时空频度，面向全体学生，面向学生学习的全过程

课堂教学应要求教师要增进与学生的交往，面向全体学生，以学生为本。一切教学活动的目的，都是促进学生的全面发展。课堂教学要树立终身体育的思想，应把每

个学生的潜能开发，健康个性的发展，终身学习的意识和能力的初步养成，正确的世界观、人生观和价值观的初步形成作为最根本的任务。以学生为主，在课堂教学中突出认识和关注学生的“主动性”，追求学生的个性发展，尊重学生的独特性和具体性。教师要面向全体学生，尊重学生差异，面向学生学习的全过程。

## 四、体育教学中交往的基本要素与测量

### （一）体育教学中交往的基本要素

1．互动主体

互动主体是教师和学生。师生双方在互动中是同等重要、互为主体的，其中学生主体既可以是个体，也可以是群体。

2．师生互动的内容

在体育教学过程中，师生互动的内容包括体育知识、运动技术、情感、态度、观点等。

3．互动媒介

即体育教师和学生，学生与学生发生互动行为的联系中介或渠道，包括语言和非语言渠道。

4．交往方式

包括双向沟通和多向沟通两个方面。师生的双向沟通多表现为教师使用教学语言、体态表情等交往手段向学生传授知识、技能和观念。同时，也注意学生对教学的反映或要求。双向沟通具有信息大、速度快的特点，但忽视了生生之间的影响，不利于生生之间的相互沟通。师生的多向沟通表现为师生之间、生生之间的交往都是双向的，属于师生交往与同学交往相结合而形成的沟通模式。体育教学过程具有分组练习多、空间大、学生流动性大和活动自由度大的特点。因此，宜多采用多向沟通。

### （二）体育教学中交往的测量

1．互动频次

互动频次是指师生之间、生生之间交往次数的多少。从社会心理学关于人际关系的理论视角出发，人们交往频次越多，形成亲密关系的概率越大。交往频率的高低，对交往双方是否产生共同语言、观点，以及相互之间的了解程度和缺点体验的深度等都会产生直接影响。可以说，没有一定的交往，情感、友谊就无从谈起。

2．互动密度

交往密度是指师生之间、生生之间交往时间与课的总时间的比例。在教学过程中，人际交往的频率及密度主要取决于教学类型、教材特点及教学方法与手段等，通常采用“契普尔与阿过斯贝格法”。这种方法着眼于师生之间、生生之间相互接触的频率

与持续性（时间）。测量时只要观察并记录课中师生之间、生生之间每一次相互作用（接触）及时间（可选择中等水平学生为观测对象），计算出师生之间及生生之间交往的频率和密度即可。

3. 学生认知

学生对于体育教学中人际关系的认知主要包括：体育课堂中教师对待学生的态度、是否有打骂或训斥的情况和在学习动作正确或错误时是否得到教师的表扬和批评等方面。

4. 课堂上学生交往意向

考查学生是否期望与同学一起进行锻炼，在技术练习时遇到困难是否愿意向教师寻求帮助等。

5. 课堂上学生参与度

体育教师是否邀请学生共同探讨教学内容，学生对于参与课堂教学是否具有能动性和积极性。

6. 课堂教学中学生情感倾向

通过学生喜爱体育课的程度，在课堂学习中是否感到孤独，在课堂教学中是否身心愉悦等方面进行反映。

## 第四节　体育教学原则

体育教学原则是体育教学实践经验的科学总结和概括，是体育教学客观规律的反映，是体育教学工作必须遵循的基本要求和准则。正确地理解和贯彻体育教学原则，可使体育教师有效地把握体育教学的客观规律，对优化教学、提高教学效果、有效达成教学目标具有重要的指导意义。体育教学原则包括一般性原则和特殊性原则。

### 一、体育教学过程的基本规律

和其他课程一样，学生学习体育的基本知识与技能也是一种认识活动，因此，要遵循认识过程的一般规律，即感知教材、理解教材、巩固教材、运用知识等阶段。除此之外，根据体育教学的特点，还要遵循动作技能形成规律等特殊规律。

#### （一）动作技能形成规律

根据条件反射的泛化、分化和自动化这三个过程，动作技能的形成过程也相应地分为三个阶段，即粗略掌握动作阶段、改进提高动作阶段、巩固与运用自如阶段。在体育教学过程中，教师要根据动作技能形成的规律性变化去确定教学目标、安排教学方法等，只有如此，才能收到较好的教学效果。

### （二）学生身心发展规律

学生的身体、心理发展有着阶段性特征，作为身体素质基础的生理机能阶段性变化，又决定了身体素质也具有明显的阶段性特征。体育教学只有依据各个年龄阶段学生的生理、心理特点，有针对性地确定教学目标、安排教学内容、教学组织、教学方法和运动负荷，才能促进学生更好地掌握知识、技能，增进健康。

### （三）人体机能适应性规律

体育教学能增进学生身体健康，增强体质，是因为体育活动能增强学生机体机能的活动能力。人体机能活动能力的提高，有其适应性变化规律。在练习开始的时候，机能活动能力缓慢上升，随着活动加强，机能的活动能力逐渐达到最高水平，并在一定时间内保持这个水平，然后逐渐下降。经过一段时期的锻炼，学生的机能水平会在原来的基础上有明显提高，承受活动的量与强度亦会相应地提高到一个新的水平，体育教学也在这个新的水平上确定另一个高度的目标。

机体适应性呈波浪形曲线变化，与此相适应，学生的情绪、注意、意志等心理活动也呈现高低起伏的变化。这种波浪形曲线变化规律，决定了体育教学过程也具有明显的节奏性。为此，教师要根据教材和教学对象的特点，科学地组织体育教学过程。

## 二、体育教学原则

### （一）学生主体性原则

1. 概念

学生主体性原则，是指在体育教学过程中，学生始终是教学活动的主体，教学活动应以学生为中心，一切教学活动为了学生的身心发展而展开。教师是学习过程的设计者、组织者、参与者、引导者与评价者，教师的责任是引导学生在探索过程中发现问题，解决问题，建构知识，学会独立思考，培养学生的创新意识和创新能力。

2. 依据

（1）现代教育理论的本质要求。建构主义认为，教师是学生建构知识的支持者，学生是知识的积极建构者，教学的目的是培养善于学习和终身学习者。因此，在教学过程中，教师要充分调动学生学习的主动性，引导学生自主学习，使他们经过自己的独立思考，提高分析问题和解决问题的能力，融会贯通地掌握知识。

（2）体育教学规律的反映。体育教学活动最为本质的特点是学生必须要通过自身的练习去体会体育动作的时空感觉、肌肉的本体感觉和完成动作的方法。每个运动技

能的学习掌握，身体练习的顺利完成，都要靠每个学生主动自觉的行为，只有学生主动参与、自主学习才能实现教学的目的。

3. 教学要求

（1）体育教师要树立现代“人本”教育的思想，要充分发挥学生的主观能动作用，让学生逐渐进入主体角色，能够主动学习、自主学习，成为知识的主动建构者。

（2）强化教学设计，给学生营造一个自主学习的环境，让学生参与到整个教学活动中去。

（3）循循善诱，引导学生在探索过程中解决问题。在教学过程中，不仅要以学生为主体，同时还要充分发挥教师的主导作用。教师不仅是教学过程的设计者，同时还应该是教学活动的引导者和参与者。

（4）教师要根据教学任务的基本要求和学生的实际，有效地选择教学方法与手段，注重学生创新意识和创新能力的培养。

**（二）循序渐进原则**

1. 概念

循序渐进的原则，是指在体育教学中，教学内容、教学方法和运动负荷等的安排，应由易到难、由简到繁，逐步深化，使学生系统地掌握体育与健康的知识、技术、技能和科学的锻炼方法。

2. 依据

（1）认识事物的规律。人们对客观事物的认识，往往要经历由简到繁、由低级向高级、由直观到抽象、由感性到理性的循序过程，不可能一步就达到对其本质的认识。

（2）运动技能形成规律。运动技能形成的阶段性变化，受人体生理机能的制约，受条件反射和分析、综合的逻辑思维规律支配。由于受着生理机能的影响，运动技能的形成也必然要经历一个由简单到复杂的渐进过程。

人体机能适应性规律。学生的生长、发育和机能水平的提升均是一个渐进的过程，有机体的适应性也是一个渐进的过程。

3. 教学要求

（1）教师要对教授对象的学生身心发展特征有着科学、准确的把握，以便有效把控教学过程的每一个要素，有针对性地选择教学内容和教学策略。

（2）教学内容要由浅入深。《体育与健康课程标准》从纵向方面把课程内容分为了六个水平，不同的水平有着不同的目标要求，这本身就体现了循序渐进的原则。在课程标准的指导下，体育教师在选择教学内容时，要由易到难、由简到繁，并且注意教材之间的联系。

（3）制订切实可行的教学工作计划，保证教学工作有系统地进行。从水平计划到课时计划都应按照循序渐进的基本要求，体现系统性。

（4）安排运动负荷要循序渐进。在教学过程中，运动负荷的安排应从小到大、从低到高。对一种负荷量，机体应有个适应的过程。在安排负荷的时间、次数、强度、总量时，要注意渐进增加，教师要因时、因地、因人把握负荷的节奏。

### （三）区别对待原则

1. 概念

区别对待的原则，是指在体育教学中，要从学生实际出发，依据学生的年龄和个性心理特征以及个性特点，有的放矢地进行教学。

体育教学要面向全体学生，根据学生的平均水平去制定教学目标、选择教学内容、方法、手段和安排运动负荷。由于学生个体之间存在着差异，在教学中应注意区别对待。只有将统一要求与区别对待有机地结合起来因材施教，才能保证做到面向全体学生，使每个学生都能够得到发展，这也是素质教育的基本要求。

2. 依据

学生的发展既有共同点又有不同点，共同点体现了一般性，不同点体现了特殊性。根据学生身心发展特点的一般规律，体育教学应当有统一的要求；根据特殊性，体育教学对个别学生应实行区别对待，使每个学生都能够达成教学目标。二者的结合，体现了特殊与一般、个性与共性的统一。

3. 教学要求

（1）深入调查研究，了解学生的实际情况，掌握学生的体育基础等状况，为制订教学计划、安排教学内容提供依据。

（2）教师在备课、上课等各个环节中，应将统一要求与区别对待结合起来。例如制定课的目标、教学分组、安排运动负荷等。

（3）教学组织要注意区别对待。在教学过程中，为了使每一个学生都能完成教学任务，应有针对性地采取同质分组、异质分组等形式。

（4）运动负荷的安排要区别对待。在体育教学中，运动负荷要提出一般要求，又要对个别学生的不同情况提出不同的要求。同一次课，练习的时间、次数、强度，男女生的运动负荷要有区别，对体弱学生和个别情况特殊的学生要有区别。

（5）在考核与评定学生成绩时，应采用过程性评价与终结性评价相结合的形式，注重学生的个体差异。

### （四）身体全面发展原则

1. 概念

身体全面发展原则，是指在体育教学中，教学内容的选择，教学方法的采用要有利于学生身心的健康协调发展，并在此基础上去掌握体育的知识与技能，发展能力。

2. 依据

（1）《体育与健康课程标准》的基本要求。体育教学活动的展开要围绕着体育教学目标进行，而《体育与健康课程标准》确定的运动参与、运动技能、身体健康、心理健康和社会适应四个方面的体育学习领域的目标就是从学生身心发展的角度出发去制定的。

(2) 人体统一性的要求。人体是一个完整的有机体，不仅具有生物性，而且还有社会性的一面。人体各器官系统的机能是相互协调、相互影响的，只有每个器官系统全面协调发展，才能促进学生的身心健康。

(3) 实现体育多种功能的需要。体育具有健身、娱乐等多种功能，而体育教学是集中实现体育多种功能的有效途径。

3. 教学要求

(1) 教师在体育教学过程中，要积极引导学生明确身体全面发展的意义，避免单纯从兴趣出发，要注意学习内容的全面性。

(2) 在进行教学设计时，应注意内容、方法、手段的多样性，使学生在愉快的学习过程中得到全面发展。

(3) 注重教学评价的多元性。体育教学评价具有一定的导向作用，在体育教学评价时，应从身心发展的多维角度去评价教与学的质量。

### (五) 合理运动负荷原则

1. 概念

合理运动负荷原则，是指在体育教学中，要使学生承受适当的生理负荷和心理负荷，并使练习与休息合理交替，以便有效地完成教学任务，达成教学目标，落实“健康第一”的指导思想。

2. 依据

(1) 是由体育教学的特点所决定。在体育活动展开的过程中，学生无论是进行技能学习，还是进行身体练习均要承受一定的运动负荷，而运动负荷只有和休息合理地交替才能有效地达成教学目标。

(2) 是消除疲劳、恢复机体工作能力和增强体质的需要。在反复进行身体练习的过程中，由于能源物质的消耗，需要通过休息，使能源物质得到补偿；也由于机体产生疲劳，需要休息消除疲劳，以利学生健康成长。

3. 教学要求

(1) 合理运动负荷要坚持“健康第一”的思想。学生运动负荷过大，容易造成身体疲劳，甚至引起伤害事故，使学生感到厌烦和畏惧，并使欲望受到压抑；运动负荷偏小，则达不到增进健康和增强体质的目的，学生也很难在运动中体验到运动的内在魅力及练习过程中的快乐。教师要根据人体的生理变化规律和心理变化规律，依据教材内容和学生实际，合理确定运动负荷。

(2) 合理运动负荷要以学生发展为中心。学生运动负荷过大或过小，都不利于教学目标的达成，不利于学生的健康成长。在体育课的教学中，要保证合理的运动负荷，坚持以学生发展为中心，并采用脉搏测量、询问和观察等方法测量运动负荷，重视学生的主观感受，准确地了解学生所承受的运动负荷的大小，以便适时调整。在此基础上，教师要不断总结，积累经验，以增强在教学过程中对运动负荷的调控能力，尽可能使每节课的运动负荷趋于合理。

（3）合理的运动负荷应关注学生的个体差异与不同需求。对于学生的个体差异与不同需求，教师要做到心中有数。在教学过程中，可选取一部分中等体育运动能力的学生为基准，对全班进行分层教学，使学生所承受的运动负荷体现出差异性，以满足不同层次学生的需求。在教学过程的不同阶段，要对不同的主体进行具体测量并适时调整，从而做到因材施教，使全体学生都能达到合理的运动负荷。

（4）合理的运动负荷应能激发学生的运动兴趣。适宜的运动负荷，在有效地增强体质的同时，也能使学生的学习情绪高涨，并在运动中体验到成功感、愉快感和自我价值感。教师在安排合理的运动负荷时，应有意识地通过丰富多彩的活动内容和形式多样的教学方法，去激发和保持学生的运动兴趣，使学生从运动中体验到动作的内在魅力和练习过程中的愉悦心境，促进学生形成运动爱好和专长，促使学生自觉和积极地进行体育锻炼，并形成终身体育的意识和能力。

### （六）安全性原则

1. 概念

安全性原则，是指体育教学应以学生的安全为前提，教学内容的安排、教学组织、教学方法与手段的选择应遵循学生的身心发展规律，正确处理体育教学中的安全问题，减少和避免体育教学中学生伤害事故的发生。

2. 依据

（1）体育教学的特点。在体育教学过程中，学生要通过身体练习，承担一定的身体负荷才能达成教学目标，在一定程度上存在着潜在的安全的不确定性，需要在教学过程中采取有效的安全措施，减少和避免伤害事故的发生。

（2）青少年身心发展的特点。青少年的身心正处于生长、发育时期，具有较大的可塑性，兴趣也不够稳定，注意力不够集中。从某种角度来看，这一点也是导致在体育教学中出现伤害事故的内在因素。

3. 教学要求

（1）加强思想教育。多数运动伤害事故都是在学生组织纪律涣散，不听教师指挥的状况下发生的。因此，必须对学生加强组织纪律教育，进行安全教育，不但要注意自身的安全，还要注意他人的安全。

（2）强调课上服装和配饰的要求。体育课大多体现的是全身性运动，活动量大，还要运用很多体育器械，如单双杠、体操垫、栏架等。因此，为了活动的安全、方便

和可观，体育课的衣着应有明确的要求。

（3）要充分做好准备活动。充分的准备活动，能有效、全面地锻炼学生身体，能更好地为基本部分的教学做好生理和心理上的准备，更能有效地避免一般性的伤害事故的发生。

（4）组织工作要周密。体育课上的一些伤害事故，有相当一部分是因组织工作不当而造成的。因此，必须从安全角度出发，做好体育课教学的组织工作。要规定学生穿运动鞋和运动衣上体育课，以免滑倒造成不必要的损伤。同时，严格检查上课时所用的体育器材，教师示范时，要提前向学生讲清楚器材的功能以及危险性，提醒学生注意，以防伤害事故发生。要规范动作要领、严明练习纪律，以免出现因为技术动作的变形、组织教学的失误和纪律性差造成学生拉伤、擦伤、脱臼等伤害事故。

（5）应注意保护与帮助。多数情况下，在体育教学过程中，体育技术学习、身体素质练习都离不开体育器材，一些技术动作的学习需要在保护帮助下完成，以保证完成动作的准确性和安全性。体育教学内容、器械不同，采用保护帮助的方法也有所区别。

上述体育教学原则是由一般性原则和特殊性原则所构成的一个相对完整的体系，不是孤立的，而是相互联系、相辅相成的，在体育教学中应全面正确地贯彻执行，以有效地提高教学质量。

体育教学原则具有相对的稳定性，但随着体育教学实践的发展，人们对教育规律认识的深化，这些原则也将不断地充实与完善。

**思考题：**

1. 简述体育教学过程的概念及其特点。
2. 如何在体育教学中增进人际交往，提高教学效果？
3. 如何在体育教学中贯彻各项体育原则？

《广东省中小学体育与健康课堂教学基本要求》

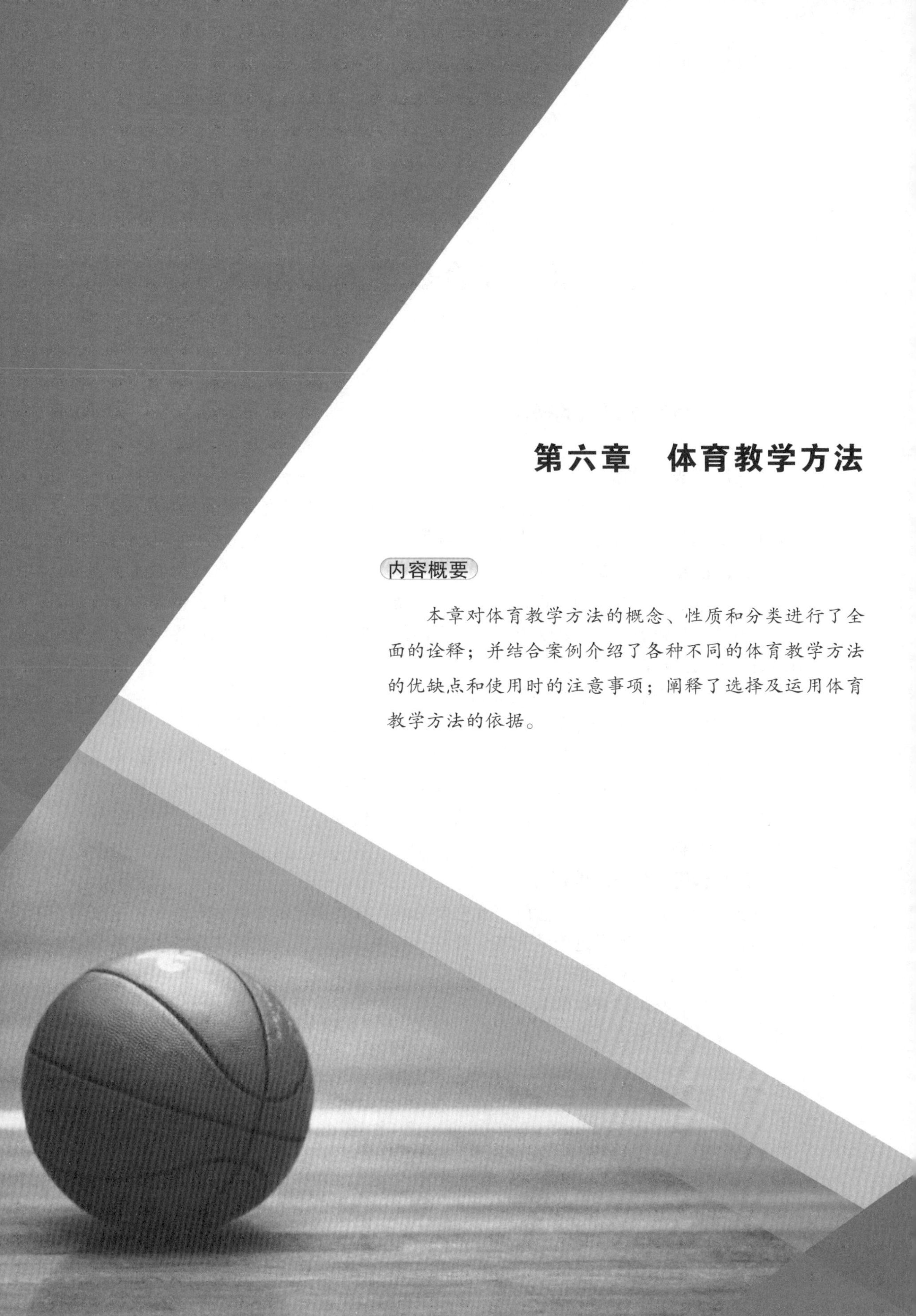

# 第六章　体育教学方法

内容概要

本章对体育教学方法的概念、性质和分类进行了全面的诠释；并结合案例介绍了各种不同的体育教学方法的优缺点和使用时的注意事项；阐释了选择及运用体育教学方法的依据。

# 第一节　体育教学方法概述

## 一、体育教学方法的概念

### (一) 方法的概念

“方法”一词在远古的中国已经出现，古汉语中意为“量度方形的法则”，现多指为达到某种目的而采取的途径、步骤、手段等。

### (二) 教学方法的概念

由于时代、社会背景和文化氛围的不同以及学者研究角度的差异，世界各国不同时期研究教育理论的学者对教学方法有着不同的界定。但在不同的概念界定中，仍然存在许多具有共性的理解。

(1) 教学方法使用的主体是教师和学生。

(2) 教学方法具有特定的目的和任务，是为完成教学任务而存在的。

(3) 教学方法是教学中所采用的各种教学途径、教学手段、教学技术的总称。

综上所述，以及在对“方法”这一概念的深入剖析下，教学方法可以理解为教师和学生为了实现共同的教学目标，完成共同的教学任务，在教学过程中运用的各种方式与手段的总称。

### (三) 体育教学方法的概念

在界定体育教学方法的概念前，首先要明确体育教学方法是教学方法在体育教学中的运用。由于体育教学过程具有其自身特点与规律，教学方法在体育教学中呈现着不同的表现形式，具有其特有的教学方法。

体育教学方法即体育教师和学生，为实现共同的教学目标和教学任务，在体育教学过程中运用的各种方式和手段的总称。

## 二、体育教学方法的性质

### (一) 系统性

所谓系统即自成体系的组织，同类事物按一定秩序和内部联系组合成的整体。《现代汉语大词典》认为，系统是普遍存在的，在宇宙间，从基本粒子到河外星系，从人类社会到人的思维，从无机界到有机界，从自然科学到社会科学，系统无所不在。

体育教学方法具备系统的特性，首先体育教学方法体系是由体育教学中各种不同的教学方法构成，其数量庞大，种类繁多，各具特色及功效。其次，这些教学方法按照一定的秩序和内部联系构成了特有的体育教学方法体系，同时在系统内部通过合理组合，实现了最优化的教学效果。

### （二）层次性

运用形式逻辑学的方法进行推理发现，体育教学方法体系具有显著的层次性。研究表明，体育教学方法的上位概念是体育教学模式，体育教学方法的下位概念为体育教学的基本方法、各种动作技术教学方法和教学手段（如图 6－1 所示）。

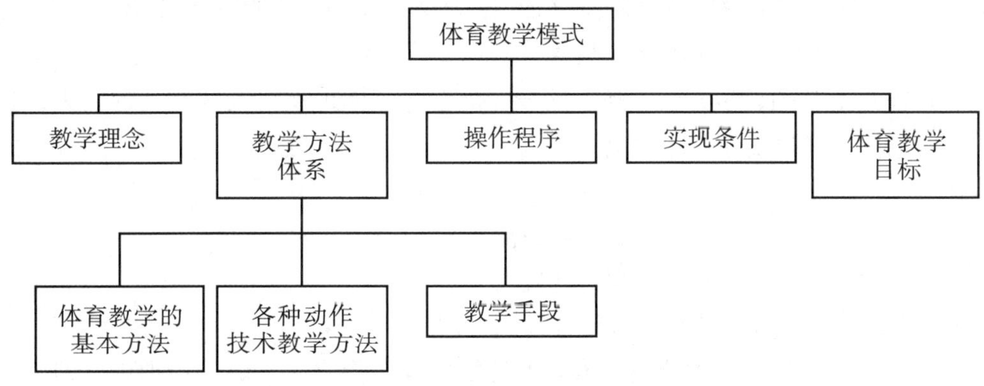


**图 6－1　体育教学方法系统结构图**

体育教学的基本方法是指在体育教学中普遍采用的，适用于所有项目体育教学的方法，如讲解法、示范法等方法。各种动作技术教学方法是指在不同体育项目的教学中针对不同动作技术所采用的教学方法，如在游泳教学中体育教师根据游泳的技术特点所采用的各种教学方法。教学手段是师生教学相互传递信息的工具、媒体或设备，如将幻灯机、投影仪等引入课堂，借助器材设备辅助教学等。

### （三）复杂性

体育教学方法体系呈现明显的复杂性。在体育教学中方法纷繁多样，各种方法之间表现为非线性的关系。因此，我们很难理清不同体育教学方法组成的集合体所产生的效果及其内部的关系。特别是体育教学过程的多元化参与形式，即除了思维参与活动之外，还需要身体的各个部分及各器官系统参与活动，这就更增加了体育教学方法体系的复杂性。

### （四）灵活性

灵活性即不拘泥于固有模式，善于变通。体育教学中的灵活性主要体现在教学方法的运用上，俗话说“教学有法，教无定法”，不同教师使用同一种教学方法的效果不尽相同，这与教师对教学方法的理解及其教学风格有关，在使用时体现了较大的灵活性，反映了教师的教学技巧和教学艺术。

## 三、体育教学方法的分类

### （一）教学方法的分类

分类就是根据一定的标准，把各种方法按其特点划分归属。分类标准的确定是教学方法研究工作中长期存在的大难题，由于分类问题的复杂性，科学、统一的分类标准难以确立，所以就出现了多种多样的分类方法。教学方法的分类就是把多种多样的教学方法，按照一定的规则或标准，将它们归属为一个有内在联系的体系。

1．国外学者的教学方法分类模式

（1）巴班斯基的教学方法分类。该分类依据主要体现在对人的活动的认识，认为教学活动包括了三种成分，即知识信息活动的组织、个人活动的调整、活动过程的随机检查。

第一大类：组织和自我组织学习认识活动的方法。

第二大类：激发学习和形成学习动机的方法。

第三大类：检查和自我检查教学效果的方法。

（2）拉斯卡的教学方法分类。该分类的依据是新行为主义的学习理论，即刺激—反应联结理论。（教学方法—学习刺激—预期的学习结果）

依据学习刺激在预期学习结果中的作用，学习刺激可分为 A、B、C、D 四种，据此相应地归类为四种基本的或普通的教学方法。

第一种方法：呈现方法。

第二种方法：实践方法。

第三种方法：发现方法。

第四种方法：强化方法。

（3）威斯顿和格兰顿的教学方法分类。该分类依据教师与学生交流的媒介和手段，把教学方法分为四大类。

第一类：教师中心的方法。主要包括讲授、提问、论证等方法。

第二类：相互作用的方法。包括全班讨论、小组讨论、同伴教学、小组设计等方法。

第三类：个体化的方法。如程序教学、单元教学、独立设计、计算机教学等。

第四类：实践的方法。包括现场和临床教学、实验室学习、角色扮演、模拟和游戏、练习等方法。

2. 国内学者建构的教学方法分类模式

①李秉德教授主编的《教学论》中的教学方法分类。按照教学方法的外部形态，以及相对应的这种形态下学生认识活动的特点，把中国的中小学教学活动中常用的教学方法分为五类。

第一类方法："以语言传递信息为主的方法"。包括讲授法、谈话法、讨论法、读书指导法等。

第二类方法："以直接感知为主的方法"。包括演示法、参观法等。

第三类方法："以实际训练为主的方法"。包括练习法、实验法、实习作业法。

第四类方法："以欣赏活动为主的教学方法"。如陶冶法等。

第五类方法："以引导探究为主的方法"。如发现法、探究法等。

（2）黄甫全教授提出的层次构成分类模式。黄甫全教授认为，从具体到抽象，教学方法是由三个层次构成的。

第一层次：原理性教学方法。解决教学规律、教学思想、新教学理论观念与学校教学实践直接的联系问题，是教学意识在教学实践中方法化的结果。如启发式、发现式、设计教学法、注入式方法等。

第二层次：技术性教学方法。向上可以接受原理性教学方法的指导，向下可以与不同学科的教学内容相结合构成操作性教学方法，在教学方法体系中发挥着中介性作用。如讲授法、谈话法、演示法、参观法、实验法、练习法、讨论法、读书指导法、实习作业法等。

第三层次：操作性教学方法。指学校不同学科教学中具有特殊性的具体的方法。如语文课的分散识字法、外语课的听说法、美术课的写生法、音乐课的视唱法、劳动技术课的工序法等。

### （二）体育教学方法的分类

体育教学方法的分类也存在着同样问题，由于体育教学方法本身的复杂性、多样性和多层次性，使分类标准多种多样，导致了国内出现多个版本的分类方法。从现有的资料看，最常见的分类准则及其划分的种类有以下几种。

（1）以教学主体和客体作为分类标准，把体育教学方法分为教师教的方法和学生学的方法两类。第一类包括语言法、直观法、完整与分解法、预防和纠正错误法等；第二类包括重复练习法、变换练习法、循环练习法、游戏练习法、比赛练习法等。

（2）以教学内容作为分类标准，将体育教学方法分为传授理论知识的方法和技能学习的方法，身体锻炼的方法和德育方法等。

（3）以教学目的要求作为分类的标准，可分为获得知识的方法，形成技能的方法，发展智力的方法，培养创造思维的方法。

（4）以信息传播途径作为分类的标准，可分为以语言传递信息为主的体育教学方法，以直观感知为主的体育教学方法，以身体练习为主的体育教学方法，以比赛活动为主的体育教学方法，以探究性活动为主的体育教学方法。

本教材对各种分类方法进行对比和分析后，从体育院系学生教学实践的角度出发，重点从教师教的角度对教学方法进行分类，为了便于学生理解及在教学实践中加以应用，我们主要从教师组织教学内容形式的角度对体育教学方法进行分类，将体育教学方法分为以下几种。

（1）传授式体育教学方法。

（2）问题探究式体育教学方法。

（3）实践与情境式体育教学方法。

（4）基于现代信息技术的体育教学方法。

## 第二节　体育教学中常用教学方法

### 一、传授式体育教学方法

传授式体育教学方法是指体育教师对教学内容进行系统的加工，并通过各种媒介将体育知识和运动技能直接传授给学生的体育教学方法。

#### （一）讲解法

讲解法是体育教师通过简明、生动的口头语言向学生系统地传授体育知识及运动技能的方法。教师运用讲解法时首先要熟悉教学内容，并对教学内容进行系统加工及提炼，用清晰、精练、有条理的语言将教学内容准确地表述出来，使学生在短时间内获得全面而系统的知识，并清晰地理解运动技能。

讲解法的优点包括：能清晰、系统、具有逻辑地将知识要点及动作要领传授给学生，帮助学生对体育知识及动作要领形成理性的认知。

讲解法的局限性包括：相对较抽象，如果单独使用不利于学生的理解，特别是对于低年级的学生，抽象思维能力较弱，教师在教学时要避免过多地使用讲解法。

#### （二）动作示范法

动作示范法是直观教学法的一种，是教师（或教师指定的学生）以自身完成的动作作为范例，用以指导学生进行学习的方法。动作示范法是体育教学中最常用、最直观的方法，它在使学生了解所学动作的表象、顺序、技术要点和领会动作特征方面具有独特的作用。

动作示范法的优点包括：使学生较快建立起直观的动作表象，形成直观认识，加快学生对动作的认知，促进学生较快地掌握动作。

动作示范法的局限性包括：动作示范不能清晰地突出动作的重点与难点，不能使学生很好地把握动作的重点与难点，因此动作示范法必须与讲解法同时使用。

1. 影响动作示范效果的几个要素

（1）示范面。体育教学中的技术动作往往在三维空间中完成，这就要求教师在进行动作示范时要注意“示范面”。示范面是指学生观察示范的视角，包括正面、背面、侧面和镜面示范。

正面示范：教师与学生相对站立所进行的示范是正面示范。正面示范有利于展示教师正面动作的要领，如球类运动的左右移动多用正面示范。

背面示范：教师背向学生站立所进行的示范是背面示范。背面示范有利于展示教师背面动作或左右移动的动作，以及动作的方向、路线变化较为复杂的动作，以利于教师的领做和学生的模仿，如武术的套路教学就采用背面示范。

侧面示范：教师侧向学生站立所进行的示范是侧面示范，侧面示范有利于展示动作的侧面和按前后方向完成的动作，如跑步中摆臂动作和腿的后蹬动作。

镜面示范：教师面向学生站立进行的与学生同方向的示范是镜面示范，镜面示范的特点是学生和教师的动作两相对应，适用于简单动作的教学，便于教师领做，学生模仿。例如，做徒手操侧平举动作，学生出右手，教师示范就要出左手。

（2）速度。为了帮助学生建立完整正确的动作表象，教师往往会针对不同动作采用不同的速度进行示范。一般的情况可用常规的速度进行示范；若为突出显示动作结构的某些环节时则应采用慢速示范。

（3）距离。教师示范的距离应以每位学生都能清晰地观看示范及听到教师讲解为前提，同时根据完成动作示范的活动范围、学生人数和安全需要等恰当地选择学生观察动作示范的距离。

（4）视线。学生视线与动作示范面越接近垂直越有利于观察。在学生以横队形式观察示范动作的情况下，越靠近横队两端的学生，其视角就越不接近垂直。因此，学生观察示范动作的队形不宜拉得太宽。学生人数较多时，应让学生排成若干排横队观看示范，并避免横队前列的学生遮挡后列学生的视线。应注意让学生背向或侧向阳光、风向，以避免视线干扰，有利观察。

（5）多媒体配合。有条件的学校可考虑使用多媒体设备补充示范的不足，特别是对于一些难度较大的动作，多媒体课件中的动作分解演示和解析能帮助学生更好地理解动作完成的过程与特点。

2. 体育教学对动作示范方法的基本要求

（1）动作示范要有明确的目的。示范要针对体育教学的实际需要进行，应区别以下三种动作示范：①认知示范是使学生知道学什么的示范，这种动作示范的重点是给学生建立动作的整体形象，形成正确的动作概念，引导学生注意整体，不要拘泥细节；②学法示范是告诉学生怎样学的示范，这种示范的重点是使学生了解动作完成的顺序，要领、关键、难点等，进行这种示范时要引导学生注意关键的动作环节的重点部分；③错误示范是展示学生错误动作的示范，这种示范的重点是使学生了解自己动作的错误的外部特征。示范时，既要突出错误的特征又不能夸张。对此种动作示范的要求与第二种动作示范大致相同，应注意示范时着重突出要纠正的错误所在。

（2）示范要正确、美观。正确是指示范要严格按动作技术的规格要求完成，以保证学生建立正确的动作表象；美观是指动作示范要生动、形象，以保证动作示范可以引起学生学、练的兴趣，消除不必要的畏难情绪。

### （三）直观演示法

直观演示法也是直观教学法的一种，是教师在课堂上通过展示各种实物、直观教具，让学生通过观察获得感性认识的教学方法。该方法目前已经在体育教学中被广泛使用，在体育教学实践中采用较多的直观演示手段主要有：人体模型、挂图、战术板、多媒体一体机等。这些直观教学方法和手段，弥补了动作示范法的不足。如一些复杂或完成速度较快的动作，教师的示范学生无法看清，直观演示法就能最大限度地辅助教师教学，帮助学生看清和理解动作。然而，直观演示法是一种辅助性教学方法，要和讲授法、谈话法等教学方法结合使用才能达到更好的教学效果。运用直观演示法的基本要求是包括以下几点。

（1）目的要明确。

（2）图像要明显且容易观察。

（3）尽量排除次要因素或减小次要因素的影响。

### （四）完整法和分解法

1. 完整法

完整法是从动作开始到结束，不分部分和段落，完整、连续地进行教学和练习的方法。运动技术难度不高而没有必要进行或根本不可分解的动作可采用完整法教学。

完整法的优点是教学中能保持动作结构的完整性，便于形成动作技术的整体概念和动作间的联系。

完整法的缺点是不利于降低动作难度，不利于把握动作中的重点环节，给教学带来一定的难度。

例如，体操的侧手翻动作，虽有一定难度，但动作无法分解，在教学中一般用完整法进行教学。

为避免完整法的缺点带来的不利影响，通常可采用以下做法。

（1）利用示范和演示来帮助学生建立动作表象。如让学生掌握动作的方向、路线、动作节奏、速度等要素，帮助学生对动作有完整认识。

（2）抓住教学重点进行突破。如体操运动中的翻转动作虽无法分解，但其中的要素，如动力、动作时机和动作要领还是可以进行分析，并找出主要的要因和主要问题所在，有重点地进行练习，切记不要一开始就拘泥动作的细节。

（3）通过帮助与辅助降低难度。如通过辅助器材的使用和利用教师的各种帮助降低动作难度。

（4）有意识地降低对动作质量的要求。如体操动作的适当分腿、屈膝，武术动作中降低速度，篮排球中的近距离投篮、发球等，但降低要求要以不形成明显错误动作为限。

（5）开发形式多样的辅助练习和诱导性练习。

2. 分解法

分解法是指将完整的动作分成几部分或段落，然后逐段进行体育教学的方法。适用于运动技术难度较高而又可分解的运动项目。

分解法的优点是把动作技术的难度相对降低，便于学生掌握和突出教学重点和难点，有利于提高学生学习的信心。

分解法的缺点是不利于学生对完整动作的领会，有可能形成对局部和分解动作的单独掌握，甚至妨碍完整地掌握动作。

分解动作的方法有以下几种。

（1）可按动作技术的结构顺序分。如体操的“低杠挂膝上”是由助跑、挂膝和挂膝上三个主要部分组成，可按动作技术结构顺序先练习助跑以加强动力，再练习挂膝以加强动力连贯性，最后将助跑和挂膝上的动作串联，达到最终学会这个动作。

（2）可按动作技术的结构反序分。如跨栏是由助跑、起跨、过栏摆腿和落地四个主要部分组成，可按动作技术结构反序先练习落地和摆腿（无栏或栏侧练习），再练习过栏动作，最后加上栏间跑，串联起来进行练习，最终学会这个动作。

（3）按学习难度分。如学习蛙泳可按难度分为陆上模仿动作、水中局部动作练习和水中完整练习三段。按学习难度先练习陆上模仿，将“划、弯、伸”和“收、翻、蹬”动作练习正确并熟练，再下水做扶池边练习腿部动作和有同伴扶助的手臂练习，待较熟练后再做带浮漂的完整练习，直至最终解下浮漂完全学会蛙泳。

（4）按身体各部分的动作分。如武术的动作，所涉及的身体各部分包括下肢动作、上肢动作、上体姿势和头部动作，有些难度较大的动作，如果整体学习就会有困难，因此可按身体各部分的动作来分解学习。

进行分解教学时应注意以下几点。

（1）划分动作时，应注意其相互间的联系，划分开的段落应易于连接完成且不破坏动作的结构。

（2）使学生明确所划分的段落或部分在完整动作中的地位和相互联系。

（3）分解法要与完整法结合运用，分解法的主要作用在于减少学生学习中的困难，最终达到完整掌握动作的目的。因此，分解动作的练习时间不宜过长，只要基本掌握即可与其他段落或部分连接起来进行练习。

**（五）预防与纠正错误动作法**

预防与纠正错误动做法是体育教师为了预防和纠正学生的动作错误所采用的教学方法。在体育教学中，学生总是会出现各种错误动作，教师应该对可能出现的错误动作有一定的预判，能选择有效的方法帮助学生预防错误动作的出现，并在学生出现了错误动作的时候能根据错误动作产生的原因有针对性地选择方法帮助学生改正错误动作。纠正错误动作的步骤如图 6 – 2 所示。

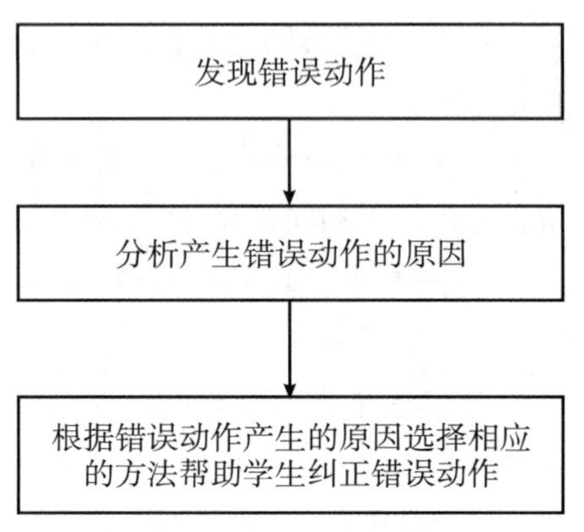


**图 6 – 2　纠正错误动作步骤**

1. 分析原因，选用适当方法

纠正错误动作和进行帮助时，必须分析出产生错误动作的原因，才能选用适当的方法予以纠正和帮助。

产生动作错误的原因常见的有以下五个方面。

（1）学生对完成动作不认真、敷衍了事。

（2）学生对所学动作技术的概念模糊不清。

（3）学生受旧技能的干扰。

（4）学生的能力较差导致产生动作错误。

（5）学生在疲劳情况下进行学、练导致产生动作错误。

2. 纠正错误动作与帮助的具体方法

（1）运用语言和直观的方法，不断使学生建立正确的动作概念，要用生动而准确的描述性语言和手势等帮助学生明确动作的顺序、要领，要运用各种诱导性、转移性练习，来防止受旧技能干扰所产生的动作错误。

（2）根据动作错误的性质，可采用限制练习法、诱导练习法和自我暗示法等进行纠正。

限制练习法：在设置限制的条件下进行练习、纠正动作错误的方法。例如，在蹲踞式起跑动作的学习中，为了帮助学生纠正上体抬起过早的错误，可以在起跑线前 5 米处拉一条橡皮筋，让学生从橡皮筋下跑过。

诱导练习法：是设置一定条件，诱使学生达到教学要求的方法。例如，在排球扣球动作的学习中，为了帮助学生纠正击球点过低的错误动作，可以在学生前上方吊一个球，诱使学生充分伸直手臂，做出鞭打动作。

自我暗示法：是指学生在练习过程中有意识地暗示自己达到动作要求的方法。例如，途中跑时学生出现摆臂不充分的错误，可要求学生在练习时暗示自己摆臂要充分。

3. 纠正错误动作与帮助时的注意事项

（1）在指出动作错误之时，也要充分肯定学生的进步，便于学生接受，增强改错的信心，切忌讽刺和挖苦学生。

（2）要纠正主要的动作错误，有时主要的动作错误被纠正了，相关的动作错误也就随之消除。

（3）要合理使用各种教学方法与手段纠正动作错误。

## 二、问题探究式体育教学方法

体育教师引导学生提出问题，在教师组织和指导下，通过学生较为独立的探究和研究活动，探求问题的答案而获得体育知识和运动技能的体育教学方法。

### （一）问答法

问答法也称谈话法，是教师和学生以口头语言问答的互动方式传递教学信息、完成体育教学任务的方法。

问答法的优点是便于启发学生的思维，培养学生的思考能力和语言表达能力，也有唤起和保持学生的注意力和兴趣的作用。

问答法的缺点是如果问答法采用不当就会失去启发意义，起不到问答法应有的作用。

1. 问答法使用错误的案例

（1）老师做得好不好呀？（注：教师做完示范后问，学生回答“好”）

（2）我们做练习积极性高吗？（注：同学们做完练习后问，学生回答“高”）

（3）他做得好吗？好，就给他鼓鼓掌。（注：教师选出学生做示范后问，学生回答“好”并鼓掌）

这些案例错误的原因是问题过于显浅，失去启发意义。

2. 问答法使用正确的案例

（1）想想刚才老师做的示范和你们自己的动作有哪些不一样的地方？（学生可以归纳出老师动作与自己动作的不同点，不存在好坏的评价，属归纳性提问）

（2）大家评价一下第一组和第二组，哪组练习的积极性高？为什么这样说？（同学们可以自主判断，属价值判断和归纳性问题）

（3）谁来回答一下，他做的示范好吗？好在哪里？有哪些不足？（属价值判断和归纳性问题）

### （二）讨论法

讨论法是在教师指导下，学生以全班或小组为单位，围绕教材的中心问题各抒己见，通过讨论或辩论活动，获得体育知识或辅助运动技能学习的一种教学方法。

讨论法的优点在于能促进全体学生都能积极参加学习活动，培养合作精神和参加集体思考的能力，同时还可以激发学生的学习兴趣，提高学习情绪。

讨论法是组织难度较高的一种教学方法，使用讨论法应注意以下问题。

（1）讨论法的使用应以小组为单位，这样才能保证所有学生参与讨论，使讨论更高效。

（2）问题的提出要有针对性，要是学生感兴趣的问题，具有讨论的价值。

（3）教师善于要引导学生进行积极思维。

### （三）发现法

发现法又称探索法、研究法，是指学生在学习体育的概念和原理时，教师只是给他们一些事例和问题，让学生自己通过观察、验证性活动、思考、讨论和听讲等途径去独立地探究学习，自行发现并掌握相应的原理和结论的一种方法。

发现法的优点是能激发学生学习兴趣，培养学生解决问题的能力，发展学生创造性思维能力。

发现法的局限性是需要较长的教学时间，对于课程内容多、时间较少的教学过程不适用。

1. 运用发现教学法时，应注意的要求

（1）努力创设一个有利于学生进行探究发现的良好的教学情境。

（2）选择和确定探究发现的问题（课题）。

（3）有序组织教学，积极引导学生的探究发现活动。

2. 发现教学方法实施的基本步骤

（1）创设问题的情境。

（2）选择与确定问题。

（3）讨论与提出假设。

（4）实践与寻求结果。

（5）验证与得出结论。

## 三、实践与情境体验教学方法

通过各种以学生为主体的实践性活动，使学生巩固、丰富和完善所学体育知识与运动技能，同时培养学生各种实践能力的教学方法。

### （一）重复练习法

重复练习法是根据练习任务的需要，在相对固定的条件下反复进行练习的方法。固定的条件有动作结构、运动负荷的表面数据以及场地器材等。

1. 重复练习法的优点

有利于教师观察、帮助学生改进动作技术，有利于学生在反复练习中掌握和巩固动作技术，锻炼身体，发展体能，培养意志品质。

2. 重复练习法的缺点

这种练习方法相对较为枯燥，如果使用时间过长会引发学生的厌学情绪，影响学习积极性。

3. 重复练习法的分类

重复练习法可分为单一重复练习、连续重复练习和间歇重复练习。

（1）单一重复练习是指动作每练习一次就进行休息的反复练习方法。如练习一次前滚翻，休息后再重复练习，如此反复练习。

单一重复练习的特点是对动作的练习数量较少，持续时间也较短，适用于动作的初学阶段，便于教师观察和学生集中注意力学习，减少体力消耗。

（2）连续重复练习是对某动作连续重复练习两次以上之后再连续反复练习的方法。多在具有周期性特点的动作教学中运用，如跑的练习。

连续重复练习的优点是由于练习的持续时间较长或连续重复练习的次数较多，因而具有较大的练习密度和运动负荷。

连续重复练习的缺点是在动作的初学阶段运用连续重复练习法时，要控制连续重复的次数，以免负荷过大，过早出现疲劳，影响对动作的掌握和改进。

（3）间歇重复练习是练习后安排相对固定的间歇时间，再重复进行练习的方法，如以 90% 的强度进行 100 米重复跑，规定每次练习之间的间歇时间为 3 ~4 分钟。

间歇重复练习的特点是有利于在适当控制间歇时间的情况下，提高掌握和运用动作技术的适应能力。

### （二）变换练习法

变换练习法是根据练习任务的需要，在变换的条件下进行练习的方法。变换的条件有动作形式及其组合结构、运动负荷的表面数据以及环境、场地、器材等。例如，听不同频率的击掌声进行原地跑的练习，跑的距离和速度增减交替的练习等。

1. 变化练习法的特点

该练习法的特点在于练习条件的变换。由于练习条件和运动负荷的不断变换，对提高中枢神经系统的调节机能和身体各器官系统相互间的协调机能，提高人体不断变换的练习环境和运动负荷的适应能力，及学生的学习积极性有较好的作用。

2. 变换练习法的分类

变换练习法的分类包括连续变换和间歇变换两种。

（1）连续变换练习是在练习条件不断变化的过程中进行练习的方法。例如，奔跑中的跑速不断变化，越野跑中环境的不断变化等。

（2）间歇变换练习是在间歇后改变运动负荷的表面数据或动作形式、组合，再进行练习的方法。例如，进行某种距离的重复跑，间歇后逐次加大跑速；负重练习时，间歇后逐次增加重量。

### （三）循环练习法

循环练习法是根据教学和锻炼的需要选定若干练习手段，设置若干个相应的练习站（点），学生按规定顺序、路线和练习要求，逐站依次练习并循环的方法，它主要是练习的方法，不是教学方法，但它也是一种教学组织方法。循环练习的方式有多种，主要包括流水式和分组轮换式两种。

循环练习法的优点是有多个练习手段，练习过程连续循环，练习内容选择空间大，运动量、练习节奏和身体锻炼的部位比较容易调整，可以根据课上的练习需要进行多样化的设计和安排，能较全面地发展学生体能，提高运动能力，还能较好地提高学生学、练的积极性。

运用循环练习法时，应注意以下几点。

（1）练习手段、练习量、练习站以及循环练习方式的确定，应服从教学任务和教学条件、学生的运动能力以及场地器材等实际情况，练习站不宜太多，也不宜太少，一般以 6 个左右为宜。

（2）选用的练习手段应是学生会做的。应将发展基本活动能力的内容、提高身体素质的内容、培养心理品质的内容、激发兴趣的内容、促进学生交流的内容等合理地搭配、组合在一起，以利于全面锻炼学生的身体和有效完成教学任务。

（3）每个练习站必须有定量、定时、定性等的要求。

（4）各练习站的内容要注意负荷大小不同的练习交替安排。

（5）可以从学生最大负荷能力的二分之一开始练习，以后各站逐步增大运动负荷，但一般不超过学生最大负荷能力的三分之二。练习量大时，强度应相对较小；反之，强度大时，练习量不能多，在循环练习中还要注意合理的间歇。

### （四）运动游戏法（简称游戏法）

运动游戏法是教师组织学生做游戏来完成教学任务的一种教学方法。

游戏法的优点是能提高学生的学习积极性与主动性，培养学生的规则意识及与人合作的能力。

运用游戏法要注意的问题包括以下几点。

（1）要有明确的目的，并采取相应的规则和要求才能取得预定的效果。

（2）应教育学生严格遵守规则，同时鼓励学生在规则许可的范围内，充分发挥自己的主动性和创造性去争取优胜。

（3）在游戏时裁判应认真、严格、公正、准确，只有客观评定游戏的结果，监督不良行为，才能激发学生参加游戏的兴趣。

（4）要布置好游戏的场地与器材，加强游戏的组织工作。

（5）游戏结束时，要做好讲评，指出优点与缺点。

### （五）运动竞赛法

运动竞赛法是指通过组织学生比赛进行技能学习和练习的一种教学方法。

运动竞赛法的优点是有利于激发学生的竞争意识，全面提高学生的战术意识，有利于学生体育道德及意志品质的培养。严格来讲，比赛也是游戏的一种形式，但比赛法和前述的游戏法有以下两个主要区别。

（1）游戏有竞争、合作、表现等多种类型，而比赛则偏重于竞争。

（2）游戏不限于某个项目，而比赛往往是与某个运动项目有关。比赛往往是实战，具有强烈的竞争性，因此对学生的技战术和体能都提出了更高的要求，进行更高水平的检验。

运动竞赛法运用时应注意以下几个方面的内容。

（1）要依据教学目标、教材性质、教学过程的时机、学生的技能熟练程度和场地器材的条件等合理地运用比赛的方法，如果运用不合理反而会影响教学、影响学生技能的提高。

（2）在一般情况下，比赛双方的水平应接近，使用的器材设施应基本一致，使学生在实力均衡和条件相当的条件下竞争，这样的竞争才能激烈而富有情趣。但是，在学生技能不太熟练时，则要通过对规则的改变、攻守双方实力调整等方法使比赛能更好地为教学服务。

（3）比赛时，体育教师要严格控制与调节学生的运动负荷，巧妙地进行比赛分组和轮换，使学生既有平等的比赛机会，又不至于过度劳累。

（4）比赛是对学生进行多方面教育的好机会，要注意在提高他们运动技能的同时，对他们进行良好体育风格的教育，如让学生自觉遵守比赛规则、留意伤害事故、比赛中的互助精神培养等。

### （六）小群体教学法

小群体教学法也被称为“小集团教学模式”等，是通过体育教学中的集体因素和学生间交流的社会性作用、互帮互学来提高学生的学习主动性，提高学习的质量，并达到对学生社会性培养的一种教学方法。

小群体教学法的优点是通过学生的自主学习，锻炼学生与人交往的能力及集体学习的能力，促进学生间的交流与合作。

小群体教学法与分组教学有一定的区别。分组教学是在教师指导下，学生对某一动作进行分组练习，小组的学生以个体练习为主。小群体教学法中的小组具有一定的凝聚力和各自的学习目标，每个学生在小组中承担一定的职责，学习过程和学习内容由各小组自行设定，教师只是起到引导和监督的作用。

小群体教学法使用的要点包括以下几点。

（1）根据教学目的分组，形成集体。

（2）组内分工，使每个学生都承担一定的职责，促使每位学生都积极参与到教学活动中来。

（3）在教师的引导下，小组自定学习目标、学习内容，确定学习过程的步骤，自行安排各种练习内容。

（4）在课程结束前安排小组间比赛，并将小组的比赛成绩计入个人考试成绩中。

### （七）情境教学法

情境教学法源于英国的语言教学。情境，就是人们进行语言交际活动中的一切内部条件和外部条件的总和。具体来说，是指使用语言形式进行交流信息的社会环境。语言学家弗斯认为，在有人类的交际活动中，语言环境对语言来说是必不可少的。语言功能的掌握，依赖于真实情境，要设法结合学生的实际，创设交际情境，让学生身临其境，增强学生的兴趣和印象。基于此，情境教学是指在教学过程中，教师有目的地引入或创设具有一定情绪色彩的、以形象为主体的生动具体的场景，以引起学生一定的态度体验，从而帮助学生理解教材，并使学生的心理机能得到发展的教学方法。情境教学法的核心，在于激发学生的情感。情境教学，是在对社会和生活要素进一步提炼和加工后融入课堂教学。

创设情境的途径主要有以下五种。

#### 1. 生活展现情境

该情境把学生带入社会，带入大自然，从生活中选取某一典型场景，作为学生观察的客体，并以教师语言的描绘，鲜明地展现在学生眼前。

#### 2. 实物演示情境

该情境以实物为中心，略为设置必要背景，构成一个整体，以演示某一特定情境。以实物演示情境时，应考虑到相应的背景，如“大海上的鲸”“蓝天上的燕子”“藤上的葫芦”等，都可通过背景来激起学生广远的联想。

#### 3. 音乐渲染情境

音乐的语言既是微妙的，也是强烈的，给人以丰富的美感，往往使人心驰神往。它以特有的旋律、节奏，塑造出音乐形象，把听者带到特有的意境中。用音乐渲染情境，并不局限于播放现成的乐曲、歌曲，教师自己的弹奏、轻唱以及学生表演唱、哼唱都是行之有效的办法。关键是选取的乐曲与教材的基调上、意境上以及情境的发展上要对应和协调。

#### 4. 表演体会情境

情境教学中的表演有两种：一是进入角色，二是扮演角色。进入角色，即创设情境让学生进入角色体验乐趣，如在前滚翻的教学中创设游动物园的情境，让学生进入游动物园这一角色中；扮演角色，则是担当教学情境中的某一角色进行表演。由于学生自己进入、扮演角色，学生体验的角色不再是抽象的，而有身临其境的感觉。通过角色学生学习内容必然产生亲切感，很自然地加深了内心体验。

5. 语言描述情境

以上所述创设情境的四种途径，都是运用了直观手段。情境教学十分讲究直观手段与语言描绘的结合。在情境出现时，教师伴以语言描绘，这对学生的认知活动起着一定的导向性作用。语言描绘提高了感知的效应，情境会更加鲜明，并且带着感情色彩作用于学生的感官。学生因感官的兴奋，主观感受得到强化，从而激起情感，促进自己进入特定的情境之中。随着年龄的增长，直观手段逐渐减少，单纯运用语言描述带入情境增多。

## 四、基于现代信息技术的体育教学方法

基于现代信息技术的体育教学方法，是在体育教学中运用现代信息技术对教学内容进行加工处理，使其更直观生动，更利于学生理解，获得运动认知的一种教学方法。随着科学技术的快速发展，特别是计算机技术的迅猛发展，此种方法在体育教学中已被广泛使用。特别是对于某些有一定难度，但又无法减慢速度进行示范的动作和无法分解的动作等，这种方法是一种不可或缺的教学方法。运用此方法配合讲解法、示范法、提问法等教学方法的综合使用，将收到更好的教学成效。

这一方法可以依托互联网获取与教学内容相关的信息资料，并通过各种教学软件将其整理组合在体育教学中使用。同时，也可以使用目前已开发出来的各种多媒体教学课件，帮助学生理解动作，并将互联网作为辅助手段开展合作学习及探究性学习。基于现代信息技术的教学方法只是传统教学方法的补充，却不可忽视传统的讲解法、示范法在体育教学中的运用。

### （一）利用微课进行体育教学的方法

微课（Microlecture），是指运用信息技术按照认知规律，呈现碎片化学习内容、过程及扩展素材的结构化数字资源。

1. 微课的组成

微课的核心组成内容是课堂教学视频（课例片段），还包含与该教学主题相关的教学设计、素材课件、教学反思、练习测试及学生反馈、教师点评等辅助性教学资源。它们以一定的组织关系和呈现方式共同“营造”了一个半结构化、主题式的资源单元应用“小环境”。因此，微课既有别于传统单一资源类型的教学课例、教学课件、教学设计、教学反思等教学资源，又是在其基础上继承和发展起来的一种新型教学资源。

2. 微课的主要特点

（1）教学时间较短。教学视频是微课的核心组成内容。根据中小学生的认知特点和学习规律，微课的时长一般为 5 ~ 8 分钟，最长不宜超过 10 分钟。因此，相对于传统的 40 或 45 分钟一节课的教学课例来说，微课可以称之为“课例片段”或“微课例”。

（2）教学内容较少。相对于较宽泛的传统课堂，微课的问题聚集，主题突出，更适合教师的需要。微课主要是为了突出课堂教学中某个学科知识点（如教学中重点、难点、疑点内容）的教学，或是反映课堂中某个教学环节、教学主题的教与学活动，相对于传统一节课要完成的复杂众多的教学内容，微课的内容更加精简，因此又可以称为“微课堂”。

（3）资源容量较小。从大小上来说，微课视频及配套辅助资源的总容量一般在几十兆左右，视频格式须是支持网络在线播放的流媒体格式（如 rm、wmv、flv 等），师生既可以流畅地在线观摩课例，查看教案、课件等辅助资源，也可灵活方便地将其下载保存到终端设备（如笔记本电脑、手机、MP4 等）上实现移动学习、“泛在学习”，非常适合于教师的观摩、评课、反思和研究。

（4）资源组成、结构、构成“情景化”。资源使用方便。微课选取的教学内容一般要求主题突出、指向明确、相对完整。它以教学视频片段为主线“统整”教学设计（包括教案或学案）、课堂教学时使用到的多媒体素材和课件、教师课后的教学反思、学生的反馈意见及学科专家的文字点评等相关教学资源，构成了一个主题鲜明、类型多样、结构紧凑的“主题单元资源包”，营造了一个真实的“微教学资源环境”。这使得微课资源具有视频教学案例的特征。广大教师和学生在这种真实的、具体的、典型案例化的教与学情景中可易于实现“隐性知识”“默会知识”等高阶思维能力的学习并实现教学观念、技能、风格的模仿、迁移和提升，从而迅速提升教师的课堂教学水平、促进教师的专业成长，提高学生学业水平。就学校教育而言，微课不仅成为教师和学生的重要教育资源，而且也构成了学校教育教学模式改革的基础。

（5）主题突出，内容具体。一个课程就一个主题，或者说一个课程一个事。研究的问题来源于教育教学具体实践中的具体问题，或是生活思考、教学反思、难点突破、重点强调、学习策略、教学方法、教育教学观点等具体的、真实的、自己或与同伴可以解决的问题。

（6）草根研究，趣味创作。正因为课程内容的微小，人人都可以成为课程的研发者。课程的使用对象是教师和学生，课程研发的目的是将教学内容、教学目标、教学手段紧密地联系起来，是“为了教学、在教学中、通过教学”，而不是去验证理论、推演理论。因此，决定了研发内容一定是教师自己熟悉的、感兴趣的、有能力解决的问题。

（7）成果简化，多样传播。因为内容具体、主题突出，研究内容容易表达、研究成果容易转化。同时，因为课程容量微小、用时简短，传播形式多样（如网上视频、手机传播、微博讨论）。

（8）反馈及时，针对性强。由于在较短的时间内集中开展“无生上课”活动，参加者能及时听到他人对自己教学行为的评价，获得反馈信息。较之常态的听课、评课活动，“现炒现卖”，具有即时性特点。同时，由于是课前的组内“预演”，人人参与，互相学习，互相帮助，共同提高，在一定程度上减轻了教师的心理压力，不会担心教学的“失败”，也不会顾虑评价的“得罪人”，较之常态的评课就会更加客观。

### （二）基于翻转课堂模式的教学方法

1．翻转课堂式教学

翻转课堂式教学模式，是指学生在家完成知识的学习，而课堂变成了师生之间和生生之间互动的场所，包括答疑解惑、知识的运用等，从而达到更好的教育效果。

2．翻转课堂式教学来源

翻转课堂式教学是从英语“Flipped Class Model”翻译过来的术语，一般被称为“翻转课堂式教学模式”。

互联网的普及和计算机技术在教育领域的应用，使翻转课堂式教学模式变得可行和现实。学生可以通过互联网去使用优质的教育资源，不再单纯地依赖授课教师去教授知识。课堂和教师的角色则发生了变化，教师更多的责任是去理解学生的问题和引导学生去运用知识。

3．翻转课堂式教学历史

2000 年，美国学者莫琳·拉格（Maureen Lage）、格林·普拉特（Glenn Platt）和迈克尔·特雷利亚（Michael Treglia）在论文 *Inverting the classroom：a gateway to creating an inclusive learning environment* 中，介绍了他们在迈阿密大学教授“经济学入门”时采用“翻转教学”的模式，以及所取得的成绩。当时，他们并没有提出“翻转课堂式”或“翻转教学”的名词。同年，韦斯利·贝克（J. Wesley Baker）在第 11 届大学教学国际会议上发表了论文 *The classroom flip：using web course management tools to become the guide by the side*。2007 年，美国科罗拉多州美国林地公园高中（Woodland Park High School）的化学老师乔纳森·伯格曼（Jonathan Bergmann）和亚伦·萨姆斯（Aaron Sams）在课堂中采用“翻转课堂式”教学模式，并推动这个模式在美国中小学教育中的使用。随着互联网的发展和普及，翻转课堂的方法逐渐在美国流行起来并引起争论。

4．翻转课堂式教学特点

利用视频来实施教学，在多年以前人们就进行过探索。在 20 世纪 50 年代，世界上很多国家所进行的广播电视教育就是明证。为什么当年所做的探索没有对传统的教学模式带来多大的影响，而“翻转课堂”却备受关注呢？这是因为“翻转课堂”有如下几个鲜明的特点。

（1）教学视频短小精悍。不论是萨尔曼·汗的数学辅导视频，还是乔纳森·伯格曼和亚伦·萨姆斯所做的化学学科教学视频，他们的一个共同特点是短小精悍。大多数的视频都只有几分钟的时间，比较长的视频也只有十几分钟。每一个视频都针对一个特定的问题，有较强的针对性，查找起来也比较方便。视频的长度控制在学生注意力比较集中的时间范围内，符合学生身心发展特征。通过网络发布的视频，具有暂停、回放等多种功能，可以自我控制，有利于学生的自主学习。

（2）教学信息清晰明确。萨尔曼·汗的教学视频有一个显著的特点，在视频中唯一能够看到的就是他的手，不断地书写一些数学的符号，并缓慢地填满整个屏幕。除此之外，就是配合书写进行讲解的画外音。用萨尔曼·汗自己的话语来说："这种方式，它似乎并不像我站在讲台上为你讲课，它让人感到贴心，就像我们同坐在一张桌子面前，一起学习，并把内容写在一张纸上。"这是"翻转课堂"的教学视频与传统的教学录像的差别所在。视频中出现的教师的头像以及教室里的各种物品摆设，都会分散学生的注意力，特别是在学生自主学习的情况下。

（3）重新建构学习流程。通常情况下，学生的学习过程由两个阶段组成：第一阶段是"信息传递"，是通过教师和学生、学生和学生之间的互动来实现的；第二个阶段是"吸收内化"，是在课后由学生自己完成。由于缺少教师的支持和同伴的帮助，"吸收内化"阶段常常会让学生感到挫败，丧失学习的动机和成就感。而"翻转课堂"对学生的学习过程进行了重构。"信息传递"是学生在课前进行的，教师不仅提供了视频，还可以提供在线的辅导；"吸收内化"是在课堂上通过互动来完成的，教师能够提前了解学生的学习困难，在课堂上给予有效的辅导，同学之间的相互交流更有助于促进学生知识的吸收内化过程。

（4）复习检测方便快捷。学生观看了教学视频之后，是否理解了学习的内容，视频后面紧跟着的四到五个小问题，可以帮助学生及时进行检测，并对自己的学习情况做出判断。如果发现几个问题回答得不好，学生可以回过头来再看一遍，仔细思考哪些方面出了问题。学生对问题的回答情况，能够及时地通过云平台进行汇总处理，帮助教师了解学生的学习状况。教学视频另外一个优点，就是便于学生一段时间学习之后的复习和巩固。评价技术的跟进，使得学生学习的相关环节能够得到实证性的资料，有利于教师真正了解学生。

## 第三节　体育教学方法的运用

### 一、影响体育教学方法使用效果的因素

#### （一）学生的年龄特征

在选择体育教学方法时首先要从学生的角度考虑，根据不同年龄段的学生选择教学方法，如低年级的学生形象思维占主导地位，在体育教学中宜多采用直观的方法。同时在方法的运用中也要考虑学生的年龄特点，如小学低年级学生和初中生在使用讲

解法和示范法的技巧应有所侧重，小学低年级学生的讲解法运用应更生动、更贴近生活，以利于学生理解，过于生涩的专业术语要少用。对初中生讲解内容的专业性要逐步增强，可以考虑运用一些专业术语分析动作。

### （二）教师对教学方法的理解与运用

俗话说："教学有法，教无定法。"尽管每位教师都学习相同的教学方法，但每个人的理解都有所不同，在运用的过程中就会出现差异，这就是每位教师有不同教学风格的原因之一。由此可见，教师对教学方法的理解直接影响其运用效果。

### （三）教学方法的适用范围

由上述分析可以看出大多数教学方法都有其适用范围，在适合的范围内运用教学方法则会取得良好的教学效果，反之，则不利于学生的学习。决定教学方法适用范围的因素主要有学生的年龄、教学场地设施、教材内容特点、教师的能力等。

### （四）教学的时间与效率

对于一些探究性、自主性、讨论式的教学方法由于需要给予学生更多探究、讨论和自主学习的时间，因此使用这些教学方法需要更长的教学时间，对于一些课时紧、教学时间不足的内容尽量避免采用这些方法。

## 二、有效运用体育教学方法的途径

### （一）依据体育教学目标运用体育教学方法

体育教学目标的达成是需要相应体育教学方法的支撑，正确选择体育教学方法是体育教学目标得以实现的保证。例如，当一堂课要达成"培养学生创造性思维，提高学生的创新能力"这一目标，那么在教学方法中就要多运用讨论法、发现法、探究性学习方法等一系列拓展学生创造性思维能力的教学方法。

### （二）依据体育教学内容运用体育教学方法

体育教学内容丰富多彩、种类繁多，不同阶段、不同单元、不同课时的内容与要求也不一致，这些都要求教学方法的选择具有多样性和灵活性的特点。如耐久跑的教学由于内容相对枯燥，可考虑运用运动游戏法和运动竞赛法提高其趣味性，从而调动学生学习的积极性。

### （三）依据学生特点运用体育教学方法

学生的实际特点直接制约着教师对教学方法的选择，这就要求教师能够科学而准确地研究分析学生的上述特点，有针对性地选择和运用相应的教学方法。如对小学低年级学生应该以游戏法为主进行教学；对小学中、高年级学生可以采用讲解法与示范法相结合，以示范法为主；初中在重视讲解法与示范法运用的同时，在讲解中应融入更多的问答法；高中体育教学中运用讨论法、发现法、小群体教学法等提升学生自主学习能力的方法效果将会更好。

### （四）依据教师本身的条件和特点运用体育教学方法

任何一种教学方法，只有适应了教师的素养条件，并能为教师充分理解和把握，才有可能在实际教学活动中有效地发挥其功能和作用。因此，教师在选择教学方法时，还应当根据自己的实际优势，扬长避短，选择与自己相适应的教学方法。

### （五）依据教学时间和效率运用体育教学方法

不同的教学方法需要的时间长短不一，因此在选择教学方法时要根据教学计划的时间安排确定适宜的方法，比如讨论法的使用就需要较充裕的教学时间，如果教学时间较少则不宜使用讨论法。

### （六）依据教学环境条件选择教学方法

教师在选择教学方法时，要在学校现有教学环境和条件允许的情况下，最大限度地运用和发挥教学环境条件的功能与作用。

**思考题：**

1. 如何正确理解体育教学方法的概念？
2. 体育教学方法可以分为几类？
3. 传授式体育教学方法有哪些具体的教学方法？说明每种方法在使用时的注意事项。
4. 问题探究式体育教学方法有哪些具体的教学方法？说明每种方法在使用时的注意事项。
5. 练习与实践式体育教学方法有哪些具体的教学方法？说明每种方法在使用时的注意事项。
6. 该如何选择和运用体育教学方法？请举例说明。

个别指导在篮球教学中的应用

讲解示范法在足球教学中的应用

# 第七章　体育教学组织形式

内容概要

本章在阐明体育教学组织形式的概念、种类的基础上，进一步详述了影响体育教学组织形式选择的主客观因素，并对体育课的类型与结构等问题进行了论述。

行为学认为，组织是指由诸多要素按照一定方式相互联系起来的系统（体系或模式），是对客观因果关系的归纳，以反映事物的某种稳定的关系。组织实施是指为了达到一定的目的，按照任务进行不同层次的分工合作的一种权责结构。体育教学目标是通过教学过程来实现的，教学过程必须遵循一定的体育教学规律和教学原则，依据一定的教学内容，采用适当的教学方法来进行。而教学规律和教学原则只有通过一定的教学组织形式才能体现出来，体育教学方法也只有通过一定的教学组织形式才能运用。因此，学习和研究体育教学的组织形式将有助于更好地开展体育教学活动，有效地提高体育教学质量。

# 第一节　体育教学组织形式概述

## 一、体育教学组织形式的定义

### （一）教学组织形式的定义

体育课程教学工作不仅要通过各种教学方法去实施，而且也要通过各种组织形式来进行。关于教学组织形式的概念，有学者认为："教学组织形式就是关于教学活动应如何组织、教学的时间和空间应如何有效地加以控制和利用的问题"；有的则认为，"教学组织形式是教学过程中学生和教师的搭配在一定程度定型化了的持续的模式"；还有的认为："教学组织形式就是由既定的作息制度和规章制度规定的师生之间的相互作用"。上述定义表述虽不同，但所揭示的教学组织形式的内涵有着如下共同之处。

（1）教师的教和学生的学都要服从一定的教学程序，要么集体上课，要么小组或个人活动，以完成相应的教学任务。

（2）师生的活动必须服从一定的时空条件，并形成一定的搭配关系。

（3）师生以这种搭配关系共同活动，直接或间接地相互作用。

（4）在这种互相作用中，包括了教学内容、教学方法、教学手段和教学程序、步骤在时间上的集合或综合。

根据上述特点，可以把教学组织形式定义为，它是教学活动中师生相互作用的结构形式，或者说是师生共同活动在人员、程序、时空关系上的组合形式。

按学校教育为教学组织形式确定的含义，它作为师生双边互动的一种活动过程，无疑是有序实施教学过程的根本保证。长期以来，人们之所以要不断探索新的教学组织形式，其目的就是为了能够适应由社会发展和学校教育职能的变化而引起的提高教学质量的要求，并最终满足学生兴趣、能力的培养和潜力的发展需要。严格地讲，教学组织形式的构成应包括教学内容、教学方法、教学手段、教学程序等因素。因此，在实际教学过程中，也只有利用上述各因素之间的相互关系，才能为有效控制教学过程提供组织形式上的保证。

### （二）体育教学组织形式的定义

体育教学组织形式理论的开端源自“二战”后的日本。为了实现民主化的教育制度，在体育教学方面，批判了整齐划一的教学形式，吸取了美国的实用主义教育，使体育教学领域发生了根本的变化，这种变化就是现在所倡导的体育教学组织形式发展的社会与历史根源。

在学校体育课程中，体育教学实践作为体育课程的核心部分，其教学组织工作对实现课程目标起着至关重要的作用。因此，在组织任何课程的教学实践中，所要反映的教育思想和教学理论也不会千篇一律，体育教学实践也是如此。为了体现体育课程的动态教育特征，除了要充分反映“以学生为主体”的教育思想外，还应根据活动类课程的适用标准，去选择有利于加强师生合作、师生之间的双向交流的课堂教学组织形式。

体育教学组织形式是指为了实现体育课程的教学目标，根据教材内容的特点、学生的具体情况、体育实践教学环境而采用的合理的体育课程教学方式。科学、合理、易行、实用的体育课程教学组织形式是发挥体育教师的主导作用和学生主观能动性，提高体育课程“教”与“学”双边活动效果的组织保证。因此，体育课程教学应根据体育课程的教学目标、教材性质、教学对象及教学环境等因素，选择有利的体育教学组织形式，以提高体育教学质量，确保体育教学效果。

## 二、体育教学组织形式的发展简述

体育教学组织形式与其他学科教学组织形式有着相同的发展路径，都经历了一个从个别教学到集体教学，到个别与集体相结合的综合化和多样化形式的发展过程。其根本原因，是在于社会生产力的发展水平和社会发展的需要。纵观各国学校体育的发展历史，可以看出体育教学组织形式均包括在教学组织形式之中。

### （一）从个别教学到班级授课制

我国古代的教学（在宋代以前的各级官学和私学）主要是个别教学；欧洲古代和

中世纪的教育均采用个别教学。个别教学是一种把不同年龄段和知识基础的学生组织在一起，教师分别对每个学生进行教学的组织形式。其办学规模小、速度慢、效率低，却能较好地适应个体差异。个别教学的形式是在教育还没有成为群众性需要时所采取的方式。

16 世纪末，随着资本主义事业的发展和科学技术的进步，社会对人才培养的数量和质量产生了新的需要，要求扩大办学规模，增加教学内容，社会的需要迫使学校改变了个别教学形式。17 世纪，捷克教育家夸美纽斯对新型的教学组织形式进行了研究和理论的概括，形成了班级授课制，后经德国教育家赫尔巴特的发展基本成型，到 19 世纪在世界范围得到推广。我国最早采用班级授课制是 1862 年清政府在北京设立的京师同文馆。1903 年的癸卯学制中以法令的形式确定下来，并逐步在全国各级学校中推广。班级授课制产生于近代资本主义时期，它适应了资本主义生产发展的需要，为各国普及义务教育，扩大教育规模，提高教学质量和效率提供了一种有效的教学组织形式，逐渐得到广泛的应用。虽然在其发展过程中存在着某些缺陷，国内外有关专家曾试验用一些新的教学制度来取代它（如道尔顿制、设计教学法等教学组织形式），但作用不大，班级授课制仍然处在稳定发展之中。

### （二）班级授课制以后出现的其他教学组织形式

班级授课制出现以来也暴露了一些缺点，例如不利于因材施教，不能同时和所有学生建立反馈联系等。在此情形下，20 世纪初期，也出现过道尔顿制和设计教学法、分组教学制等许多种教学组织形式。

道尔顿制和设计教学法于 20 世纪 20 年代初传入我国，这两种教学形式均主张以学生活动为中心。道尔顿制由美国马萨诸塞州道尔顿中学的教师帕克赫斯特于 1920 年提出并试行。这种形式倡导学生独立活动，是一种典型的自学辅导式的教学组织形式。它强调学生的独立能力培养，但实际上形成了教学上的放任自流，这种教学组织形式曾对我国体育教学组织形式的发展变化产生过不同程度的影响。

设计教学法是实用主义教育中的一种教学制度，它是由杜威的学生克伯屈等人提出的。设计教学法主张由学生自发地根据自己的兴趣，决定学习的目的和内容，在学生自己设计、自己负责实行的单元活动中获得有关的知识和解决实际问题的能力。它废除班级授课制，打破学科界限，摒弃教科书。强调教师的任务只是在于利用环境引起学生的学习动机，帮助学生选择活动所需要的教材等。设计教学法在我国广为传播，对我国教育的影响比道尔顿制要大。

由于道尔顿制和设计教学法两种形式破坏了学科内容的科学性和系统性，降低和忽视了教师在教学中的主导作用，不利于学生获得系统的科学文化知识，均遭到不同程度的批判。

### （三）当代国内外教学组织形式的改革及发展趋势

从 20 世纪中叶起，世界进入了第三次工业技术革命的时代，主要标志是核能、电子计算机技术和信息等科学技术在生产上的广泛应用。这次技术革命方兴未艾，尤其是信息技术的发展，引起了整个社会生活、生产和劳动的革命性变化，这对现代生产劳动者的智力发展、能力培养和人格的完善提出了全新的要求。因此，各个发达的工业国家都先后多次进行教育改革，关于教育组织形式的改革则是其中的一项重要内容。自改革开放以来，教育事业为了适应社会主义现代化建设事业发展的需要，在各个方面进行了重大的改革。尤其是 20 世纪 90 年代提出全面素质教育后，更是加快了教育改革的进程。为了全面实施素质教育，各级各类学校都在积极探索培养高素质人才的教育组织形式。

当代国内外教学（包括体育教学）组织形式改革的总趋势，是以班级授课制为基本形式，向多样化、综合化和个别化发展。具体地说，主要是从理论上和实践上进一步完善班级授课制。同时，也试行分组教学、个别教学和大单元教学，以弥补班级授课制的不足，加强个别化教学，积极探索班级教学、小组教学和个别教学最佳的优化组合。

## 三、体育教学组织形式的类型

以现代教学论的基本观点，体育教学组织形式可分为两大类：第一类为师生直接交往的教学组织形式，第二类为师生间接交往的教学组织形式。

### （一）师生直接交往的组织形式

这种形式是以教师和学生面对面直接进行交流为特征的形式，它包括了全班教学、小组（分组）教学和个别教学三种。同时，复式教学则是一种变化了的形式。任何一种体育教学活动，无论是教师为主导或是学生独立进行，都与这三种组织形式有关。

1. 全班教学

全班教学又称为集体教学，这是目前我国中小学校普遍通用的一种教与学的形式。它是教师通过教授、示范和演示等方法向一个班级集体传递教学信息。全班教学是把学生按年龄、学业程度编成班级，使每一个班有固定的学生和课程、统一的教学讲义，全班学生按照固定的教学时间表接受同一位教师的指导。与其他各种教学组织形式相比，全班教学具有以下几个方面的独特作用。

（1）有利于大面积的培养人才，可以在较短的时间内让大批学生接受教学，班级授课对普及义务教育最为有利。

（2）有利于教师发挥集体教育的作用，促进集体成员的协作、竞争和社会化的个性品质的形成。教师可以运用多样化的教学方法和手段，充分发挥其主导作用，可以创造一种有利于集体学习的良好学习气氛和环境，并促进学生之间相互交流，开展竞争与协作，增加班集体的凝聚力。学生通过集体交往的体育活动，可以形成公平竞争

的学习动机，形成多种积极的、社会化的个性品质。

全班教学组织形式也有一些缺点：①难以因材施教；②相对于小组活动的形式来说，不能充分满足学生交往的需要，不易调动和发挥每一个学生的积极性；③为完成教学进度，教师容易采用讲授式的教学方法，不利于培养学生的探索精神、创造力和实际操作能力。

由上所述，一方面，班级教学具有明显的优越性，虽然经常遭到批评，而又难以被取代；另一方面，班级教学又具有不可忽视的缺陷，如不改革就难以适应当前我国素质教育发展的要求。因此，要积极探索在素质教育思想指导下行之有效和切实可行的体育教学组织形式，以作为班级教学的有效补充。

2. 分组教学

分组教学组织形式最早产生于19世纪末20世纪初，具有代表性的是美国的哈利斯创建的“活动分团制”，它是以学业成绩和发展潜力进行分组教学。分组教学是我国大中小学体育教学均普遍采用的教学组织形式。是按学生的能力、共同爱好和需要等，在教师的指导下由学生自愿选择而组织起来进行教学的一种教学形式。在体育教学中目前分组的方法有很多，可以按性别、技术水平及兴趣爱好分组，也可以采用帮教和友伴分组。分组教学的目的是充分利用场地器材，有效地增加课堂练习密度，增大负荷量，提高教学效率和质量，并培养学生学习的自觉性、自主性、积极性和协作能力。近几年来，随着新课程的实施与改革的不断深入，在体育课堂教学中涌现出多种分组方式。

（1）随机分组。这是分组教学的最基本形式。所谓随机分组，就是按照某种特定的方法将学生分成若干组。例如，教师用报数的方法将全班分成若干个小组。随机分组具有一定的公平性，常在竞赛、游戏时采用。这种方法的优点在于既简单又迅速；缺点在于没有考虑学生在爱好、能力上的差异，无法有效地体现区别对待的教学原则。

（2）同质分组。同质分组是指分组后同一小组内的学生在体能、运动技能、兴趣爱好等方面上大致相同。同质分组的方法在教学中常自觉和不自觉地得到运用。例如，在体操的支撑跳跃教学中，常设置不同高度的跳箱让学生有所选择，经过一段时间的练习，每个学生基本可以选择自己最适合的高度进行练习，这时的分组形式即为同质分组；在篮球练习中，常常会很自然地形成水平高的学生在一个篮架下活动，水平差的学生在另一个篮架下进行练习；在短跑练习中，学生总是要找与自己速度差不多的同学一起跑；在耐力跑练习时，一圈刚过，队伍就已经分成了几段，这时形成的“集团”就是典型的同质分组。

同质分组的优点在于能增强活动的竞争性，符合学生争强好胜的性格，提高学生参与活动的兴趣。然而，这种以运动能力为划分标准的分组还会使学生产生优劣感，甚至造成个别学习意欲的下降。因此，教师在首次进行同质分组前，最好能给学生解释一下实施这一教学组织形式的原因，以免差生产生自卑感而降低学习的信心，技能好的学生产生骄傲和自满情绪。

（3）异质分组。异质分组是指分组后，同一小组内学生在体能和运动能力方面均存在差异。异质分组不同于随机分组，是人为地将不同体能和运动技能水平的学生分成一组，或根据某种特别的需要对“异质”进行分组，从而缩小各小组之间的差距，以利于开展游戏和竞赛活动。例如，在进行接力跑游戏前，教师把跑得较快和跑得较慢的学生合理地分配在各个小组里，此时形成的小组就是典型的异质分组；在练习某一运动项目时，每个小组中男女生的比例相当，然后在小组之间展开竞赛活动。

（4）合作型分组。合作学习是课程和教学领域非常强调的一种学习方法，已经有教师开始探索在体育教学中如何运用合作学习的模式。实际上，体育教学中学生合作学习的机会较比其他课程多，这主要是由体育运动的特性所决定的。无论是游戏活动还是竞赛活动，合作都是获得成功的重要因素之一。

在体育教学中，让学生通过合作来进行练习（如接力跑、双人操、搬运重物、传递等），其意义远远超出活动本身。例如，合作跑练习既能锻炼学生的体能和技能，更能提高学生练习的兴趣和热情，培养学生的合作意识和集体主义精神。因此，在体育教学中，经常采用合作型分组有助于促进学生达成学习目标。

强调合作学习并不是说不要单个练习，关键是考虑在什么场合中、在什么时候采用合作学习或单个练习。

（5）帮教型分组。在合作型分组中，参与者之间的关系是平等的，是一种互为依赖的关系，但有时根据教学的需要，我们可以组织部分学生直接对其他学生进行帮助，体现了帮教型分组形式。例如，有一定专项技能的学生可以在自己所擅长的练习中帮助其他较差的同学；有时还可以指定学生进行“一帮一”的辅导。采用帮教型分组的形式所起的教学效果要比教师一个人对众多的学生进行指导好得多，帮教式分组的形式也是主体学习的一种很好体现。

然而，在帮教型分组中，由于学生之间所处的地位是不平等的，容易导致帮助者产生优越感，被帮助者产生自卑感的现象。因此，教师要让学生认识到，无论扮演什么角色，人与人之间都是平等的，每个人都有帮助他人和接受他人帮助的责任和义务。

（6）友伴型分组。如果让学生自己分组进行活动，大多数学生会选择与自己关系较为密切的同学在一起进行练习，这就是友伴型分组。从社会学角度来看，物以类聚，人以群分，这是自然的现象。人们总喜欢与自己熟悉的人、亲近的人聚在一起。因此，在体育教学中采用友伴型分组，可提高学生的学习热情，使每一个学生都可能体验到体育活动的乐趣。

与关系密切的同伴在一起练习，学生的心理会放松，并能得到友情的支持。例如，一个不会打篮球的学生处在一个友伴群体中，其同伴会用友好的态度、热情的鼓励带他（或她）一起打球，并给予指导和帮助。同时，他（或她）也会很放松地、毫无顾虑地与友伴一起活动。

以往在体育课上很少能看见这种友伴型的分组形式，这是由于一些体育教师认为，“友伴”在一起活动容易失控，容易打乱课堂次序，容易在体育课上形成“小帮派”。实际上，这是由于一些体育教师总是站在教师的“教”的立场上，没有充分认识到学习主体的作用，没有认真考虑学生的需要和情感。

以上讨论了多种分组教学形式，在体育教学中，应根据不同水平阶段学生的特点、不同的教学内容、不同的目标，选用适宜的分组形式或结合几种分组形式来开展教学。“用兵之道，存乎于心。”方法再多都是死的，我们应根据实际情况灵活运用分组教学，只有这样，才能发挥最大的教学效益。

体育课分组教学组织形式主要有两种，即分组轮换和分组不轮换。

（1）分组轮换式教学。分组轮换是指把学生分成若干小组，在教师的指导和体育小组长的协助下，在同一时间，各组分别学习不同性质的教材，到预定的时间再轮换学习内容。在人数多场地器材不足时，宜采用这种组织形式。分组轮换式教学组织形式有以下几种方式。

第一种，两组一次轮换。两组一次轮换组织教学，是体育教师根据教材特点和学生特点，根据特定教学目标要求，把学生分为人数相等的 A、B 两个组。其中一组学习新教材为 A 组，另一组复习旧教材为 B 组。在正常情况下，A 组由教师重点辅导或帮助，B 组由小组长带领进行自主性练习。教师在重点辅导 A 组的同时，也兼顾 B 组的练习（如图 7－1 所示）。练习到规定的时间后，两个组相互进行轮换。

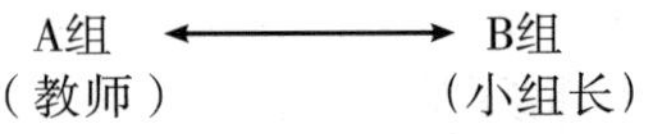


**图 7－1　两组一次性轮换**

第二种，三组两次轮换。在体育教学中，三组两次轮换教学组织形式，一般是一个班学生人数较多，一节课出现三个教材内容，这些教材内容相对比较容易的情况下，可采用这种教学组织形式。在进行教学时教师把学生分成人数相等的三个学习小组，分别为 A 组、B 组、C 组，并指定三个小组长负责三个组的练习。在教学过程中，教师重点辅导或指导学习新教材内容的组为 A 组，教师也可根据需要进行巡回指导，三个小组在规定的练习时间内进行轮换（如图 7－2 所示）。每个小组每种教材内容的练习时间为，中小学 8～10 分钟，大学一般在 15～20 分钟。

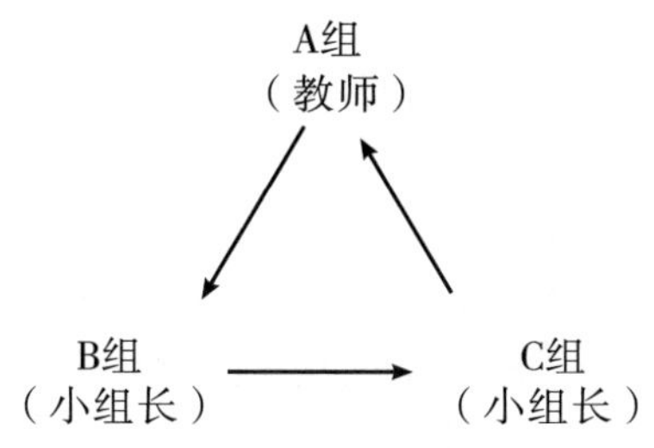


图 7－2　三组两次轮换

第三种，四组三次不等时轮换。这种教学组织形式，是在新教材内容相对比较难，而复习教材相对比较简单，一个教学班学生人数相对较多的情况下采用。它的组织形式是教师先把学生分成人数相等的四个小组，即 A、B、C、D 组。其中 A、B 组为学习新教材组，C、D 组为复习旧教材组（如图 7－3 所示）。

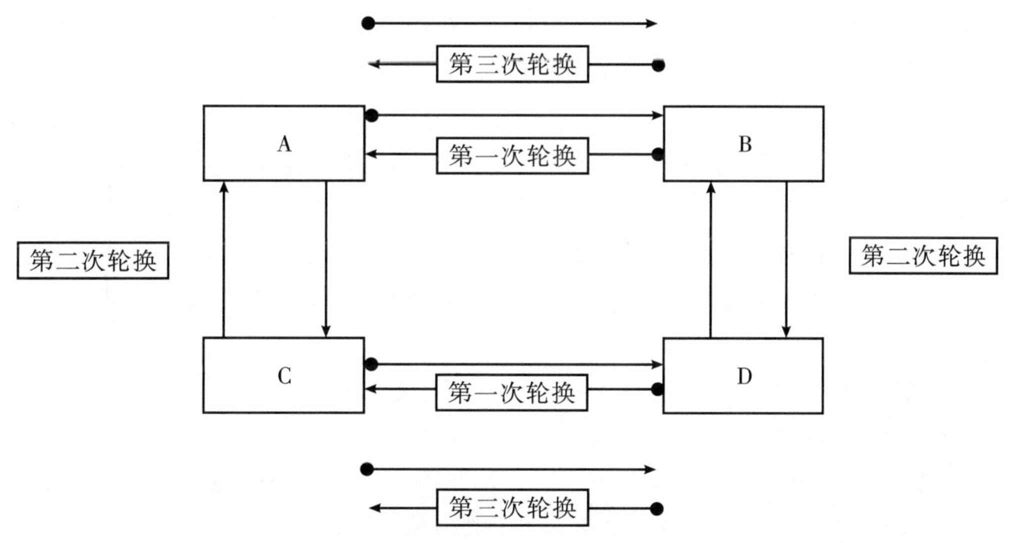


图 7－3　四组三次不等时轮换

在中小学教学中，A、B 组学习新教材的学习时间约为 9 分钟，C、D 组学习旧教材的时间也约为 9 分钟。随后，左、右两组同时进行相互交换，再练习 9 分钟后，上、下两组同时进行轮换，交换后再练习 9 分钟，左、右两组又同时进行轮换，继续练习 9 分钟，这样整个练习全部结束。这种组织形式比较复杂，在平时的教学中采用的比较少。

第四种，变形组织形式。变形组织形式，一般先集体后分组或者先分组后集体。这种教学组织形式一般在新教材比较难，场地器材比较简易，教学班级人数相对较少的情况下采用。这种教学组织形式相对比较简单灵活等特点，在日常的教学中采用这种方法的教师比较多（如图 7－4 所示）。

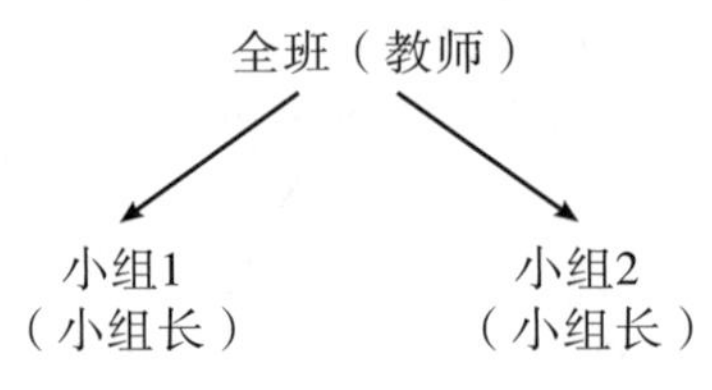


**图7－4　变形组织形式**

（2）分组不轮换组织形式。分组不轮换是指把学生分成若干小组，在教师的统一指导下，各组学生按教材安排的顺序，依次进行学习。在这种方式中，学生学习的内容、顺序和运动负荷的大小等均是一致的。

这种教学组织形式一般用于高中阶段，学生体育基础素质相对较好，体育场地器材相对充足，学生的自控和协作能力好，自主性练习能力强的情况下，把学生按兴趣或专项，分成几个组进行教学。这种教学组织形式的优点是能充分满足学生的个性需求，有利于培养和发展学生的能动性、自主性和创造性，有利于学生的主体性发展，课堂练习的密度和强度比较大，锻炼效果好。

分组不轮换教学组织形式非常多，在这里只介绍三种。

第一种组织形式叫教学比赛，这是我们在平时的教学中普遍采用的一种组织形式，它的特点是组织比较灵活，形式多样，对抗练习又刺激，颇受师生喜爱。这种组织形式一般在单元学习的后期采用，但随着《〈体育与健康〉教学改革指导纲要（试行）》的颁布，教学活动都要围绕学、练、赛开展，这种组织形式就变成了常规教学组织形式。

第二种组织形式叫测验，也有人把它叫作变形的教学组织形式，既有单个的，也有两三人以上同时进行测验，它的特点是灵活多样，由于教材特点和学生特点不同，所以它的组织形式也不同，这种组织形式多用于教学单元结束时达标测验、全组技战术综合能力的测验和2～3人的整套技术动作的测试。

第三种组织形式是兴趣分组教学，把学生按照兴趣分成几个教学小组，然后在小组长的带领下按学生兴趣的需要，在指定的地点进行练习，教师进行巡堂指导。

3．个别教学

个别教学一般是指教师因人而异地指导学生的学习。它的基本特征之一是从师生、生生关系来看，教师直接同个别学生联系，有时形式上虽有很多学生同在一块场地上学习，并接受一位教师指导，但如果教师教学时是对个别学生单独进行辅导的，那么这样的教学就其实质来说仍是一种个别教学的形式。它的优点是能充分满足学生个体的发展需求，它的最大缺陷是教师只能教或辅导一个或几个学生，师生的交往单一，学生相互间参照和对比对象少。另外，不利于学生在学习过程的交流、合作和竞争意识的培养和发展。这种体育教学组织形式多用于课余训练中，体育课堂教学中几乎不采用。需要强调的是，个别教学和个别指导或辅导是有区别的，不能相互混淆。

4. 复式教学

复式教学是相对于单式教学而言的。单式教学是指在班级授课中，教师在同一地点、用同一教材，对同一年级的学生进行教学的组织形式。复式教学是指教师在同一教学地点，在同一节课上，用不同教材（或同教材不同程度），将直接教学与自动作业活动配合，分别对不同年级的学生进行教学。复式教学是班级教学、小组教学和个别教学结合起来形成的一种变式，它一般在我国欠发达地区学校的体育教学中采用。由于同一年龄、学习水平和身体发展相近的学生人数较少，教师人数有限，因而采取将两个或两个以上年级的学生共同组成一个班级，由一位教师进行教学。

复式教学中，虽然教师要兼顾几个年级，教学管理难，却有利于培养学生自我锻炼、自我控制、自我管理等的能力，只要正确地加以组织，合理编班，注意培训，发挥小助手作用，用复式教学同样可以取得较好的教学效果。

### （二）师生间接交往的教学组织形式

师生间接交往是指教师主要通过多种中介物如教学挂图、电视录像、广播等，向学生提供和介绍有关体育教学资料并对学生给予必要的引导。这些活动是以学生的活动为主，它既可以表现为学生的小组活动，也可以表现为学生之间的个别互助以及学生的个别学习活动等，几种方式有着各自的特点和作用。

1. 学生的小组活动

学生的小组活动方式，可以使学生之间有直接合作的机会。每个学生客观上存在着差别，通过小组成员之间的学习交流，可以取长补短；而且通过小组活动，培养了学生集体活动的能力、学习的自主性以及学会与别人合作的良好个人品质。

2. 学生之间的个别互助（伙伴式教学）

学生之间的个别互助，是通过学生之间的相互帮助来促进学习。它一般可以分为两种：一种是相同年级学生之间的个别互助，它适用于在体育动作技术共同复习的实际操作活动中彼此帮助等情形，如在纠正动作错误并希望从对方及时得到反馈信息时；另一种是不同年级学生之间的同伴教学，这种方式对促进双方的学习，增强学习的信心，培养学生能力，开展自我教育有着较大的益处。

3. 学生个别学习活动

学生个别学习活动，是指在教师指导下学生个人单独地完成学习任务，学生的个别学习活动贯穿在体育教学过程的每一个阶段。开展个别教学活动的优点是每个学生都可以按自己的速度调整学习进程，并有利于培养学生独立学习和锻炼的能力，以及克服困难的顽强意志等。个别学习活动要求学生应有明确的个人学习日标、较独立的自学能力等。

综上所述，体育教学的组织形式各有其优缺点。因此，我们不能片面地固执于一种形式，而应当交替运用，扬其利，弃其弊，才能提高体育教学的效果。总之，在选择教学的组织形式时，必须考虑该体育课的课时目标（任务）、内容及展开教学时的特殊条件和可行性。

# 第二节　影响体育教学组织形式的因素

影响体育教学组织形式的因素很多，归纳起来有客观因素和主观因素。

## 一、影响体育教学组织形式的客观因素

影响体育教学组织形式的客观因素主要包括学生、教材、教学条件、场地器材设施、师资队伍水平、教学时限和地域性特点。

### （一）学生特点

学生特点是影响体育教学组织形式的主要客观因素之一。学生特点主要指性别、年龄、身心发育水平、体育基础水平等。学生的这些特点是教师在选择教学组织形式时要考虑的首要因素，根据这些特点科学地选择教学组织形式，才能有效地提高教学效率和质量。

### （二）教材特点

体育教材特点是影响选择教学组织形式的第二重要因素。体育教材内容不同，采用的教学组织形式也有所区别。从一节课教材内容特点来看，是偏重于学习新教材内容，还是偏重于复习旧教材内容；是偏重于发展学生身体素质，还是偏重于培养学生的健康意识、体育兴趣等，教师应根据不同教材内容特点和要求，科学、有效地选择教学组织形式。一般情况下，体育教学内容决定着体育教学组织形式的选择。

### （三）场地器材设施特点

在体育教学中，学校的场地器材和设施是保证体育教学活动正常进行的基本条件。在选择体育教学组织形式时，除考虑学生和教材特点外，还要考虑场地器材和设施条件，根据现有条件，选择有效的教学组织形式。如场地宽大器材多，教学组织形式选择的自由度相对较大，反之选择的空间范围就窄。总之，选择教学组织形式要因地制宜。

### （四）师资队伍结构特点

师资特点主要指教师的性别、年龄、学历、教学风格、教学的综合素质和能力水

平等，这些特点是影响采用什么样的体育教学组织形式的重要因素。从体育教学的实践中会经常发现，虽然教材内容相同，但教学组织形式却有所不同。这是因为在体育教学中，教师往往会根据自己的特点，扬长避短，为充分发挥自身的优势和教学个性特点，去选择适合自己教学风格的体育教学组织形式。

#### （五）教学时限特点

体育教学的时限是影响采用何种体育教学组织形式的主要因素。一个教学单元或一节课学时不同，如 40 分钟和 90 分钟的课，所采用的教学组织形式会不同。前者时间短，所采用的组织形式要相对简单和紧凑，后者时间相对较长，采用的教学组织形式应灵活多样或可以相对复杂，否则可能不符合教学时限规定的要求。

#### （六）地域性特点

我国地域广阔，南方与北方，东部与西部，从地理、气候、经济、教育等方面存在着发展的不平衡性。因此，在选择体育教学组织形式时，要与本地区的实际特点相结合，因地制宜。

### 二、影响体育教学组织形式的主观因素

影响体育教学组织形式选择的主观因素主要包括思想、观念和经验。

#### （一）教师固有的思想和意识

每一位体育教师，由于所受的教育层次、自身修养、生活经历、教学年限和经验的不同，对体育教学组织形式选择的思想和意识也会不同，所采用的教学组织形式也会有所区别。大多教师在教学实践中凭借自己的间接经验和直接经验，在考虑客观条件因素允许的情况下，喜欢选择自己特有的一些教学组织形式进行教学，这些教学组织形式都从不同的侧面体现出每位教师特有的教学风格和个性特征。它一方面反映出每位教师对教学组织形式不同程度的创意，从另一个方面也反映出每位体育教师的差异性，只有这种差异性的存在，才能正确地反映出体育教学的真实性和客观性。

#### （二）体育教师的价值取向

体育教学组织是传递体育文化和进行身体教育的组织形式，也是人类社会文化教育活动的一种组织形式。人们生活在现实的社会中，对体育价值的认识和理解，对它的取舍过程都有不同的思想和行为方式。体育教学组织形式的选择必然受到教师自身体育价值观的制约，教师对体育价值的取向存在着一定的差异性，这种差异影响体育教师对体育教学组织的选择。

#### （三）教师已有的经验和创新意识

体育教学的实践告诉我们，教师在选择或采用某种教学组织形式时，大多以教材和学生等因素为前提，凭借以往教学的实践经验，选择适合特定教学需要的教学组织形式。通过实践中运用，所选择的教学组织形式进一步得到实践的检验，从中积累成

功经验，摒弃陈旧的或不适应现代体育教学发展的组织形式，从而不断发展和完善现有的教学组织形式，创造未来更好的教学组织形式。

# 第三节　体育课的类型与结构

## 一、体育课的类型

体育课的类型是根据体育教学目标、教材内容特点和学生学习的需要所划分的课的种类。由于课的目标、内容、教法、学法、师生特点以及教学环境等要素的不同，也决定了课的类型的多样性。

### （一）根据教学目标和教材内容性质区分

从体育教学目标和教材内容性质上分，通常把体育课分为理论课和实践课两大类。

1．体育理论课

体育理论课指向学生传授体育、健康、国防的基础理论知识和基本方法的一类课型，亦称为体育健康教育课。根据教学目标的要求不同，体育理论课又可分为讲授课和考核课两种类型。

（1）讲授课。讲授课是体育理论课的主要形式，是指按照体育教学计划，在课堂上向学生系统地讲授体育、健康和国防基本理论知识的课型。根据学校体育工作、体育教学目标及学生身心等要求，合理地安排理论课的教材内容及比例。理论课的内容可以根据地方传统、季节体育活动特点和重大体育节来安排。总之，理论课应紧密联系实际，起到指导体育实践的作用。

（2）考核课。考核课是检查学生掌握所学理论知识的情况的一种课型，一般安排在期中或期末进行。考核方法有抽查个人或小组、课堂测验、期中期末考试等。考核后要进行评分和试卷分析，并应对存在问题向学生进行讲评。

2．体育实践课

体育实践课是指根据教学内容要求，组织学生在体育场、馆进行身体练习的课。它是根据《义务教育体育与健康课程标准（2011 年版）》的要求和教学工作计划而展开教学，依据不同的标准可以把实践课分为不同的类型。

在我国各级各类学校中，根据学生的体育基础、生长发育水平、健康状况、专业特点和兴趣爱好，开设有以下几种不同类型的实践课。

（1）普通体育课。它是为健康状况和体育基础都一般的学生开设的。教学内容是根据《义务教育体育与健康课程标准（2011 年版）》的要求，结合本地、本校的实际情况选择的，也是中小学和高等学校普遍开设的体育课。

（2）专项提高课。它是为生长发育和体育基础都比较好，对某一体育项目有一定爱好和基础的学生开设的，也是在全面锻炼身体的基础上，根据个人的兴趣与爱好，选择某一体育项目进行学习和提高，以便提高运动技能，作为终身锻炼身体的一种手段。在高等学校（有的从一年级开设，有的在达到一定的标准后从二年级开设）、有条件的中等专业技术学校和高级中学开设这种类型的实践课。

（3）保健体育课。是为身体比较弱或有慢性疾病或身体有某些缺陷的学生开设的课程。主要是通过适当的体育活动，改善和提高学生的健康水平。此种类型体育课的上课时间、教学内容和教学组织方法等，应根据学生的实际情况有针对性的安排。教师要经常与医务部门联系，了解分析学生身体健康状况的变化情况，并采用相应的有效措施改进教学工作。这种课通常是在高等学校及有条件的中学开设。

根据一节课的具体任务，体育课又可分为引导课、新授课、复习课、综合课和考核课五种类型。

（1）引导课。指开学初的第一次体育课，其主要内容是使学生明确新学期的教学任务、内容、考核项目、标准及课堂常规等。组织这种体育课，一般是以上学期学校体育的情况总结，统计资料以及典型事例等对学生进行激励性、有说服力的引导。对不同年级的学生，应提出不同的要求，促使学生认真上好体育课，积极参加《国家学生体质健康标准》中的锻炼和各种课外体育活动。

（2）新授课。是以学习新教材为主的体育课，其任务是使学生对所学的内容形成正确的概念，从而初步掌握动作要领。在组织新授课时，一般应注意下列问题：①正确运用讲解和示范以及各种教法（如帮助、限制、诱导等），使学生建立正确而完整的动作概念；②根据教材的性质和学生的特点，科学地安排教学步骤，分清教材内容的重点、难点，使学生由易到难，逐步掌握动作；③在新授课中，应首先让学生掌握动作的基本环节，抓住关键，并着重解决教学中学生普遍存在的缺点和错误；④要有适当的重复练习的次数与运动负荷，这是学会动作技术、形成运动技能所必需的，也是发展身体、增强体质必不可少的要素。

（3）复习课。是以复习旧教材为主的体育课，其任务是巩固、提高动作技术，进一步锻炼学生身体。在开学初、学期末、考试前和学完某一项教材之后，常采用这种类型的课。为提高复习课的效果，在教学时一般应注意下列问题：①应根据学生已掌握动作的实际情况，对复习教材提出明确和具体的要求，并采取相应的教学措施来实现要求；②教师要精讲多练，增加练习次数和练习时间，合理加大课的练习密度及运动量；③在集体指导的基础上注意区别对待，根据学生的不同情况和掌握的动作技能，提出不同的要求。

（4）综合课。是中学体育课中最普遍的一种体育课的类型，在一节体育课中既要学习新的内容又要复习已学过的内容。其任务是学习、巩固与提高动作技能，使学生身体进一步得到锻炼。在组织综合课时一般应注意下列问题：①要把不同性质、难易程度不同的教材合理搭配，有利于动作的形成和提高以及发展身体、增强体质；②科学合理地安排教材的先后顺序；③合理地安排运动负荷和各项教材的练习时间；④根据新旧教材的性质、特点及学生的实际情况，对学生进行合理的分组；⑤要重点指导新教材，照顾复习教材，同时根据分组情况，发挥小组长的作用。

（5）考核课。是以检查学生成绩为主的体育课，其目的是检查学生掌握动作技术和身体素质发展情况。一般是在某项教材学习结束后，按教材教学进度的安排进行。组织考核课一般应注意下列问题：①加强教育，使学生明确考核的目的和要求，端正态度；②加强课的组织活动，课中除安排考核项目外，适当安排一些复习教材，以利于全面发展学生的身体；③要组织学生做好准备活动，防止因运动负荷过大而发生伤害事故；④做好测验场地、器材、登记表格、秒表、皮尺等的准备，并培养好助手。

在实践中，体育课还可分为锻炼课、教学课、教学锻炼综合课等类型。

（1）锻炼课。是直接从增强学生体质的目的出发，以体育锻炼原则为指导，用身体练习的手段和方法去锻炼学生身体的体育课。课中讲究练习内容对学生身体的影响，运动负荷的安排相对较大。

（2）教学课。是以传授体育技术、形成技能为主要目的的体育课，这种课以教给学生实用的体育手段而达到增强体质的良好效果。

（3）教学、锻炼综合课。是教学和锻炼组合安排的体育课，目前在我国已经有一些中学开设了此类课程，并取得了一些经验。这种课程类型体现的是教学和锻炼相辅而行，对学生掌握技术动作，发展身体、增强体质都具有良好的教学效果。

### （二）根据教学内容分类的特点与功能区分

根据教学内容分类的特点与功能，可以把体育课的类型分为四大类：身体发展类、技能学习类、运动参与类和活动交往类。

根据各种体育技能的主导性功能特点，一般可以把体育教学内容分为技能类、体能类、游戏类和休闲类四个大类。在此基础上，体育课的类型也被分为四类。

#### 1. 身体发展类

这类体育课的主要教学内容是体能类的教材。在教学中，学习技能不是唯一目的，更主要的是通过多样化的自主活动，起到发展身体、提高运动能力的实效作用，并在自主锻炼中掌握活动方法，提高自我习练的能力。因此，在教学中，教师不必过多地强调动作规范，更多地应该引导学生了解采用什么样的内容、什么样的活动方式、什么样的负荷能够起到什么样的锻炼价值。由于这类课的活动内容比较单调，教师要通过有效的组织去激发学生的活动热情。

2．技能学习类

这类体育课以技能技巧类项目为主要教学内容。教学目的一方面是通过反复练习掌握基本的运动技能，形成更丰富的技能储备；另一方面是在技能学习的同时，掌握多样化的运动技能学习方法，提高体育学习能力。因此，在教学中，教师既要善于运用教学技能，促进学生更好更快地掌握技能，又要根据技能形成的不同阶段以及学生学习的具体情况，加强学习方法的指导，广泛采用提问、讨论、体验、激励等方法，激发学生的探究意识，提高终身体育学习的能力。

3．运动参与类

这类体育课的主要内容是以球类项目为主的游戏类教材。教学的主要目标是提高学生的体育兴趣，促进良好体育态度和价值观的形成，并在活动中发展学生的心理素质，提高学生的社会交往能力。对于这类教材的教学，要改变传统的过分突出单个动作技能规范，忽视学生学习兴趣的教学方式。学生对篮球、排球、足球等项目的兴趣，往往是建立在对这些运动项目的整体认识，只有以游戏、比赛等形式出现，学生才能感受到活动的乐趣，也只有在游戏、比赛中，才能真正展现出这些项目的魅力。

4．活动交往类

现代新兴运动项目的开发，给体育教学注入了新的活力。由于这些项目特殊的运动形态，也给教学方式的研究带来了新的课题。这类教材的教学目的，主要是改善学生的体育态度，促进体育习惯的形成，并在生活气息浓重的活动中提高学生的合作与交往能力。因此，在教学中，应突出生活性和情境性，淡化技能规范性和组织上的统一性，应根据具体情境设计活动方式。

## 二、体育课的结构

体育课的结构，是指组成一节课的几个部分、各部分的教材内容、组织教法的安排顺序和时间分配的比例等。课的结构可分为基础结构（大结构）和具体结构（小结构）。课的基础结构是指组成课的各个部分，它是根据人体生理机能活动能力变化的规律、卫生学的要求以及学校教育活动的特点和心理变化规律所决定的。课的具体结构是指课的各个部分的具体安排和设计，它包括各个部分的教学任务、内容、组织教法、密度和运动负荷以及时间分配等，它是根据教学任务、学生特点、教学内容和作业条件等因素确定的。在实践中要注意基础结构和具体结构的关系，才能突破单一结构的僵化局面。

课的共性结构形式为三个部分，但由于特别注意对学生的教育和提高他们的一般身体活动水平，往往采用四个部分的结构。下面以四个部分为例，对课的各个部分做一般阐述。

### （一）开始部分

任务：主要是把学生迅速组织起来，集中注意力，明确课的任务、内容和要求，调动学生学习的积极性，使他们情绪饱满，愉快活泼地开始一堂课的学习。

内容：接受体育委员报告出勤人数，简要说明课的内容、目标、要求，安全提示，检查服装和安排见习生。组织纪律性较差的班级，要加强组织工作，使体育课一开始就有一个良好的开端。小学的体育课，一般在教师的直接领导下从整队和检查人数开始。

开始部分一般为 2 分钟（小学时间可稍长一些），教师的语言必须简练，措施必须精准，时间分配合理。

### （二）准备部分

任务：通过一般准备活动和专项准备活动，使学生的身体各器官、系统克服生理的惰性，迅速由抑制状态进入兴奋状态，为承受基本部分的较大的运动量做好准备。同时，还要解决学生身体的一般发展问题，培养和提高动作协调性和韵律感。

内容：一般性准备活动包括走和跑、徒手操、轻器械体操、武术、舞蹈、球操、活动类游戏，专项性准备活动主要是围绕教材学习的需要而采取的一些辅助或诱导练习。另外，可在准备活动开始部分安排集中的注意力练习。

要注意的是，一般准备活动应尽量使全身各主要关节、韧带、肌肉群得到活动，促进身体的全面发展，并注意学生动作的正确性。专项准备活动在准备活动的后半段进行，其动作要与基本部分的教材相关联。准备活动要适量，量过大，学生体力消耗就大，会影响课的基本部分任务的完成；量小，则失去准备活动的意义。同时，不同的教学内容、不同的气候、学生的情绪变化等都应作为安排准备活动负荷大小的依据。

由于准备部分时间有限，教师要珍惜每一分钟，这个部分的练习要尽量安排紧凑，内容安排以趣味性甚至简单的动作为主。

一般来说，开始部分和准备部分的时间占课总时间的 20% 左右。一节 40 分钟的课，准备活动的时间约为 6 ~ 8 分钟；一节 90 分钟的课，准备活动时间一般为 18 ~ 20 分钟。

### （三）基本部分

任务：学习新教材、复习旧教材，使学生掌握体育与健康的基本知识、技术和技能，提高身体素质和基本活动能力，培养良好的道德品质和个性。

内容：主要包括各地各校从实际出发所选用的、纳入教学计划的教材。

基本部分是课的主要部分，要提高课的质量，关键在于提高基本部分的教学质量。为了搞好基本部分的教学，基本部分的组织教法应注意以下几点。

#### 1. 合理安排教材之间的学习顺序

从教学效果看，一般应把新教材和较复杂的教材放在基本部分的前面进行教学，以便学生有饱满的精神和充沛的体力去完成较复杂的任务，容易引起高度兴奋的教材，一般应放在后面，以免影响其他教材的教学效果。对提高身体素质的教材，应把发展速度和灵敏的教材放在前面，而把发展力量和耐力的教材放在后面。同时，应注意使身体不同部位的练习交替进行，运动负荷的安排应由小到大逐步增加。

在教学实践中，往往会遇到新旧和难易程度不同和发展不同素质教材之间的矛盾同时存在的情况，在具体处理这些问题时，应从课的任务和学生的具体情况出发，从有利于提高课的教学质量为准则处理教材之间的关系。如果是以学习新教材为主的课，首先应考虑新旧教材之间的安排顺序；如果是复习课，则应考虑教材的难易程度和教材负荷的大小，然后再考虑教材排列的其他要求。在采用分组轮换教学形式时，教师要重点照顾女生和体质弱的小组，优先保证他们按教材的合理顺序进行习练。

2. 正确安排练习

应根据课的任务和主要教材的性质与学生特点，正确选择与安排好辅助性练习、诱导性练习、转移性练习和身体素质练习。

3. 要合理安排好练习密度和运动量

教师要善于根据课的任务、教材性质和学生的特点及场地器材设备等具体条件，采取有效的组织教法措施，掌握好课的密度与负荷量，安排好练习与休息的时间，并使之合理地交替进行。如果因场地器材等原因，使每次练习之间的间隔时间太长，则应组织学生做些辅助性和诱导性的练习，以增大课的练习密度。

4. 要合理地确定练习的组织形式

根据教材性质、学生人数和场地器材条件，确定基本部分的教学是采用全班的、分组的，还是个别的组织形式。在器材设备允许的情况下，宜采用分组不轮换的教学形式。如果条件不允许，则应采用分组轮换的形式进行教学。在分组轮换时，应把最合理的教学顺序安排给体育基础较差的一组。

基本部分是课的核心部分，时间较长，分量最重，课的目标主要靠此部分来完成。因此，如何调动学生的积极性，如何激发学生的学习热情和兴趣，是教师着重考虑的问题。实践证明，教师运用形象化的语言，多采用直观教学，应用灵活多样的教学方法（如竞赛法、游戏法等），对学生又快又好地学会教材起到了良好的促进作用。对小学低年级的体育课，要根据学生的年龄特征和心理特点，尽可能地使用儿童语言，采用切合实际的教学方法，克服教学中的成人化倾向。应该注意的是，这部分教学一方面要求教师要贯彻精讲多练，边讲边练的原则，克服讲解过多，盲目示范的弊端；另一方面，对开始部分、准备部分、结束部分要按计划进行，以确保基本部分的教学，基本部分上课的时间一般占课总时间的70%。一节40分钟的体育课，基本部分约为28～30分钟；一节90分钟的课，基本部分约为60～65分钟。

### （四）结束部分

任务：有组织地结束教学活动，使学生身体逐渐恢复到相对安静状态，简要地进

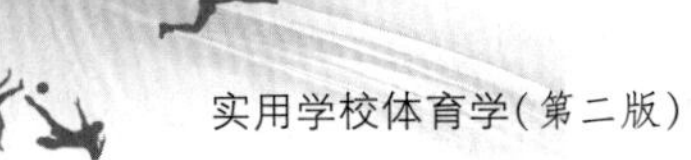



行课的小结、布置课外作业等。

内容：通常选择一些逐步降低运动负荷的练习，如轻松自如的走步、徒手的放松练习、简单的舞蹈动作以及动作比较轻缓的活动性游戏等。

组织教法：一般采用全班集体形式进行，如果在基本部分是分组练习，各组练习的性质不同，也可以按小组进行放松活动，然后集中小结。结束部分的时间一般占课总时间的10%，一节40分钟的课，结束部分一般为3～5分钟；一节90分钟的课一般为9～10分钟。

体育课的基础结构是相对稳定的，具体结构是根据课的任务、对象特点、教材内容和教学条件与环境因素而变化。课的基础结构的不变性与具体结构的多变性的辩证统一，决定了课的结构的多样性。

从目前对体育课结构的研究趋势来看，尽管存在着各种不同的观点和多样化的课的结构，但都有着一些共同之处：①都试图用系统的方法分析体育课的结构及其基本要素，重视基本要素的有序结合；②在体育课的结构中普遍重视教师和学生的相互作用，认为他们是课的组织和自我组织的主体，其中学是教的发端、根据和归属。因此，在体育课的结构中应以体现学生身心发展为主线，采用多种模式的课的结构，以提高教学质量。

**思考题：**

1. 什么是体育教学组织形式？
2. 体育教学组织形式的特点有哪些？
3. 体育教学组织形式的种类有哪些？
4. 影响选择体育教学组织形式的因素有哪些？
5. 你在体育教学实践中积累了哪些成功的教学组织形式？
6. 试述体育课的类型和结构之间的关系。

微课程：高运球

# 第八章　体育教学设计、计划与实施

内容概要

本章在介绍体育教学设计的内涵、意义和原则的基础上，阐述了体育教学设计的内容和程序。结合案例分析了水平教学计划、学年教学计划、学期教学计划、单元教学计划和课时教学计划的内容、制定要求及步骤。呈现了体育教学实施过程中体育教学常规的内容、队列队形的运用、场地器材布置、体育教学组织形式、体育课密度和运动负荷量的控制与调节及体育课堂小结的具体内容。

# 第一节　体育教学设计

## 一、体育教学设计的内涵

教学设计是在20世纪50年代以后逐步形成和发展起来的一门新的实践性较强的应用学科，它综合多种学术理论而自成体系，是教育技术学领域中很重要的一个分支。我国有关教学设计的研究始于20世纪80年代中期，虽然目前在国内体育教学领域中，对体育教学设计的方法、原理以及实践与应用的研究较少，但在实际的体育教学过程中，人们对体育教学设计的具体问题一直处于不停的探索和实践中。

曾有国外著名学者形象地把教学设计比作建筑设计蓝图的勾画，并将它定义为："运用系统方法去发现、分析和解决教学问题，实现教学最优化的规范过程和操作程序。"由此可以这样理解和定义体育教学设计的内涵：体育教学设计是根据体育学科特点，运用系统方法分析体育教学的相关要素和问题，有针对性地设计出解决这些问题的行动方案，实现体育教学最优化的规范过程和操作程序。它又可以分为水平教学设计、学年教学设计、学期教学设计、单元教学设计和课堂教学设计等五种基本的体育教学设计形式。

## 二、体育教学设计的意义

体育教学设计是对体育教学进行预先的分析和决策，它是提高体育教学质量的重要环节，也是实现体育教学过程科学化的重要途径。

### （一）体育教学设计有利于实现体育教学目标

体育教学有明确的目标，而体育教学设计是为完成一定的体育教学目标而服务，它主要是根据体育教学的具体目标，周密地考虑各个教学环节，精心设计教学结构，编制教学程序，选用教学手段，为实现体育教学目标创造条件。

### （二）体育教学设计有利于改进体育教学

体育教学有着多种因素，如教学目标、教学内容、教学方法、教学条件等，这些因素的最佳组合，就会产生最佳的教学效果。而体育教学设计的任务就在于研究这些因素的特点，把握这些因素的相互关系，使之能在教学过程中协调发展，互相作用，从而改进课堂教学，提高体育教学质量。

### （三）体育教学设计有利于提高教学设计水平

体育教学设计要运用现代教育科学和体育科学的理论和方法，这就要求教师学习和研究现代教育科学和体育科学的新理论、新技术、新方法，并有效地运用到教学设计中。在新的理论指导下，改进设计方法，更新设计内容，从而提高教学设计水平。

### （四）有利于体育教学理论与体育教学实践的结合

一方面，通过体育教学设计，可以把已有的体育教学理论和研究成果运用于实际的体育教学中，指导体育教学工作的进行；另一方面，也可以把在一线工作的广大体育教师的教学经验升华为一般性的体育教学理论，把体育教学理论与体育教学实践紧密地结合起来。

## 三、体育教学设计的原则

### （一）准备性原则

准备性原则对体育教学尤为重要，准备的好坏直接影响教学的效果。

### （二）全面发展原则

全面发展不仅是指学生身体全面发展，也包括对学生身体、心理、社会适应等整体性发展。

### （三）循序渐进和适量原则

教学设计要体现出体育教学的科学性，在体育教学中要根据人体的生理与心理特征，来安排教学内容和教材的分量、难度和运动负荷的适宜程度。

### （四）直观性和活动性原则

体育教学的一个重要特点，是通过反复的身体练习来完成教学任务。因此，教学中要重视活动性，保证充分的活动空间和时间，并保持积极的活动状态。

### （五）因材施教原则

体育教学以身体教育为基础。由于学生的身体存在着差异性的特点，这就从客观上要求在体育教学设计时要合理组织教学。

## 四、体育教学设计的内容和程序

体育教学设计主要包括以下几个方面的内容。

### （一）学生情况分析

对学生的分析要注重学生的主体性。分析的内容：一是要分析学生的生理、心理

特点与规律，技能学习基础和学习能力，为“如何教”寻求共性的实践依据；二是要分析学生的需求状况，解决教师“为何教”、学生“为何学”的问题；三是要分析学生的差异状况，提出教学的针对性策略。

### （二）教学目标设计

体育教学目标必须准确地描述出学生在具体的学习行为后在情感、态度、价值观以及能力与个性等方面的发展变化。明确具体的教学目标有利于教学策略的制定和教学条件的选择，同时也为教学评价提供依据。

### （三）教学内容分析与主题设计

教学内容分析实际上是教师“教什么”以及学生“学什么”的问题，主要把握以下几个方面：一是对学习内容的动作要点、重难点进行分析；二是根据本校的实际情况以及学生的经验对学习内容进行重新建构；三是在对内容分析的基础上，判断其特点与价值，设计出更具生活意义和生命价值的学习主题。例如可以把跳高、跳远、跳山羊等技能结合在一起进行课堂教学设计，定名为“跨越障碍”这一学习主题。

### （四）教学策略设计

教学策略设计就是教师解决“如何教”、学生“如何学”的问题，这就要求教师熟悉“学”与“教”的方法。体育教学策略设计应注重以下几个方面：一是学习方式上，应从以机械性的模仿练习为主要特征的接受式教学向以自主体验、互助交往和创新为主要特征的合作式、探究式学习转变；二是教学方式上，要从规范的讲解示范向以学生体验、感悟，引导学生思考、理解、掌握为主要形式的转变；三是师生互动方式上，由传统的教师教、学生学的单向传递活动转变为师生双方相互交流，实现共同发展。

### （五）教学过程设计

教学过程的设计就是把体现教学的流程通过某种方式表示出来，可用流程图的形式，具体描述出课堂教学的基本结构以及各个部分、各部分中各要素之间的相互关系，直观地表示出体育教学的过程。

### （六）教学条件（媒体）设计

体育教学中，最主要的教学条件是场地器材，而对场地器材的合理布置与使用也是体育教师教学理念的具体体现之一。体育与健康课程倡导以学生的发展为本，体现生活性、娱乐性的游戏和活动对场地器材的选择提出了新的要求，尤其是各种自制器材应得到有效开发，这些都是体育教学设计的基本组成部分。此外，现代科技迅猛发展为体育教学提供了越来越多的教学媒介，应根据体育教学的需要选择最恰当的教学媒体。

### （七）教学评价设计

体育教学评价要注重发挥评价的激励和促进作用。体育教学设计应把教学过程中的教师评价、学生自评以及学生间的相互评价作为重要的设计内容，并注重过程性评价和终结性评价相结合，从而使教师在教学过程中更有效地把握评价环节，及时发现学生进步，有效激励学生学习，及时为改进教学活动提供有效的信息。

# 第二节 体育教学计划

## 一、体育教学计划的概念

体育教学计划是依据《义务教育体育与健康课程标准（2011 年版）》各学段学习领域目标和水平目标规定的活动或内容要求，结合学生身心特点和学校体育场地设施等实际情况，科学、合理地规划教学内容的教学文件。它是体育教师有目的、有计划地组织实施课堂教学的主要依据，是全面实现运动参与、运动技能、身体健康、心理健康和社会适应四个领域目标、克服教学盲目性、片面性和随意性的基本保证。学校体育教学工作计划主要有：水平教学工作计划、学年教学工作计划、学期教学工作计划、单元教学工作计划和课时教学工作计划（教案）五种。

体育与健康课程的教学工作计划与传统体育课程的教学工作计划有较大的差异，为了使体育教师对制订体育与健康体育课程的教学计划更清楚、更明确，这里将新体育课程的水平教学计划和单元教学计划与传统体育课程的学年教学计划和学期教学计划做一对比（见表 8－1）。

**表 8－1 体育与健康课程与传统体育课程两种教学计划的对比**

| 项目 | 传统体育课程学年和学期教学工作计划 | 体育与健康课程水平和单元教学计划 |
|---|---|---|
| 原则 | 以安排教学内容为主 | 以设置学习目标、分解内容标准为主 |
| 单位 | 以一节课为计量单位 | 以单元为计量单位 |
| 安排 | 将教学内容均衡分布于计划表内 | 在单元内设计学习内容 |
| 调节 | 教学计划缺少弹性和灵活性 | 教学计划可以调节 |
| 目标 | 教学计划与教学目标不挂钩 | 学习目标直接与学习内容挂钩 |

## 二、水平体育教学工作计划的制订

水平教学计划是根据各水平的具体要求制订的，是学生达成各项目标的统筹计划。水平教学计划应结合本校的实际情况，把各水平的具体目标所呈现的内容标准加以具体化，并分配到每个学期中，以便从总体上把握学习内容和要求，全面达成和落实课程目标。

### （一）制订水平体育教学工作计划的基本要求

1. 充分领会《义务教育体育与健康课程标准（2011 年版）》的目标要求

《义务教育体育与健康课程标准（2011 年版）》既然是以水平来划分学段的，在制订水平阶段教学计划时就应该对整个水平阶段有一个整体的考虑，而不是仅对一个学期或一个学年的考量。按照水平来制订教学计划，教师可以制订短期、中期和长期的教学计划，这需要我们对课程标准所提出的目标群既要有一个完整的认识和把握，又要对每一个水平目标进行认真的思考和分析，以便水平教学计划更有助于学生达成相应的水平目标。

2. 以“健康第一”为指导思想，合理安排教学内容

一是明确学习目标，体育与健康课程标准将学生的学习分为四个学习领域，每个学习领域在各自的领域目标下又有相应的水平目标，每个水平目标下又提出了学习内容或活动建议；二是认识到多种目标之间的关联性。例如，在实现运动参与领域的某个目标时，可能也同时实现了某些心理健康和社会适应方面的目标；三是考虑如何选择教学内容。教学内容是实现学习目标的手段，选择哪些教学内容，课程标准并没有做具体的规定，每个教师都有选择具体教学内容的空间和余地，这样既可以发挥每一个教师的创造性，又能使教师充分考虑本校的实际情况（如场地、器材、学生的爱好等）。但有一点不容忽视，那就是所选的教学内容必须有利于促进学生的身心健康发展，有助于使学生达成学习目标。

### （二）制订水平体育教学工作计划的方法

制订教学计划可以因人而异，或者因不同水平阶段而异。因此，每个教师可以按照自己对课程标准精神的理解，结合学校和学生的实际情况来制订水平教学计划。

1. 按照目标群制订的教学计划

最理想的教学计划应该是把整体的目标划分成若干个子目标集合，子目标集合的划分标准是根据目标的性质加以确定，它们相互之间存在着一定的联系。例如，一组以运动参与为主的子目标集合中实际上也包括了心理健康和社会适应方面的子目标，这些子目标之间也有一定的关联，它们都可以通过运动参与的某种形式来实现；另外一组子目标是以运动技能为主的集合，这一组目标集中反映的是运动技能的学习，学

生在学习运动技能的同时，也促进了身体的发展、良好心理品质的形成以及社会适应能力的提高。另外，在目标集合形成之后，教师还要考虑子目标集合与子目标集合之间的关联和层次关系，考虑这些子目标集合出现的先后顺序。

2．按照水平目标优选教学内容的教学计划

我们可以首先在对水平目标进行认真研究的基础上，仔细地考虑每个目标可以选择哪些教学内容来达成，然后对这些教学内容进行认真、仔细的筛选，优化组合，最后制订出水平教学计划

3．按照季节划分教学周期的教学计划

由于在一个水平阶段中会出现几个周而复始的季节变化，每个季节的时间长短不一，不同地区的季节变化也具有明显差异。因此，有必要考虑地区之间的季节差异，选择适宜的目标集合和相应的教学内容。例如我国东北地区由于冬季气候寒冷，可以选择滑冰、滑雪等冬季运动内容；南部沿海地区在夏季比较炎热，则可以选择游泳等学生喜爱的项目作为教学内容。如果我们在设计和制订水平教学计划时，充分考虑季节的因素，并有效地利用校内、校外的课程资源，将有助于学生达成学习的目标。

## （三）水平体育教学工作计划案例（见表 8－2）

表 8－2　体育与健康课程水平五教学计划设计示例

| 项目 | 第一学年（72） | | 第二学年（72） | | 第三学年（66） | |
|---|---|---|---|---|---|---|
| | 第一学期（36） | 第二学期（36） | 第一学期（36） | 第二学期（36） | 第一学期（36） | 第二学期（30） |
| 运动参与 | 描述有规律的体育锻炼对健康的益处<br>应用简单的方法测试自己的体能，如台阶测试、坐位体前屈测试、仰卧起坐测试等 | 知道科学锻炼的基本原理<br>为自己制订科学的锻炼计划★ | 有规律地进行体育锻炼<br>评价体能测试结果 | 根据自身情况制订简单的个人锻炼计划<br>描述经过一段时间体育锻炼以后健康状况的变化 | 按计划进行体育锻炼<br>收集同伴参与体育锻炼的反馈信息，并给予适当的指导★ | 利用余暇时间带动同伴经常参与体育锻炼★ |

续上表

| 项目 | 第一学年（72） | | 第二学年（72） | | 第三学年（66） | |
|---|---|---|---|---|---|---|
| | 第一学期（36） | 第二学期（36） | 第一学期（36） | 第二学期（36） | 第一学期（36） | 第二学期（30） |
| 身体健康 | 通过多种练习提高心肺功能和有氧耐力<br>通过多种练习提高肌肉力量和肌肉耐力<br>自觉做到不吸烟、不酗酒、远离毒品<br>认识体育活动对促进身体健康的积极手段和方法 | 懂得环境因素对身体健康的影响。避免在不利于身体健康的环境（如大雾、灰尘、噪音）中进行体育活动<br>了解常见传染病（如流行性感冒、病毒性感冒和细菌性痢疾等）的传播途径和预防措施 | 通过多种练习增强灵敏性、协调性和柔韧性，提高速度和反应速度<br>通过多种练习控制体重<br>知道食物营养与合理膳食的构成<br>懂得学习劳动过程中对饮食营养卫生的要求<br>了解心血管疾病、癌症和糖尿病，了解其他疾病（如常见遗传性疾病、地方病等）的起因和预防措施 | 通过多种练习提高心肺功能和有氧耐力<br>通过多种练习提高肌肉力量和肌肉耐力<br>了解艾滋病的传播途径和预防措施<br>了解性病的传播和预防措施 | 制订改善自己身体健康状况的计划并予以实施<br>比较我国传统保健方法与现代体育锻炼方法<br>学会一两种我国传统养生保健方法 | 自觉注意合理的营养和饮食卫生<br>较合理地安排作息时间，如安排好学习、锻炼与休息的时间等<br>初步制定 2～3 个有特色的营养配餐处方 |

**续上表**

| 项目 | 第一学年（72） | | 第二学年（72） | | 第三学年（66） | |
|---|---|---|---|---|---|---|
| | 第一学期（36） | 第二学期（36） | 第一学期（36） | 第二学期（36） | 第一学期（36） | 第二学期（30） |
| 心理健康和社会适应 | 通过合理设置目标使自己在体育活动中不断获得成功<br>通过体育活动发展探究式学习能力<br>了解体育活动对形成坚强意志品质的重要作用<br>了解心理障碍（如抑郁、焦虑、恐慌等）的产生原因<br>通过体育活动提高人际交往技能<br>成为体育比赛中的文明观众 | 在不断进步的过程中培养自尊和自信<br>了解自己在日常学习和生活中的情绪变化特征<br>了解性成熟的心理特征<br>认识自己的性心理变化<br>正确认识正常的异性交往和性侵犯的区别<br>在具有挑战性的体育活动和其他活动中努力控制个人的不合理行为、如蛮干、过分表现自己等★<br>尊重他人对体育活动的兴趣和需要。了解国家有关体育与健康的主要法规 | 分析体育活动中成功与失败的原因<br>努力将体育活动中发展的学习能力迁移到日常学习和生活中<br>在体育活动中表现出坚强的意志品质<br>在体育活动中运用所学方法帮助同伴消除不良情绪<br>帮助同伴选择调控情绪的适宜方法★<br>在体育活动和比赛中明确自己的角色与团队的关系★<br>正确处理体育活动与其他活动中竞争与合作的关系<br>在学校和社区体育与健康活动中履行自己的权利和义务 | 通过体育活动发展自主学习能力<br>运用所学方法调控自己在体育活动和比赛中的情绪，如紧张、恐惧、精神不振和疲劳感等<br>了解体育活动对预防和消除心理障碍的作用<br>在体育活动和比赛中与同伴齐心协力取得集体的成功★<br>在体育活动中不故意伤害他人<br>了解个人健康与群体健康和社会需求之间的关系 | 在体育活动中充分展示自己的运动能力<br>努力在日常学习和生活中自觉运用适宜的调控情绪的方法<br>自觉通过体育活动预防和消除心理障碍<br>将体育活动和比赛中培养的团队意识和行为迁移到日常学习和生活中★<br>与同伴一起分担和处理体育活动与其他活动中遇到的困难和问题<br>尊重他人参与学校和社区体育与健康活动的权利和义务 | 懂得不良情绪对健康的危害<br>努力将体育活动中培养出来的坚强意志品质迁移到日常学习和生活中<br>努力控制由于性吸引产生的干扰。增强性问题上的守法观念<br>与同伴一起通过体育活动增进心理健康<br>在体育比赛中遵守规则和服从裁判<br>在体育与健康活动中表现出负责任的社会行为，如爱护公共体育设施与器材，保护运动场内外的环境卫生，等等 |

续上表

<table>
<tr><td rowspan="2">项目</td><td colspan="2">第一学年（72）</td><td colspan="2">第二学年（72）</td><td colspan="2">第三学年（66）</td></tr>
<tr><td>第一学期（36）</td><td>第二学期（36）</td><td>第一学期（36）</td><td>第二学期（36）</td><td>第一学期（36）</td><td>第二学期（30）</td></tr>
<tr><td rowspan="2">运动技能</td><td>参加班内体育比赛<br>讨论竞技运动与健身的区别<br>掌握常见运动创伤的简易处理方法</td><td>进一步提高所学项目的运动技能水平★<br>自觉运用所掌握的运动技能参加课外体育活动</td><td>了解并学会常用救生方法，如人工呼吸等。组合和选编运动动作<br>担任课课外体育比赛的裁判工作★</td><td>对某些重大体育赛事做出简单评论<br>组织和参加课外体育比赛，如班级间、年级间、学校间、社区内的比赛★</td><td>对学校、家庭、社区中体育活动有关不安全因素提出改进建议★</td><td>认识多种运动项目对身体健康、心理健康和社会适应能力的价值</td></tr>
<tr><td colspan="2">选择项目：篮球、足球（男）、排球（女）、韵律操（女）、武术（男）、田径、羽毛球、乒乓球、毽球</td><td colspan="2">选择项目：篮球、足球（男）、排球（女）、体操、田径、羽毛球、乒乓球、毽球</td><td colspan="2">选择项目：篮球、足球（男）、排球、毽球（女）、韵律操（女）、武术（男）羽毛球、乒乓球</td></tr>
<tr><td>学分分布</td><td colspan="2">田径0.5，知识0.5，自选球类2，武术（男）1，韵律操（女）1</td><td colspan="2">田径0.5，知识0.5，自选球类2，体操（男）1，体操（女）1</td><td colspan="2">自选球类2，武术（男）1，韵律操（女）1</td></tr>
</table>

注：(1) 学年、学期括号中的数字表示课时数。

(2) ★代表选择水平六的目标。

## 三、学年体育教学工作计划的制订

学年教学工作计划也称年度教学工作计划，它是以年级为单位，依据国家规定的课程标准，结合学校实际和学生年龄特点，对全年教学内容和考核项目的规划，是制订学期教学计划和其他教学计划的依据。

### （一）制订学年体育教学工作计划的基本要求

依据课程标准各领域规定的活动和内容，选定具体的教学内容，并把这些教学内容合理地分配到两个学期中去。然后，再根据学年授课周数、每周授课时数，以及每年级的各项教材及其设定的课时比例，合理地分配到两个学期中去。学年教学计划制订的基本要求包括以下几点。

（1）认真学习钻研课程标准和教材，主要了解所教教材的重点和难度，具体分析教材之间的纵横关系，并对照考核项目要求，明确考核项目的内容和考核标准。

（2）掌握青少年生长发育规律和健康状况，根据青少年生长发育规律以及生理、心理特点，合理安排教学内容和手段，注重学生的全面发展。

（3）教材内容的选择应考虑主教材和一般教材的主次关系，本年度教学安排和水平教学计划的关系。

（4）从学生实际情况出发，全面考虑传统体育项目和气候的特点，对教材进行适当的调整和修改。

### （二）制订学年体育教学工作计划的方法和步骤

（1）依据体育课程目标的含义和要求，选定教学内容。课程标准的各级目标是统领和选编各学段教学活动或内容的依据。因此，在制订教学计划时，首先要研究领会课程标准的总目标、领域目标和水平目标，并依据不同学段各级目标要求选定相应的教学内容。

（2）深入研究教学内容的性质和特点，分配好两个学年的教学内容。掌握好教材的性质、特点及目标属性，有利于合理地分配教学内容，做到目标明确、分量适宜，难易度符合相应年级学生的接受能力。

（3）根据学年、每周授课时数和季节规律，分配好两个学期的内容。

### （三）学年体育教学工作计划案例（见表8－3）

表8－3　小学二年级（水平一）学年体育教学工作计划

| 领域 | 水平目标 | 教学内容 | 全学年 | | 第一学期 | | 第二学期 | |
|---|---|---|---|---|---|---|---|---|
| | | | 时数 | 课次 | 时数 | 课次 | 时数 | 课次 |
| 运动参与 | 对体育课表现出学习兴趣 | 体育基础常识：认真上好体育课 | 3 | 6 | 1 | 2 | 0.5 | 1 |
| | | 丰富多彩的体育项目 | | | 1 | 2 | 0.5 | 1 |
| 运动技能 | 初步掌握简单的技术动作 | 球类游戏：拍球、运球、投篮等 | 37 | 74 | 5 | 10 | 5.5 | 11 |
| | | 拍手操、模仿操、徒手操简单动作组合 | | | 2 | 4 | 2 | 4 |
| | | 滚动与滚翻，纵叉、横叉 | | | 3.5 | 7 | 4 | 8 |
| | | 武术的基本手型 | | | 1.5 | 3 | 1 | 2 |
| | | 儿童基本舞步练习 | | | 1 | 2 | 1 | 2 |
| | | 地域性体育活动：滚铁环、踢毽子等 | | | 5.5 | 11 | 5 | 10 |

**续上表**

<table>
<tr><th rowspan="2">领域</th><th rowspan="2">水平目标</th><th rowspan="2">教 学 内 容</th><th colspan="2">全学年</th><th colspan="2">第一学期</th><th colspan="2">第二学期</th></tr>
<tr><th>时数</th><th>课次</th><th>时数</th><th>课次</th><th>时数</th><th>课次</th></tr>
<tr><td rowspan="11">身体健康</td><td rowspan="3">注意正确的身体姿势</td><td>体育基础常识：正确的坐立行姿势</td><td rowspan="3">8</td><td rowspan="3">16</td><td>0.5</td><td>1</td><td>0.5</td><td>1</td></tr>
<tr><td>在音乐伴奏下进行韵律体操练习</td><td>1</td><td>2</td><td>2</td><td>4</td></tr>
<tr><td>小学生广播体操：雏鹰起飞</td><td>2</td><td>4</td><td>2</td><td>4</td></tr>
<tr><td rowspan="5">发展柔韧、反应、灵敏和协调能力</td><td>生活中的移动动作：走、跑、跳、攀爬等</td><td rowspan="5">37.5</td><td rowspan="5">75</td><td>5.5</td><td>11</td><td>6</td><td>12</td></tr>
<tr><td>随同集体的操练：队列和队形练习</td><td>2</td><td>4</td><td>2</td><td>4</td></tr>
<tr><td>移动、躲闪、急停、跳跃类游戏</td><td>5</td><td>10</td><td>7</td><td>14</td></tr>
<tr><td>投掷或转体类游戏</td><td>3</td><td>6</td><td>3.5</td><td>7</td></tr>
<tr><td>各种压腿、踢腿练习</td><td>1.5</td><td>3</td><td>2</td><td>4</td></tr>
<tr><td rowspan="3">知道身体各主要部位的名称和自己身体的变化</td><td>基本部位操</td><td rowspan="3">10</td><td rowspan="3">20</td><td>1.5</td><td>3</td><td>1.5</td><td>3</td></tr>
<tr><td>知道身体各主要部位的名称、辨别各个方向</td><td>1.5</td><td>3</td><td>1.5</td><td>3</td></tr>
<tr><td>体育基础常识：学会测量身高和体重</td><td>2</td><td>4</td><td>2</td><td>4</td></tr>
<tr><td rowspan="6">心理健康和社会适应</td><td rowspan="2">说出自己在体育活动中的情绪表现</td><td>体育常识：描述并体验体育活动的快乐</td><td rowspan="2">11</td><td rowspan="2">22</td><td>3</td><td>6</td><td>3</td><td>6</td></tr>
<tr><td>通过攀登爬越等活动，描述自己的情绪</td><td>2.5</td><td>5</td><td>2.5</td><td>5</td></tr>
<tr><td rowspan="2">体验集体活动和个人活动的区别</td><td>各种方式跳短绳等</td><td rowspan="2">8</td><td rowspan="2">16</td><td>3</td><td>6</td><td>2.5</td><td>5</td></tr>
<tr><td>体育常识：与同伴在游戏中友好相处。</td><td>1.5</td><td>3</td><td>1</td><td>2</td></tr>
<tr><td rowspan="2">在体育活动中尊重他人</td><td>在游戏活动中体验集体与个人活动的区别（自选）</td><td rowspan="2">13.5</td><td rowspan="2">27</td><td>4</td><td>8</td><td>3.5</td><td>7</td></tr>
<tr><td>在游戏中表现出对他人的关心和尊重</td><td>3</td><td>6</td><td>3</td><td>6</td></tr>
<tr><td colspan="3">总　　计</td><td>128</td><td>256</td><td>63</td><td>126</td><td>65</td><td>130</td></tr>
<tr><td rowspan="2">建议测试项目</td><td>第一学期</td><td colspan="7">身高体重；坐位体前屈；广播操；1 分钟跳短绳；立定跳远</td></tr>
<tr><td>第二学期</td><td colspan="7">身高体重；坐位体前屈；30 米快速跑；持轻物掷远；前滚翻</td></tr>
</table>

## 四、学期体育教学工作计划的制订

学期教学计划是根据学年体育教学工作计划制订的，是把学年体育教学工作计划中规定该学期的教材内容，按教材的系统性和教学时数、周次、课次合理地安排到每次课中去的教学文件，是教师编写教案的主要依据。

### （一）制订学期体育教学工作计划的基本要求

（1）学期体育教学进度中各项教材的时数，应与学年体育教学工作计划的规定一致。

（2）应保证每项教材本身的系统性以及不同教材之间关系的合理性，教材的纵横排列要符合系统性、渐进性的教学原则。

（3）每次课中教材的数量要适当，既要考虑主要教材的难易程度和学生的生理和心理特点，又要考虑场地器材条件。

（4）学期教学进度的安排还要考虑到季节气候的特点和同时上课的班级，以免影响教学进度的顺利进行。

### （二）制订学期体育教学工作计划的方法与步骤

（1）根据各项教材在本学期的时数，计算出各项教材在该学期中出现的次数。如每次课安排两个主要教材，则该教材出现的次数为该教材的时数乘以 2 所得的积。

（2）先安排好考核项目和重点教材，然后再搭配其他教材。身体素质教材的搭配应考虑到主教材对身体的影响。如主教材是以发展下肢力量为主的话，就可搭配发展上肢和腰腹力量的练习，以利于全面影响学生的身体。

（3）在排列每项教材时，要根据教学的任务和要求、教材的难易程度、学生的基础和场地器材等情况，按其出现的次数系统地排列到每次课中去。排列的方法可连续排列或间隔排列，也可两者结合起来排列。

### （三）学期体育教学工作计划制订的案例（见表 8－4）

表 8－4　（水平三）六年级（上）体育教学进度计划

| 周次 | 课次 | 学习内容 |
|---|---|---|
| 一 | 3 | 引导课<br>体育与健康知识<br>队列练习 |
| 二 | 3 | 队列练习：向左（右）转走 |
| 三 | 3 | 走和跑<br>用不同步数疏散队形 |
| 四 | 3 | 小篮球<br>游戏：打鱼网 |
| 五 | 3 | 蹲踞式起跑<br>游戏：叫号赛跑 |
| 六 | 3 | 跳绳：短、长<br>游戏：角力 |
| 七 | 3 | 技巧（垫子）<br>游戏：接力比赛 |
| 八 | 3 | 实心球<br>50 米全程跑 |
| 九 | 3 | 篮球比赛（四打四）<br>50 米<br>上步投掷垒球 |
| 十 | 3 | 篮球比赛（四打四）<br>游戏：运球拍人 |
| 十一 | 3 | 小篮球<br>技巧（垫子） |

| 周次 | 课次 | 学习内容 |
|---|---|---|
| 十二 | 3 | 游戏：快快集合<br>游戏：高人、矮人<br>游戏：我是木头人<br>跳绳：短、长<br>羽毛球 |
| 十三 | 3 | 小篮球<br>游戏：斗鸡 |
| 十四 | 3 | 小篮球<br>游戏：捉尾巴 |
| 十五 | 3 | 弯道跑<br>游戏：贴烧饼 |
| 十六 | 3 | 集体跳绳<br>弯道跑 |
| 十七 | 3 | 游戏：障碍跑接力赛<br>游戏：推小车<br>障碍跑 |
| 十八 | 3 | 垒球掷远<br>游戏：双脚跳接力<br>跳远 |
| 十九 | 3 | 游戏：接力跑<br>小篮球 |
| 二十 | 3 | 体育与健康知识<br>考核与测评 |

## 五、单元体育教学工作计划的制订

单元教学工作计划是依据学期教学工作计划中某项教学内容或活动（一般为测试

项目或发展体能效果好、动作技术较复杂等重点教材或连续进行的课题活动）及其目标制订的课时教学规则。通过对某项教材或课题活动的统筹设计、逐课实施，能够确保教学有计划、有秩序地进行，保证教学目标的有效实现。

### （一）制订单元体育教学工作计划的基本要求

（1）单元计划中所确定的课次必须与学段和学期教学计划所确定的课次相符，否则计划难以实现。安排学习内容时一般先以一节课安排两个学习内容考虑，如一节课需要安排单一内容时，可把原计划安排两节课的内容合并。

（2）单元教学的课时设置要适当，单元教学形式有利于激发学生学习兴趣和对技术性较强的学习内容教深教透，设置课时要根据学习内容的难易程度与学生的实际而定，初中阶段的教学单元一般在6～8学时为宜。

（3）单元教学目标要明确、具体、多元。单元教学目标是对学段、学期教学目标的分解和具体化，在教学过程中，只有逐个达到了单元目标，才能最后实现体育课程教学的总目标。因此，在具体制定和编写单元目标时要考虑所选择学习内容，采取的组织教法对达成教学目标的作用，尽量使教学目标明确、具体、多元，既有利于单元教学目标的达成，也有利于课程目标的实现。

### （二）制订单元体育教学工作计划的步骤和方法

（1）根据水平目标、学年目标、学期目标确定各单元的总目标。按照学年、学期教学计划中该项教材的课时规定，提出每次课的目标要求和教学重点。

（2）结合学生的情况和教学设备条件，在分析学习者的主体条件，衡量必要的学习时间，规划设施、用具与必要的教学条件的基础上安排教法步骤和组织措施。

（3）确定为落实教学内容而设计的具体教材。对教学过程或学习过程的展开进行探讨，确定每节课的教学策略。

### （三）单元体育教学工作计划示例（见表8－5）

表8－5　小学体育与健康水平二（三年级）快速跑单元教学工作计划

教学目标：1. 正确掌握快速跑基本动作方法
2. 发展灵敏、身体协调、快速奔跑等能力
3. 培养学生认真锻炼，善于思考的习惯，并且学会相互评价，相互合作、指导

| 课时 | 学习目标及要求 | 教学重点 | 内容与组织教法 |
| --- | --- | --- | --- |
| 1 | 目标：初步学习站立式起跑的动作方法，发展灵敏性，培养兴趣，并且向同伴展示学会的动作<br>要求：起跑不要同手同脚，练习认真 | 起跑时的身体姿势 | 1. 反应快速跑<br>2. 各种姿势跑<br>3. 按教师的要求进行起跑练习<br>4. 分组进行起跑练习<br>5. 比比谁的反应快 |

续上表

| 课时 | 学习目标及要求 | 教学重点 | 内容与组织教法 |
|---|---|---|---|
| 2 | 目标：正确掌握途中跑的动作方法，发展奔跑能力，形成正确的身体姿势<br>要求：手臂前后摆动 | 目标：身体略前倾，手臂折叠前后摆 | 1. 原地摆臂练习<br>2. 体会摆臂时的身体姿势<br>3. 往返跑<br>4. 进行点评，评价优缺点<br>5. 比比谁摆臂最好 |
| 3 | 目标：通过各种辅助练习，发展腿部、手部力量，提高奔跑能力，努力展示自我，表现出较高的热情<br>要求：动作到位，注意观察 | 频率快，身体协调 | 1. 高抬腿、跑斜坡、俯卧撑<br>2. 立定三级跳、立卧撑<br>3. 阻力跑，助力跑<br>4. 相互评价，相互指导 |
| 4 | 目标：通过各种形式跑，发展合作，增进友谊，通过技评检查学生掌握快速跑的动作情况，培养观察能力，在体育活动中表现出合作行为<br>要求：配合默契，认真参加技评，注意观察 | 相互合作，指导评价，动作连贯、规范 | 1. 结伴赛跑<br>2. 换物赛跑<br>3. 接力跑、障碍跑<br>4. 圆圈跑（单人、多人）<br>5. 分组按技评要求进行快速跑，也可两人一组互相评分<br>6. 做单元教学小结 |

## 六、课时体育教学工作计划的制订

课时体育教学工作计划也称教案，它是依据学段水平目标的规定和学期教学进度（包括单元教学工作计划）中课时教学内容的安排所制定的教学文件，是教师组织课堂教学，制订教学实施方案的基本依据。

体育课教案有两种，一种是理论课教案，另一种是实践课教案。虽然它们的格式不同，但基本方法、步骤、要求都是一致的。体育教师在编写体育课教案前要充分理解教学目标、动作要领、重点、难点、诱导练习、辅助练习、教学组织、教法步骤和教学要求等。教案格式和写法多种多样，概括起来主要有两种，一种是文字叙述式，另一种是表格式。不管采用何种格式都应以清楚、简明、扼要为原则。

### （一）制订课时体育教学工作计划的基本要求

（1）以课程标准为依据，做到目标明确，要求适当。在组织教材、选用教学方法、设计教学方案时，要从学生实际出发、循序渐进，不能任意提高教学要求，要避免由于过分追求技术严谨而影响学生对基本内容的完成，形成教学难点。写教案时教学要求一定要得当，新教师尤其应当注意内容深度和广度问题。

（2）处理好教与学的关系。教学过程是在教师指导下，学生将所学内容纳入自己的认知结构的过程。设计好教法与学法、处理好教与学的关系。教师要创造良好的教学情境，使师生共同置身于情境之中，从探索中提出问题、总结规律、解决问题。

（3）要求教书育人相结合。教案不能仅重视传授课程规定的基础知识和技能、技巧，而对于开发学生智力、培养学生灵活运用所学知识去解决实际问题的能力及思想教育重视不够。在教案编写过程中，要有计划地寓情感教育、能力培养、社会交往于知识技能传授之中。

（4）要求环节完整、结构合理、思路清晰、繁简得当、时间分配科学，使教案能真正对课堂教学活动起到指导作用。

### （二）制订课时体育教学工作计划的内容与步骤

（1）确定教学目标。课时目标的确定首先依据单元教学目标，并针对课本教材所要解决的主要问题；其次必须依据大多数学生的实际水平确定体育教学目标，制定体育课教学目标必须符合全面、明确、具体、切实可行的要求。

（2）设计课的内容和组织教法。这是编写教案的主体，通常是先设计，后书写。课的内容：设计课的内容首先要考虑基本部分的教材，如果一节课有两个以上的教材内容，则应先确定先后顺序，然后根据本课的教学目标找出各教材的重点和难点，再根据重点和难点考虑必要的诱导练习及辅助练习的方法。基本部分构思成熟后，可根据需要考虑准备部分的练习及结束部分的放松练习等。组织教法：组织教法的设计比较复杂，应综合考虑以下几个方面。分组设计，分组轮换的选择；结合教法，什么步骤在前，什么步骤在后，采用何种队形练习效果最佳；如何在短时间内完成学生队伍的调动，如何利用场地与器材，使学生获得较多的练习次数；学生练习时教师如何指导、如何进行情感交流、安全措施、教学比赛、游戏规则及要求；等等。

（3）合理安排各项内容练习的时间和练习次数。课的各个部分时间主要是根据每部分在全课所起的作用来决定。以 45 分钟一节课为例，通常准备活动部分的时间是 8～10 分钟，基本部分的时间 30 分钟左右，结束部分的时间是 3～5 分钟。各项内容的教学时间是指课的内容一栏各项教学内容的时间安排。练习次数是指每项练习中一个学生的练习次数。安排时应根据课的组织及各项内容的教学时数来决定，确定练习次数要留有余地。

（4）设计课的生理负荷和练习密度。为了更好地实现教学目标，教师应以该班中等水平的学生为依据，根据全课的安排、场地器材与气候条件，设计课的脉搏曲线、课中最高心率、全课的平均心率和练习密度。

（5）计划本课所需的场地器材和用具。安排时，场地的运用要相对集中，尽可能充分利用学校的器材条件。考虑成熟后，应在场地器材一栏内填写本课所需的场地器材和用具的名称、数量、规格，以便课前准备。

（6）课后小结，也称“课后反思”。课后小结是完成教案不可缺少的一部分。每个教师在课后将本次课教学目标的完成情况、主要优缺点及改进的方法等简明扼要书写在课后小结栏目中，以便今后的备课提供参考，从而不断提高教学质量。所以，不管是体育理论课还是实践课，只要把握以上的几个环节，才能使编写出来的教案有的放矢。

### （三）课时体育教学工作计划（教案）示例（见表8－6和表8－7）

**表8－6　足球脚内侧踢球（水平四）教案**

学生：八年级（水平四）　　课次：本单元6次课中的第4次课

人数：40人，男女各20人　　时间：40分钟　　任课教师：×××

<table>
<tr><td>学习目标</td><td colspan="7">1. 学生巩固提高足球脚内侧踢球技术动作<br>2. 通过练习，发展学生快速奔跑、灵敏等素质<br>3. 通过合作学习，培养学生团结协作，自主探究的学习习惯</td></tr>
<tr><td>学习内容</td><td colspan="2">1. 跑动脚内侧踢球<br>2. 功能性综合练习</td><td>重点、难点</td><td colspan="4">重点：支撑脚的站位<br>难点：摆动腿的摆动与触球部位</td></tr>
<tr><td>安全措施</td><td colspan="2">1. 上课时把身上带的尖锐物品放置好<br>2. 提醒学生在练习过程要拉开安全距离<br>3. 在练习过程中，身体如有不适，要及时向教师报告</td><td>场地器材</td><td colspan="4">场地：标准足球场<br>器材：足球21个、敏捷梯4条、标志碟20个、直径圈20个、雪糕筒4个</td></tr>
<tr><td>阶段</td><td>学习内容</td><td>教师指导</td><td>学生练习</td><td>组织形式</td><td>时间</td><td>强度</td><td>次数</td></tr>
<tr><td>课堂常规</td><td>1. 集合整队，报告人数<br>2. 师生问好<br>3. 检查着装，强调安全<br>4. 宣布本节课的目标内容<br>5. 安排见习活动<br>6. 队列练习</td><td>1. 体育委员检查人数，报告情况<br>2. 五排横队<br>要求：快、静、齐，精神饱满<br>3. 安排见习生<br>4. 宣布本课的学习内容、目标、要求和注意事项</td><td>—</td><td>队形：成五排横队（如图8－1所示）<br>图8－1　五排横队</td><td>2分钟</td><td>小</td><td>1</td></tr>
</table>

**续上表**

| 阶段 | 学习内容 | 教师指导 | 学生练习 | 组织形式 | 时间 | 强度 | 次数 |
| --- | --- | --- | --- | --- | --- | --- | --- |
| 热身导入 | 1. 足球步法练习<br>（1）小碎布加速跑<br>（2）交叉步<br>（3）垫步外摆<br>2. 抢圈游戏<br>规则：一组一球，一人在圆圈内跑动抢球，其余学生相互传球，球被抢到则交换抢球 | 1. 学生领做足球步法练习，教师口令带练，巡回指导<br>2. 教师讲解游戏规则，示范游戏<br>3. 做好裁判工作 | 学生自主思考，大胆尝试，注意安全 | 1. 足球步法练习<br>成五路纵队进行距离15米的足球步法练习（如图8－2所示）<br>☆☆☆☆☆ ——→<br>☆☆☆☆☆ ——→<br>Δ<br>**图8－2　足球步法练习**<br>2. 游戏队形<br>7人围一圈，1人在圆圈内（如图8－3所示）<br>X　X<br>X　X<br>X—→<br>X　X<br>X<br>**图8－3　游戏队形** | 5分钟 | 中 | 5 |
| 温故知新 | 1. 复习左右跑动中传接球<br>要求：根据掌握情况采用以下的练习方式<br>（1）先停球，观察目标再踢球<br>（2）提前预判，一脚传球 | 1. 教师讲解练习内容，组织学生进行练习<br>2. 巡回指导，纠正错误，提示动作<br>3. 鼓励学生练习，强调安全问题 | 1. 认真听教师讲解，积极参与练习<br>2. 自主思考，大胆尝试，注意安全 | 两人一组进行左右跑动中传接球练习（如图8－4所示）<br>**图8－4　左右跑动传接球练习** | 5分钟 | 中 | 50 |

**续上表**

| 阶段 | 学习内容 | 教师指导 | 学生练习 | 组织形式 | 时间 | 强度 | 次数 |
|---|---|---|---|---|---|---|---|
| 技能学习 | 1. 示范完整动作，讲解动作要领、重点难点<br>口诀：______<br>2. 分组练习<br>3. 分层教学<br>A组练习_____内容<br>B组练习_____内容 | 1. 教师运用讲解法、示范法讲解动作要点，突出重点难点，提示学生记住口诀<br>2. 根据学生学习情况进行分层<br>3. 把学生分成A、B两组进行分层教学，组织A组自主练习，B组由教师带领练习 | 1. 学生认真听教师讲解<br>2. 积极参与练习和比赛，自主思考，大胆尝试<br>3. 各小组长带领学生进行练习 | 1. 练习队形<br>10人一组分2组，相距横向5米，纵向20～30米（如图8－5所示） 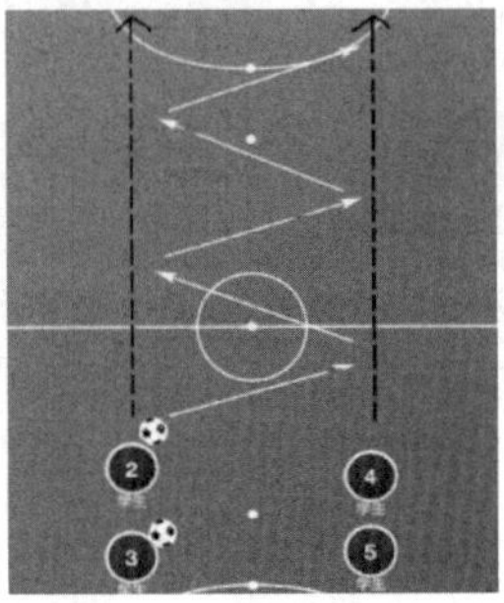<br>**图8－5　队形练习**<br>2. 分层练习队形（如图8－6所示） 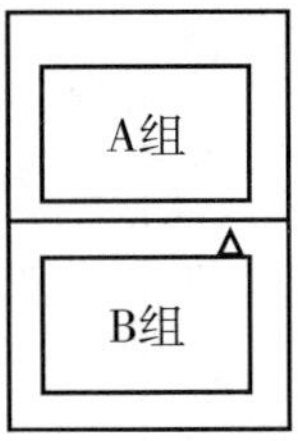<br>A组<br>B组<br>**图8－6　分层练习队形** | 5分钟 | 大 | 5 |
| 合作探究 | 学生合作学习<br>1. 向前跑动中横向传接球<br>要求：根据掌握情况采用以下的练习方式<br>（1）先停球，观察目标再踢球<br>（2）提前预判，一脚传球<br>2. 小组展示学习成果 | 教师讲解练习内容和规则<br>提出问题：脚内侧踢球要注意哪些问题？ | 各组选派组员进行展示，各组之间相互点评 | — | 5分钟 | 中 | — |

**续上表**

| 阶段 | 学习内容 | 教师指导 | 学生练习 | 组织形式 | 时间 | 强度 | 次数 |
|---|---|---|---|---|---|---|---|
| 比赛应用 | 教学比赛<br>面对面跑动中向前传接球比赛<br>要求：<br>（1）学生传1次球报1次数<br>（2）比赛时间为1分钟 | 1. 组织学生进行教学比赛，提高学生对足球技能的应用能力<br>2. 巡回指导，纠正错误，提示动作，鼓励学生练习<br>3. 做好裁判工作，强调安全问题 | — | 练习队形<br>分成5组每组8人分成两列相距8米纵队进行面对面传球比赛（如图8－7所示）<br>图8－7　队形练习 | 5分钟 | 大 | 5 |
| 发展体能 | 1. 组合练习<br>（1）敏捷梯步伐练习<br>（2）单脚跳练习<br>（3）加速跑<br>要求：进行10次循环练习 | 1. 认真听教师讲解练习内容<br>2. 积极参与练习<br>3. 注意安全 | 1. 讲解练习内容<br>2. 组织学生进行练习<br>3. 强调安全问题 | 练习队形<br>10人一组共4组，分成4个场地进行练习（如图8－8所示）<br>图8－8　队形练习 | 10分钟 | 大 | 10 |

续上表

<table>
<tr><th>阶段</th><th>学习内容</th><th>教师指导</th><th>学生练习</th><th>组织形式</th><th>时间</th><th>强度</th><th>次数</th></tr>
<tr><td>整理放松</td><td>1. 放松操<br>要求：模仿动作放松，积极调整呼吸<br>2. 课堂小结<br>3. 布置课后任务<br>4. 回收器材</td><td>1. 拉伸 + 踏步，配合呼吸调节<br>2. 认真听教师总结，并进行自评、他评<br>3. 回收器材</td><td>1. 带领学生做放松操<br>2. 总结本节课的基本情况<br>3. 布置课后任务<br>4. 安排学生回收器材</td><td>1. 组织队形（如图8－9所示）<br>☆☆☆☆☆<br>☆☆☆☆☆<br>★★★★★<br>★★★★★<br>Δ<br>**图8－9　队形**<br>2. 要求模仿动作放松，积极调整呼吸</td><td>2分钟</td><td>小</td><td>1</td></tr>
<tr><td>运动负荷预计曲线图（如图8－10所示）</td><td colspan="7"> 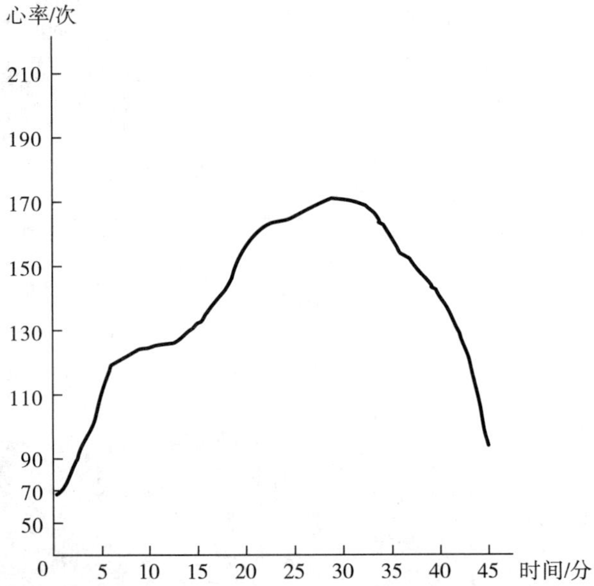心率/次<br>210 190 170 150 130 110 90 70 50<br>0 5 10 15 20 25 30 35 40 45 时间/分<br>**图8－10　运动负荷预计曲线图**</td></tr>
<tr><td>运动负荷与练习密度预计</td><td colspan="7">平均心率：145±5（次/分）<br>练习密度：60±5%<br>运动指数：1.7～1.8</td></tr>
<tr><td>课后反思</td><td colspan="7"></td></tr>
</table>

**表 8－7　广州市中小学体育与健康课时计划（水平三）教案**

<table>
<tr><td>学校</td><td>广东某学校</td><td>班级</td><td>初二（3）班</td><td>单元课次</td><td>第 15 次课</td><td>执教教师</td><td>×××</td></tr>
<tr><td>学习目标</td><td colspan="7">1. 运动技能目标：复习足球颠球、停球、运球、传球、射门的组合动作，使学生掌握技术要领及组合动作衔接，发展足球传控球能力，包括：①在颠球、停球中要求学生做出运用脚背正面颠球，脚底停反弹球；②行进间运球中要求学生能做出单脚脚背内、外侧变向运球；③行进间传接地滚球要求学生用脚内侧传出地滚球，接球时运用脚内侧接球，前迎后撤；④行进间脚内侧踢球要求学生在行进间的情况下用脚内侧踢球射门，射门准度高、角度佳、力度大<br>2. 身体健康目标：通过足球颠球、停球、运球、传球、射门的组合动作练习及体能训练的落实，锻炼学生速度、力量、灵敏、协调等身体素质，发展学生体能，提升学生体质水平<br>3. 运动参与、心理健康和社会适应目标：通过课堂中自主、合作、探究学习方式的预设，激发学生学习足球运球的兴趣，培养学生独立思考的能力、团结协作的意识、克服困难的品质，增强社会适应能力</td></tr>
<tr><td>学习内容</td><td colspan="7">足球颠球、停球、运球、传球、射门组合动作</td></tr>
<tr><td>重点</td><td colspan="3">颠、停、运、传、射各技术动作要领</td><td>难点</td><td colspan="3">颠、停、运、传、射组合动作衔接及实战情境下的合理运用</td></tr>
<tr><td>场地器材</td><td colspan="7">足球场地：2 个<br>器材：足球 40 个、标志点 50 个、弹力带 40 条</td></tr>
<tr><td>安全措施</td><td colspan="7">1. 课前场地检查<br>2. 对患有感冒发烧、有先天性疾病（心脏病、哮喘病）的同学安排见习<br>3. 课中关注学生反应，注意器材的摆放及语言提示<br>4. 出现问题及时处理</td></tr>
<tr><td>教学流程</td><td colspan="7">课堂常规—动态功能性体能热身运动—技能学习—技能拓展—体能训练—静态拉伸放松—小结—下课</td></tr>
</table>

**续上表**

| 课的结构 | 达成目标 | 学习内容 | 学生活动 | 组织方式 | 教师活动 | 练习时间 | 练习次数 | 运动量 |
|---|---|---|---|---|---|---|---|---|
| 开始部分 | 1. 思想集中，精神饱满，养成良好纪律作风<br>2. 培养讲文明、懂礼仪的好习惯<br>3. 学会保护，安全教育 | 1. 体育委员集队，检查人数<br>2. 师生问候，检查服装<br>3. 安排见习生就近见习 | 1. 集队快、静、齐，精神饱满<br>2. 师生相互问候，明确学习目标和内容 | 集合、清点人数（如图8－11所示）<br>XXXXXXXXXX<br>XXXXXXXXXX<br>OOOOOOOOOO<br>OOOOOOOOOO<br>☺<br>**图**8－11 | 1. 提出学习目标与练习内容<br>2. 安排见习生及安全、政治思想教育 | 2分钟 | 1 | 小 |
| 准备部分 | 调动学生学习的积极性，充分做好热身运动，提升活动情绪 | 动态功能性体能热身运动<br>要求：充分活动身体各部位，预防运动创伤，足球专项辅助练习（以速度、灵敏为主） | 集中注意力，跟教师口令主动积极、舒展有力，达到热身效果 | 列队热身（如图8－12所示）<br>XXXXXXXXXX<br>XXXXXXXXXX<br>OOOOOOOOOO<br>OOOOOOOOOO<br>☺<br>**图**8－12 | 领操，并提醒学生动作到位；语言激励，调动气氛，参与其中 | 6分钟 | 1 | 中 |

**续上表**

| 课的结构 | 达成目标 | 学习内容 | 学生活动 | 组织方式 | 教师活动 | 练习时间 | 练习次数 | 运动量 |
|---|---|---|---|---|---|---|---|---|
| 基本部分 | 1. 教师创设情境，学生在不同情境中应用及提升技能。通过颠球、停球、运球、传球、射门组合动作的学习，使学生掌握颠球+停球+运球+传球+射门组合技术，培养学生对足球的兴趣和爱好，体会学习的乐趣<br><br>2. 通过学习发展学生的速度、力量、灵敏、协调等身体素质 | 1. 颠球+停球+运球+传球+射门组合动作<br>动作要领：<br>（1）重点：<br>颠、停、运、传、射各技术要领，包括：①脚背正面颠球，脚底停反弹球；②单脚脚背内、外侧变向运球；③行进间脚内侧传地滚球，原地脚内侧接地滚球，前迎后撤；④行进间脚内侧踢球，在行进间用脚内侧踢球射门，射门准度高、角度佳、力度大<br>（2）难点：<br>颠、停、运、传、射组合动作衔接<br>（3）设问：<br>如何应对不同练习情境？学生带着问题进行学习<br>2. 每人一球原地颠球、停球组合动作<br>3. 2人一组，相距3～5 m原地脚内侧传接地滚球练习<br>4. 4人一组，颠球+停球+运球绕障碍物+行进间脚内侧传地滚球（原地脚内侧接地滚球）练习 | 1. 学生散点站立，认真观看示范动作<br><br>2. 对教师提出的重、难点问题，引起思考<br><br>3. 学生积极参与，相互交流与沟通，合作学习，共同参与练习 | 1. 组织方式如图8－13至图8－19所示<br>XXXXXXXXXX<br>XXXXXXXXXX<br>0000000000<br>0000000000<br>☺<br>图8－13 <br><br>图8－14 <br><br>图8－15 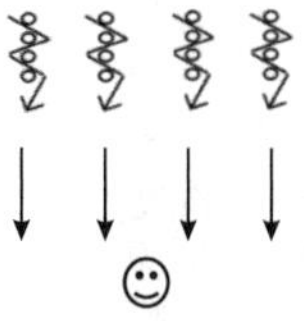<br><br>☺<br>图8－16 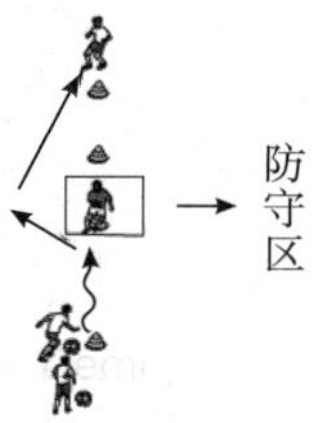<br><br>防守区<br>图8－17<br>基础组 | 1. 教师提出问题<br><br>2. 教师示范和讲解<br><br>3. 教师巡回指导，个别纠正<br><br>4. 教师与学生共同归纳动作要领 | 4分钟<br><br>2分钟<br><br>3分钟 | 1<br><br>1<br><br>1 | 小<br><br>小<br><br>中 |

**续上表**

| 课的结构 | 达成目标 | 学习内容 | 学生活动 | 组织方式 | 教师活动 | 练习时间 | 练习次数 | 运动量 |
|---|---|---|---|---|---|---|---|---|
| 基本部分 | 3. 培养学生自主学习、合作学习和探究性学习的能力，增进身心健康，团结协作的意识、克服困难的品质，增强社会适应能力 | 5. 分层分组练习（创设情境）<br>（1）基础组：颠球（1～2次）+停反弹球+运球突破防守队员+传球接应<br>变化：防守队员活动区域<br>（2）巩固组：运用中考场景进行练习，提高足球技能应用能力<br>（3）提高组：4 VS 4+2比赛（球门相背），以控球在本队为目标导向<br>变化：限制防守队员争抢压力；规定多次传球次数（鼓励积极跑位与接应）；自由人（即参与进攻人数）的变化，增加接应的人数，以降低传控球难度，自由人帮助控球方，使每次进攻形成6 VS 4情境，以利于发展传控球、射门的学习目标<br>6. 教学比赛<br>不同形式教学比赛，对本课学习内容进行实战应用 | 1. 学生散点站立，认真观看示范动作<br>2. 对教师提出的重、难点问题，展开思考<br>3. 学生积极参与，相互交流与沟通，合作学习，共同参与练习<br>4. 学生积极思考、相互合作、共同参与，进行分层与拓展练习。发挥自主学习、合作学习和探究性学习 | 图8-18 巩固组<br>图8-19 提高组<br>2. 小场地比赛 | 5. 教师巡回指导，个别纠正。对不同层次进行点拨提高<br>6. 师生评价 | 7分钟<br>6分钟 | 1<br>1 | 中<br>中 |

**续上表**

| 课的结构 | 达成目标 | 学习内容 | 学生活动 | 组织方式 | 教师活动 | 练习时间 | 练习次数 | 运动量 |
|---|---|---|---|---|---|---|---|---|
| 基本部分 | 4. 通过体能训练的实施，发展学生上下肢力量及核心力量<br>5. 发展学生体能，提升学生体质水平，培养学生克服困难的意志品质 | 7. 体能训练<br>（1）弹力带弓步弯举<br>（2）弹力带弓步静态弯举<br>（3）弹力带侧平举<br>（4）平板支撑<br>（5）俯卧开合跳<br>（6）深蹲起立<br>（7）缓冲深蹲跳<br>（8）高抬腿 | 1. 学生按照要求进行练习<br>2. 学生动作规范到位，积极参与练习<br>3. 相互鼓励 | 组织方式如图 8－20 所示<br>XXXXXXXXXX<br>XXXXXXXXXX<br>0000000000<br>0000000000<br>☺<br>图 8－20 | 1. 讲解练习内容、方法与分组<br>2. 巡视指导<br>3. 提示注意安全 | 8 分钟 | 2 | 大 |
| 结束部分 | 1. 通过静态拉伸，学生学会放松活动，为终身体育打下良好基础<br>2. 放松身心，陶冶情操<br>3. 学会评价与自我评价<br>4. 体会学习过程，分享学习成果 | 1. 放松运动<br>调整呼吸、腕屈肌拉伸<br>肩部拉伸、腰部拉伸、俯身大腿后侧拉伸等静态拉伸<br>2. 课的总结与评价<br>3. 收回器材<br>4. 师生道别 | 1. 学生在优美的音乐声中，完成静态拉伸放松运动<br>2. 认真听讲，客观评价<br>3. 小组长收回器材<br>4. 向老师道别 | 组织方式如图 8－21 所示<br>XXXXXXXXXX<br>XXXXXXXXXX<br>0000000000<br>0000000000<br>☺<br>图 8－21 | 1. 在优美的音乐声中，教师带领学生完成放松运动<br>2. 总结学习情况和评价学习效果<br>3. 布置下次课内容、收回器材<br>4. 向学生道别 | 2 分钟 | 1 | 小 |

续上表

| 平均心率预计 | 平均脉搏<br>145±5 次/分 | 强度指数<br>预计 | 1.7～1.8 | 练习密度预计 | 50%以上 |
|---|---|---|---|---|---|
| 运动心率曲线图预计<br>（如图 8－22 所示） | 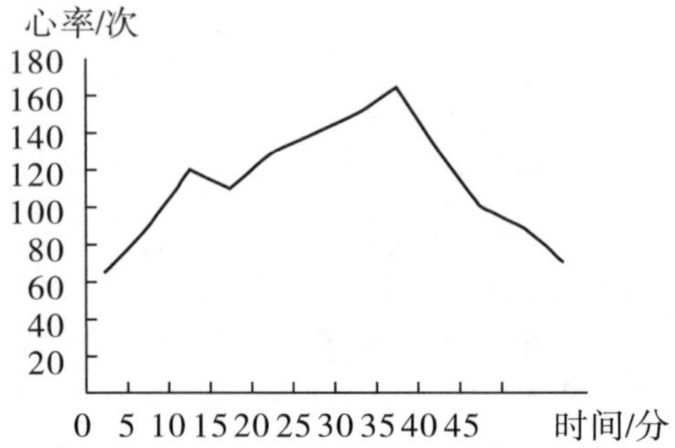 心率/次<br>180<br>160<br>140<br>120<br>100<br>80<br>60<br>40<br>20<br>0 5 10 15 20 25 30 35 40 45 时间/分<br>**图 8－22 运动心率曲线图预计** | | | | |
| 课后反思 | 1. 学生在应用情境下对技术转化为技能的掌握程度有待提高，主要表现为：①观察防守队员的站位；②选择合适的变向时机；③变向速度变化以及身体重心的转移<br>2. 教学比赛的多人配合战术能力有待提高。主要表现为：学生之间相互配合程度低<br>3. 改进方法：提高学生技能应用能力，采用定格情境的方式，以启发式提问的方法开发学生思考问题能力，培养学生决策能力，培养学生独立思考能力 | | | | |

## 七、体育课说课

说课是用语言及其他辅助手段向人们介绍一堂课的设计意图和预想程序的一种教学活动形式。它是在备课之后、上课之前进行的一种新的教学组织环节。说课源于备课，而又高于备课，它是上课前的实践演习；它不是上课，又是准课堂教学。说课也是教师向同行（评委）系统地阐述自己的教学设计及理论依据的一种教学研究和交流的教学活动。

### （一）说课的作用

说课的作用就在于，能让自己和他人了解将要上的某一堂课的教学构想和意图，便于自己在上课前强化思维；同时也能在课前根据自己和他人对这堂课的评价（意见或建议）进行改进，以达到进一步优化课堂设计的目的。说课将理论学习、个人备课、教学研究与实际教学有机结合起来的教研活动，能有效地提高教师素质，提高课堂教学质量。

### （二）说课的内容

说课的内容包括以下要素：说理念、说学生、说教材、说目标、说重点、说难点、说教法、说学法、说过程、说组织、说手段、说密度、说负荷。如何将这些要素组合成说课的内容要视说课时间而定。如果说课时间只有 4 分钟，可考虑先说学生情况和教材分析；接着说教学目标；最后结合教学过程说一说教学策略的使用，教学策略包括教法、学法、教学组织、教学手段运用等。如果说课时间为 10 分钟，可以将考虑将每个要素设定一个内容详细分析。

1. 说理念——指导思想

课的指导思想确定的依据是国家有关文件精神，《义务教育体育与健康课程标准（2011 年版）》的基本要求等。

2. 说教材——教材分析

教材分析一般包括以下内容：教材与课型、教材的类别和地位、教材的特点和作用、教学的重点和难点。

3. 说学生——学情分析

包括学生的身心发展特点、体育基础、兴趣爱好、该学习内容的掌握情况等。

4. 说目标——教学目标

从运动参与领域目标、运动技能领域目标、身体健康领域目标、心理健康和社会适应领域目标四个领域，结合教材分析和学情分析的情况说本节课的目标制定。

5. 说方法——教学方法

如何围绕教学目标选择合适的教学方法（包括电化教学和学法指导）以及媒体手段的运用。

6. 说流程——教学程序

说教学程序是指教师阐述自己的教学思路、课堂结构等内容的过程，是与上课最接近的教学操作的口语化、现实化的尝试。简单地说，就是说课教师把备课中设计好的教学思路，课堂结构及场地器材等内容面对其他教师简明扼要地说出来，并说明这样安排的理论依据。

7. 说实效——密度与负荷

这里说的实效并非是围绕着教学目标所体现的一堂课的整体教学效果，而是说这节课的练习密度和运动负荷的预计。

### （三）说课的要求

（1）语言表述要生动自然，结合肢体语言进行有效阐述。说课首先要体现的是“说”，也就是用生动自然的语言将你对课的总体构想说清楚，并解释为什么这样做。

（2）说课内容要层次清晰、重点突出、逻辑性强，说课要有理、有据、有序、简洁地说清自己的备课与教学思路。说课前对将要上的课有整体的构想，说课是在备课基础上进行的，在此基础上形成层次清晰、重点突出、逻辑性强的说课稿。

（3）说课除了要说清楚你这堂课要怎么上之外，还要说清楚为什么这样上。解释原因是说课的重要内容，主要是让你的说课更有说服力，使人能清楚并认同你对这堂课的设计。

（4）将说课时间控制在要求的范围之内。一般说课时间是10分钟，但不同的情况要求不一样，如在广东省高校体育教育专业学生教学基本功大赛要求说课时间为4分钟，这就要求说课者要根据实际要求进行具体问题具体分析。

**（四）说课案例**

1．健康课说课案例

各位评委下午好！我今天说课的主题是“我们的身体”，下面我将从教材分析、学情分析、教学目标、重点难点、教法和学法、教学过程几个方面进行说课。

第一，教材分析。

“我们的身体”是选自体育水平二教材的体育与健康基础常识，是针对学生的接受能力和认知水平而编选的内容，用于帮助学生认识和了解自己的身体结构、特点作用，掌握体育健康常识和技巧，建立关注身体和健康的意识，更好指导学生进行体育活动实践。

第二，学情分析。

本课内容授课的对象是水平二的学生，水平二的学生具有好奇心强、想象力丰富，但由于他们的神经系统兴奋占优势，并极易扩散，所以注意力集中时间不长。所以本次课将采用形象、直观的教学方法，学生能认识和了解自己的身体结构和特点，了解身体生长发育，掌握体育健康常识。

第三，教学内容。

本次课的主要教学内容是身体结构生长和发育，立行坐卧。

教学重点：了解身体的各部分名称和作用。

教学难点：教会和培养学生正确的立、行、坐、卧姿势，让学生形成爱护身体的意识。

第四，根据以上分析，本次课的教学目标包括以下几点。

（1）让学生认识和了解自己的身体结构和作用。

（2）使学生认识正确的立、行、坐、卧姿势，形成正确姿势的意识和习惯。

（3）掌握体育健康常识，建立关注身体和健康的意识。

第五，教学准备。

多媒体课件、杯子、纯净水、盐水、白醋。

第六，教学方法。

本节课教学运用视频，多媒体课件，形象、直观地向学生展示身体各部位结构图，启发和引导学生了解身体的结构，形成爱护身体的意识。

第七，教学过程。

课堂常规：师生问好。

基本部分：

（1）新课视频导入。在这个教学环节中，为了创设情境，激发学生学习兴趣，播放一段机器人舞蹈的视频。使学生在欣赏高科技机器人跳舞的过程中，感受到机器人跳舞的精彩，认识到机器人跳舞之所以精彩是因为科学家仿照了人体的外部结构制造而成的，进而引出本节的主题“我们的身体”。选取这视频导入的目的是，一方面让学生感受到机器人跳舞的精彩，另一方面为新授部分内容的学习做好铺垫。

（2）讲授新课。在讲授新课这一环节中，首先，选取机器人的图片，利用多媒体课件让机器人身体的四大部位头部、颈部、躯干、四肢依次闪烁，引导学生说出身体四大部位名称。通过课件演示，学生既初步了解了四部分的名称，又能清晰地感受到颈部将头部与躯干连在一起，四肢均与躯干部位相连。

接下来，请一名学生上前面来为全体同学做现场展示。由教师说身体部位的名称，学生根据教师的指令指出自己的身体部位，这时再次下达口令请全体同学指认身体各个部位并说出部位名称。

通过刚才对身体整体认知后，按照从整体到局部的认知规律，进行 2 个智力竞猜活动，通过活动使学生进一步了解眼睛、鼻子、嘴巴的作用。

活动 1：（出示课件）有 2 个杯子，一号杯是水，二号杯是酱油，提出问题：谁能分辨出哪杯是水？哪杯是酱油？

学生根据颜色都能用眼睛很快地分辨出来，知道一号杯是水，二号杯是酱油。教师适时地进行点拨，你是怎样分辨出来的？引导学生说出眼睛的作用。

活动 2：教师准备 3 个标有序号的杯子，分别装有水、白醋、淡盐水、启发学生用眼睛、鼻子、嘴巴来分辨这三种液体。

通过学习活动学生自然就能体会到眼睛、鼻子、嘴巴的用途。身体其他部位名称则采取图片直观教学法让学生掌握。

接下来通过一个问题：一颗种子落地生根发芽长成小树，最后长成参天大树的过程是什么过程？引出生长和发育内容，接着再问同学们想不想知道自己的生长发育处于什么阶段，有什么的特点，让同学带着问题看书寻找答案。

最后内容是立、行、坐、卧。为调动学生学习积极性，我采用全班同学一起朗读相关内容，回答不良的立、行、坐、卧体有什么危害和影响，并用多媒体课件的图片让学生分辨哪些是正确的立、行、坐、卧的姿势。要求同学们背诵站直、坐正、挺走、侧睡八字，并按要求去做，养成良好的习惯。

结束部分：总结我们今天学习的内容，评价学生上课的表现，布置课后练习。

我的说课完毕，谢谢大家。

2. 高中排球课说课案例

尊敬的各位评委：

大家好！我是××号参赛选手。今天我说课的主题为排球单元扣球技术第二次课，教学对象为水平五高中一年级的学生。扣球是排球比赛中最具有攻击性的得分手段，能够有效发展学生的弹跳能力、腰腹力量以及手腕的控制力。

高一学生已经具有一定的排球基础，其身体发育以及身体素质已经接近成人。但该阶段学生情感易波动，心理压力较大。本班学生上节课已学习了扣球的基本手型和挥臂鞭打动作，但对技术规格的掌握尚不够完善。

根据对教材和学生的分析，确定本次课的重点为助跑起跳时机和人球位置的把握；难点为助跑起跳的协调用力和挥臂时机。

本节课要树立“健康第一”的教育理念，认真贯彻《义务教育体育与健康课程标准（2011年版)》的基本要求，以《〈体育与健康〉教学改革指导纲要（试行)》为指导，全面落实“教会、勤练、常赛”的基本要求。“以学定教”，注重个体差异，教会学生健康知识、基本运动技能和专项运动技能，充分发挥学生主体作用，促进学生健康发展。

基于以上分析，我拟定了下面几个学习目标。

(1) 85%的学生能够在同伴的配合下完成助跑起跳扣球的完整动作，15%的学生基本掌握定点扣球动作。

(2) 通过素质练习，发展学生的力量、协调等素质。

(3) 培养学生相互协作、互帮互助、勇于挑战自我的优秀品质。

为达到以上教学目标，我特设定以下教学流程和策略。

开始部分（2分钟)：执行课堂常规之后进入准备部分。

准备部分（8分钟)：我将安排球操和“喊号追人游戏”的专项热身活动，在调动学生学习积极性的同时，进一步活动开身体，避免运动损伤。

基本部分（28分钟)：我将带领学生复习扣球基本手型，接着让学生自主体验扣球动作，教师讲解示范动作要领，提示重难点，传授动作口诀：球落头前右上方，收腹挥臂有力量。满掌击球后上方，落地缓冲不要忘。

组织学生分组练习，根据练习情况，将学生分为基础组和提高组，基础组练习定点扣球，提高组练习网前抛球扣球练习，教师重点关注基础组。

在练习过程中，教师提出问题：“如何找准击球点，如何提高扣球成功率?”练习结束，各组派代表陈述探究结果，教师点评。

最后我设计了“扣球比赛”，比一比哪个组扣球的成功率更高，激发学生的学习兴趣的同时，不断巩固提高扣球技术。

课课练环节，我安排了俯卧撑（3 个） + 全力跑到中线 + 网前 3 米移动 + 全力跑回底线，做 3 组，发展学生的基本技能和排球专项技能，提高学生的上肢力量和速度素质。

结束部分（5 分钟）：教师带领学生进行波浪式放松操练习，使学生身心得到充分放松，然后教师小结，安排课后作业，组织学生回收器材。

本节课的平均心率：140～150 次/分钟，练习密度为 60%，运动指数为 1.7。

3．初中田径说课案例

尊敬的各位评委：

大家好！我是××号选手。今天我说课的主题是短跑技术教学中的弯道跑技术，是短跑技术教学中的第 3 次课。教学对象是水平四初中二年级的学生。弯道跑是短跑项目中较难掌握的技术环节，教学过程比较乏味，但却是短跑项目中不可或缺的技术动作。

本班学生正处于青春期，他们好动、好学，兴趣广泛，但主动性和自觉性有待提高。根据对教材和学生的分析，设定本次课的重点是进弯道、弯道和出弯道跑的衔接技术。难点是身体向左倾斜的程度与速度及跑道半径的契合。

本节课树立“健康第一”教育理念，贯彻《义务教育体育与健康课程标准（2011 年版）》的基本要求，以《〈体育与健康〉教学改革指导纲要（试行）》为指导，全面落实“教会、勤练、常赛”的基本要求。“以学定教”，注重个体差异，教会学生健康知识、基本运动技能和专项运动技能，促进学生健康发展。

根据以上的分析，我拟定了下面几个学习目标。

（1）通过学习，90% 的学生初步掌握弯道跑技术动作，10% 的学生基本做出该技术动作。

（2）通过课课练中“小推车”练习，发展学生的核心力量和协调性等身体素质。

（3）通过小组合作练习，发展学生团结合作精神，培养学生对体育活动的兴趣及习惯。

为达到上述教学目标，我将采用以下的教学流程及策略。

开始部分 2 分钟。

执行完课堂常规之后，进入准备部分 8 分钟。教师带领学生进行专项准备活动和“听信号开赛车”游戏，防止学生运动损伤和激发学生上课的兴奋感。

基本部分 25 分钟。为了巩固上一节课所学过的途中跑动作技术，教师带领学生进行 20 米的追逐跑练习。接着，教师结合示范与技术图片和视频，给学生讲解弯道跑技术要领，并且传授口诀组织学生练习，强调安全注意事项。由于练习过程比较枯燥，我将采用“十字接力”比赛进行分组练习，教师巡回指导，并根据学生的具体情况，进行分组合作探究，提高组在小组长的带领下，继续进行弯道跑练习，基础组在教师重点关注下进行原地摆臂练习。最后，为了发展学生团结合作精神，教师提出问题，各组进行探讨，每组各派一名代表出来展示探究结果，教师点评。接着，进行“小推车”练习，发展学生的核心力量和协调性等身体素质。

结束部分5分钟。教师在音乐伴奏下带领学生做放松操，并总结本次课，组织学生回收器材并布置课后作业。本节课练习密度为60%左右，平均心率为140次/分钟，运动指数为1.7。

## 八、无生教学（无生上课）

无生教学是指教师在无学生存在的状态下，模拟课堂情境下展开的教学活动。无生教学是评比、研究与提高教师教学能力与水平的手段，也是教师教学研究和教学竞赛及教师竞聘活动的一种途径，其主要目的在于改进教学方案，培训教学技能、检验教学水平。

### （一）无生教学的价值

无生教学普遍运用在体育教师招聘、职称评定、年轻教师业务技能培养等领域。无生教学以其时间短、参与性强等特点，客观、真实反映出执教教师的体育基本功、语言表达、体育教学技能、逻辑思维和处理教材能力。该模式在体育教师招聘、优质课选拔和年轻教师试教（预演）中较常采用。

### （二）无生教学和说课的区别

无生教学和说课的共同点是，二者均是以语言表达为主的活动。其主要区别是：无生教学是模拟表演师生的双边活动，具有虚拟性与表演性，是在理想教学状态下体育教师教学过程实录，无生教学注重的是课堂教学过程，在一定意义上说，无生教学就是“有生”上课；而说课是说教学的教法和学法，主要是根据教学内容进行教学思想、教学设计、教学过程、教学评价、体育场地和器材等课堂环节进行阐述，是对“教什么？怎么教？为什么这样教?”的解释，要求说课教师要在说的过程中进行理论性说明，一般会利用到多媒体进行辅助。

### （三）无生教学的优势

无生教学因为没有学生的参与，体育教师不需要对教学纪律和突发情况进行单独把握，消除了真实课堂中可能出现的外界干扰，为体育教师充分展示自己留下理想的空间，便于教师根据自己的教学理念对教学内容进行理想化的设计，充分发挥自己的特长，尽情地展示自我。具体表现为：

（1）调动激情，尽量一个人兴奋起来。体育课是富有激情的课堂，在有生上课时，如果学生的激情调动不起来，课堂气氛不活跃，再好的设计也很难说上成功。在无生教学时，体育教师既是“导演”，又是“演员”，不仅在上课时把自己的设计思路完整的表现出来，还要投入到虚拟的真实教学中，调动自己的激情，把无生的体育课上的激情四溅，以自己的专业技能和富有感染力的语言打动自己，带动听众，做到此处“无生”胜“有生”。

（2）根据自己的特长进行教学设计。无论是抽签选课题，还是自主选课题，都要在教学设计时，对自己的特长进行“转移”设计，毕竟只有自己最拿手的特长才能让自己充满自信，做到游刃有余。比如教师擅长舞蹈，要求的课题是田径类的，教师则要在准备部分设计以舞蹈为主的准备活动，或在结束部分采用舞蹈放松，使自己的专业特点和个人职业素养在无生上课时展现的淋漓尽致；如教师擅长跑，选的课题是跳，教师在教学设计中则要在基本部分的后半部设计跑类的游戏或跑跳结合的游戏，充分发挥自己的专业技能。

（3）关注教学评价和总结。无生教学和有生教学除了有无学生外，教学过程其实没有太多明显的区别，在进行无生教学时，执教教师对无生上课的评价和总结也显得尤为重要。要求执教教师做到评价及时，富有启发性和真实性，能评价出学生在真实学习中出现的种种问题和情况，及时给予教学评价。而在总结时，执教教师可按照说课的形式，对教学内容和教学效果分别进行总结，自己教学设计的理念和处理重难点的方法也可穿插在总结之中。评价和总结要做到言简意赅，层次分明，一语中的，切忌泛泛而谈，不着边际，用语言进行堆积。

无生教学考验的是体育教师的基本素质和体育教师的基本技能，其难度在一定意义上说大于有生上课。作为体育教师，只要不断提高体育教学能力，注重对自身专业技能的学习和培养，定会在无生上课时充分展示自己的良好的专业技能和成熟的教学技能，让“无生”课堂有声有色。

### （四）无生教学的要点

1. 语言表达清晰，准确运用教学术语

语言是教师在进行教学时最基本的技能之一，在无生教学时显得更为重要。在无生教学时，教师要花费更多的时间对自己的语言表达进行设计，把教学的过程通过自己的语言合理表达，给观者创造轻松的氛围。虽然无生教学不能完全反映出执教者驾驭课堂教学的技巧，但合理的教学设计更能显示出执教者的教学理念和业务技能。在设计好教学内容后，熟悉关键环节显得尤为重要，并且要强化记忆，使优秀的教学设计通过自己的语言表达和描述锦上添花。在进行无生教学时，很多教师因为紧张导致语言表达不清晰，语言逻辑混乱，使评委（或听课教师）对教学设计不感兴趣。体育教师在对教学设计进行讲解时，只有保持自然的教态，站立端庄，清晰的语言表达，富有亲和力的语言，才能让无生教学更精彩。

体育课作为一个专业性很强的学科，教师要有意识地把所进行的教学内容或动作用体育术语表达出来，充分展示体育教学的基本素质。在无生教学中，有部分教师对体育术语掌握不准确，把体育术语用口头化的语言表达出来，如把肘关节称之为“胳膊肘”，把前平举称之为“平举”，把髋关节称之为“大腿根”等。这样的表达让评委感觉教师不够专业，对个人的教学效果也会大打折扣，严重影响评委的印象分。

2. 把握体育课的主要环节，注重示范的准确性

体育课基本的教学设计主要分为四个部分：开始部分、准备部分、基本部分和结束部分。在这四个部分中，都需要教师对其进行详细的设计，精心设计导语和过渡语言，做到重难点突出，处理得当，教学设计真实有效，步骤清晰，吸引评委的兴趣。在进行教学设计时，要充分考虑到无生教学和有生上课的根本区别，避免教师在无生教学时出现烦琐的语言。如在跑的有生课堂时，教师采用分组教学，会根据分组情况进行“预备、跑”的多次口令下达练习，而如果在无生教学时也采用此口令进行练习就让课堂感觉枯燥无味，教师可下达口令一次（主要是展示自己的口令下达情况），然后直接进入下一环节。

教师在进行教学重难点教学时，要把握教学重点，对教学过程进行精心设计，详细规划，对讲解法、示范法和游戏法等教法做到胸有成竹。无生教学时教师的讲解和示范是最为关键的。讲解能展示体育教师的思维和语言表达能力和对教学重难点的理解分析能力，示范是展示体育教师基本素质最重要的形式，最能反映体育教师的体育教学基本功。在进行无生课堂时要做到示范正确（特别是示范的方向性），形神兼备，确保示范动作的准确性。在讲解时，要求体育教师语言清晰，对动作方法介绍准确，富有层次感，能抓住动作技能的重点、难点进行有针对性的介绍。

3. 让无生课堂留有更多想象的空间

无生教学，需要教师在教学中自问自答，巧妙的问答方式能展现教师高超的业务技能和熟练驾驭课堂教学的能力，在巧妙处把教学中的预设和教学中的生成有机联合在一起，以营造真实的课堂氛围。为此，教师要注重对课堂教学进行总结、评价，让人产生无限想象的空间，获得意想不到的教学效果。以障碍跑教学为例，通过情境设计，预设学生在教学中的学习出现的种种问题，通过教师的观察、讲解、纠正，使学生在学习中遵循正确的练习方法，游戏运用时教师的肢体语言，富有感染力的情感态度，都能够感染自己和旁观者；再通过教师语言的点拨、提示让学生在练习中注意越过障碍的方法、技巧，培养学生的团结合作和竞争意识，力争把无生的体育课堂完成的栩栩如生，回味无穷。

# 第三节　体育教学实施

## 一、体育教学常规

体育教学常规是我国基础教育70年来的改革与发展所积累的宝贵的教学财富，是经过长期教学实践验证的，是基础教育教学不可缺少的最基本教学规定。随着基础教育课程改革的深入发展，新生力量不断充实教师队伍，一些新的教学问题随着教学的改革而产生，影响着教育教学的进一步发展。因此，有必要重新审视和建立行之有效的教学常规，在传承与创新中帮助教师尽快适应新课程的体育教学，指导教师按新的教学常规要求开展体育教学，使体育教学常规成为青年教师的良师益友。

体育教学常规是体育教学中根据体育学科特点、教学规律、教学原则而提出应遵循的教学规定与具体要求，它是教学科学化和学科化的综合表现。体育教学常规又是一个由多个环节组成的复杂过程，严格课堂教学常规，是一个承担着解决教育等多种任务的有效措施，也是体育教师应遵守的最基本教学规范。

### （一）课前常规

（1）制订计划、认真备课，注重安全教育，上课前检查场地、器材，检查学生着装是否符合安全教学的要求。

（2）学生因病、伤或其他生理原因不能上课，教师应根据不同情况，合理安排。

（3）师生于上课前5分钟到达教学场地，做好上课前准备。

### （二）课中常规

（1）学生准时按指定地点集合，上课铃响后，体育委员整队向教师报告出勤人数，教师向学生宣布本次课的内容、目标等。

（2）教师按教案教学，目标明确，科学组织，并结合教学实际对学生进行思想教育和能力培养。

（3）学生上课时，必须自觉遵守课堂纪律，爱护场地器材，自主地投入到体育学习、锻炼之中，努力完成各项学习目标。

（4）上课结束时，进行小结和讲评，布置课后锻炼要求、布置归还器材、整理场地。

### （三）课后常规

（1）教师每次课后，及时总结经验教训，提出改革措施，写好课后小结。

（2）布置课后作业，注意可行性和安全性，注重趣味性、实践性和探究性，积极指导帮助学生进行体育锻炼。

（3）按计划认真组织学生进行各项测试，将成绩统计及上报。

### （四）教学纪律、要求

（1）教师按校历、课表规定时间上课，个人不得无故提前下课，随意停课、调课或合班上课。

（2）上课前认真备课，无教案不得上课。

（3）关心、尊重学生，注意安全卫生。

## 二、体育教学中队列队形的运用

### （一）队列队形练习的意义

1．培养学生的组织性、纪律性

在队列队形的练习中，学生根据教师的“口令”做规定的动作，并使自己的行动和集体协调一致。教学中要对队列队形练习提出严格的要求，以通过队列队形练习培养学生的组织性、纪律性和集体主义精神。

2．影响学生的精神面貌和校容校貌

体育课集队时做到快、静、齐，精神焕发，不但是对学生个人的组织性、纪律性和精神面貌的检验，也是对校容校貌的检阅。

3．培养学生保持良好的身体姿势

队列队形更重要的一个方面是使儿童、青少年从小养成正确的站立、行走等姿势，肌肉和骨骼得以正常协调的发育。使全身的肌肉协同、对抗而完美地收缩和放松，保持一定的紧张度，减少在中小学学生中出现的驼背，鸡胸等脊椎、胸廓结构变形等问题，形成良好的身体姿势。

4．是体育教学中一个必不可少的内容

由于我国体育教学班级的体量较大，队列队形的运用对提高教学效果，有效组织课堂教学具有非常重要的作用。由此可见，队列队形练习是体育教学中一个重要环节，也是必不可少的教学内容。

### （二）队列队形在体育教学中的运用

1．严密课的组织，提高时间的利用率

队列队形变换运用、合理与否，直接关系到时间的合理运用，在教学中，队伍调动要做到省时、合理，提高时间的利用率，严密课的组织。

2．调节情绪，提高学生练习的兴趣

队列队形练习能提高学生练习的兴趣和积极性，运用队列队形练习中的“有效”

“无效”口令，或做与口令相反的队列动作和组合口令连续做队列队形动作等练习，能吸引学生的注意力，使学生的思想集中到课堂教学中来，激发学生做操的兴趣，把队列队形练习与做操相结合。

3．便于教学、提高教学效果

体育教师根据教材内容的特点、场地器材、学生的人数等情况，在体育课中合理安排所需的教学队形，不但便于教学，而且能提高教学的效果。

## 三、体育教学中场地器材的布置

体育场地器材是进行教学的前提条件，充分利用与合理布置场地器材，有利于保证教学安全，增加练习密度，调动学生学习积极性，还能让学生接受环境与美的教育。

在场地器材的布置中应注意以下问题。

1．布局要合理

能够活动的器材向固定器材靠拢；注意卫生与安全，必要时画出清晰的界限与标记；对活动范围不大的运动项目，如：单双杠、爬绳等，所使用的器械尽量安排在场地边角和面积相对较小的地盘。此外，要注意根据学校的环境和条件，充分利用地形有效组织教学。

2．合理编排课程表

充分考虑场地器材情况，尽可能做到体育场地既不空闲又不拥挤；教师备课时对同一时间上课的班级，应划分好场地使用范围，以免上课相互影响；根据场地器材设施的具体情况，划分好几个教学模块，每个教学模块有一定数量的体育器材设施供教学使用。

3．注意安全

课前应周密检查，如器材安置是否牢固，跑道是否湿滑不平或有砖块，沙坑是否疏松等。在安排投掷项目练习时，应保证距离，避免相互影响，严防伤害事故发生。

## 四、体育课密度和运动负荷的控制与调节

### （一）体育课的密度的安排与调节

体育课密度亦称一般密度或综合密度，是指课中各项教学活动合理运用的时间与课总时间的比例。课中的教学活动有教师指导、组织措施、学生练习、观察与休息、学生互相帮助与保护等各项内容。课中某项活动合理运用的时间与课的总时间的比例，称为专项密度，如教师指导的密度、组织措施密度、学生练习密度等。课的密度安排是否合理，即是否有效、合理地使用体育课的时间，直接影响教学目标的实现。

1．体育课密度的测定

$$体育课密度（一般密度）=\frac{合理运用的时间}{上节课的总时间}\times 100\%$$

$$专项密度=\frac{各项活动合理运用的时间}{上课的总时间}\times 100\%$$

$$练习密度=\frac{学生实际练习的时间}{上课的总时间}\times 100\%$$

2．体育课的密度安排

教师在课前要充分备课。应根据课的任务、教材、学生特点以及场地器材、气候等条件，合理地确定和安排课中各项活动的时间和分量，应尽可能地从加强学生练习的时间这一环节出发，进行周密的计划与准备，保证课的顺利进行，以便学生更有效地掌握运动技术、技能，增强体质，完成课的任务。

3．体育课的密度调节

（1）从教学组织上调节。一方面，课上的组织工作应尽可能减少不合理的安排，如整队、队伍调动、场地器材的布置，以及学生的分组和分组教学等应力求合理，避免浪费时间。另一方面，还可根据需要改变预定各项活动的时间（如可视练习强度的大小改变休息的时间）。

（2）从教法措施上调节。例如做练习的密度太大时，可通过讲解、示范、纠正和分析动作等方法进行调节。反之可用改变练习的方法，增加辅助练习，加强竞赛因素，以及贯彻精讲多练等方法，以增加练习的密度。

（3）从学生主观能动性上调节。充分调动学生学习的自觉积极性，加强学生组织纪律性教育，发挥班干部作用，启发学生相互观察、分析动作和保护帮助等，以充分利用课的时间，提高单位时间和利用率。

### （二）体育课运动负荷的安排与调控

体育课的生理负荷指学生在课中从事身体练习时所承担的量与强度对机体的刺激程度，它反映了练习过程中学生机体的生理功能的一系列变化。

1．体育课生理负荷的安排

根据学生身心特征和教学过程的规律，每次体育课的生理负荷的安排，一般应由小到大，逐渐增强，大中小强度的负荷合理交替；临近课结束时，应逐渐降低生理负荷，促使学生机体较快地恢复到相对安静的状态。

在具体安排体育课的生理负荷时，应注意如下几方面的问题。

（1）课的生理负荷的量与强度的安排，应符合学生的身心发育水平。

（2）根据课型和组织教学形式的要求安排生理负荷。

（3）要考虑教材内容的性质、结构、难易程度、练习强度及气候环境等条件来安排生理负荷。

（4）合理安排课的生理负荷，要依照负荷强度大小，适当地安排间歇时间，使练习与休息交替进行，结合有效的卫生措施来促进学生体能的提高。

2. 体育课生理负荷的调控

体育教师不仅要在课前认真备课，周密地设计安排课的生理负荷，而且还应懂得观察和分析课中学生生理负荷的变化的情况，及时地采用合理措施进行调控，使课的生理负荷达到合理的要求。

合理调控课的生理负荷可采用下列方法。

（1）改变练习的某些基本要素，如速度、速率、幅度等。

（2）改变练习的顺序组合，安排合理间歇、练习与休息合理交替。

（3）改变练习内容的性质，如将原来的 30 米慢跑（加速跑）改为 30 米加速跑（慢跑）。

（4）改变练习的重复次数，即改变练习的密度，练习中不同的间歇时间产生不同的练习密度。

（5）改变练习的限制条件，如活动范围、器材的重量、附加条件等。

（6）改变课的组织教法与形式，如循环法、竞赛法或分组练习等。

（7）调整课中各项活动的时间比例以调节生理负荷，如教师指导组织措施，学生观察与休息等。

3. 体育课运动负荷的测定

体育课运动负荷的测定一般通过计算课中脉搏的次数来评定运动负荷是否合理，即将每次课中所测心率相加，除以测量次数，即得课的平均心率。计算公式为：

$$X = \frac{X_1 + X_2 + X_3 + \cdots\cdots + X_m}{n}$$

其中，$X$、$X_2$、$X_3$ 代表课中各次心率数，$n$ 代表测量总数。

4. 运动负荷指数计算

运动负荷指数计算法是在计算出课的平均心率的基础上进行的。其计算公式为：

$$运动负荷指数 = \frac{课中每分钟脉搏平均数}{课前安静状态每分钟脉搏数}$$

例如：课中每分钟脉搏平均数为 147 次/分，课前相对安静状态时每分钟脉搏数为 84 次/分，则：

$$运动负荷指数 = 147 \div 84 = 1.85$$

《广东省中小学体育与健康课堂教学基本要求》规定：课堂教学的运动负荷符合课程标准要求，运动密度≥75%、练习密度≥50%；运动强度要求，小学课平均心率为 125～145 次/分、初中为 130～150 次/分、高中为 140～160 次/分。

## 五、课后反思

所谓课后反思，是指教师对教育教学实践的再认识、再思考，并以此来总结经验教训，进一步提高教育教学水平。课后反思一直以来都是教师提高个人业务水平的一种有效手段，也是体育教学不可或缺的环节。目前，很多教师会从自己的教育实践中来反观自己的得失，通过教育案例、教育故事，或教育心得等来提高教学反思的质量。在体育课程改革不断深入的教学形势下，把课堂的总结和反思作为提高自己教学水平和教学能力的一种有效手段，是区别体育教师教学能力和水平的主要指标之一，反思教学应当成为每个体育教师的自觉行动。

课后教学反思一般包括：学生出勤情况；学生课堂表现和学习状态；教材内容的理解与把握；教师的自我感受与评价；教改尝试效果；教学改进。

**思考题：**

1. 体育教学设计的内涵是什么？为什么要学习体育教学设计？
2. 应该从哪些方面进行体育教学设计？
3. 常见的体育教学计划有哪些？如何制订合理的体育教学计划？
4. 什么是体育教学常规？如何执行体育教学常规？
5. 体育教学中有几种分组形式？在教学中如何运用？
6. 什么是体育课的密度？在体育课中如何调节密度？
7. 什么是体育课的运动负荷？在体育教学中如何控制运动负荷？

说课视频

# 第九章　体育教学评价

内容概要

本章主要概述了体育教学评价的基本概念、特点、类型、原则，重点阐述了体育教师教学评价和学生体育课程学习评价等内容。

体育教学评价是体育教学工作中的一个重要组成部分，是对体育教学活动及其效果的价值判定，它直接作用于体育教学活动的各个方面。教学评价由于其特有的地位和作用而成为体育教学理论必须研究的问题，它涉及面广，综合了教育学、心理学、统计学等学科的知识，对提高体育教学质量、促进体育教学改革具有重要的意义。

# 第一节　体育教学评价概述

## 一、体育教学评价的概念

评价是人类社会中一项经常性、极为重要的认识活动，是决策中的基础性工作。“评价”一词使用范围十分广泛，几乎尽人皆知。《辞海》把评价界定为：是指衡量人物或事物的价值。从本质上来说，评价是一种价值判断活动，是对客体满足主体需要程度的判断。据此，评价一词的内涵可以解释为：依据一定标准对客观事物进行观察，并做出价值判断的过程。可以说：“没有评价，就没有生活，就没有一切。”将评价用于教育，便产生和发展了教育评价。

教育评价相对评价而言，是个别与一般的关系，其本质也是一种价值判断的过程，是根据一定的价值标准对教育现象的评价；也是对教育活动满足社会与个体需要的程度和对教育活动现实的或潜在的价值做出判断，以期达到教育价值增值的过程。具体来说，教育评价是根据教育目标及其有关的标准，对教育活动进行系统的调查，确定其价值和优缺点并据此予以调整的过程。

教学评价是一种中观评价和微观的教育评价。它是依据一定的教学目标和标准，对学生的学和教师的教进行系统的调查，并评价其价值和优缺点以求改进的过程。教学活动是培养全面发展的人，实现教育目标的主要形式或途径。可见，教学评价是教育评价的一个重要方面，是构成全面的教育评价的主要部分和基础。

体育教学评价是一般教学评价在体育学科的具体运用。它是依据一定的体育教学目标和体育教学原则，对整个体育教学中的“学”与“教”的过程和结果所进行的价值判断和量评工作。

上述体育教学评价的概念中包含以下五个基本含义。

（1）体育教学评价是根据体育教学目标和体育教学原则来进行的。体育教学目标是对体育教学“是否获得了预先设定的成果”和“是否完成任务”的评判依据，而体育教学原则是对教学“是否做得合理”和“是否合乎体育教学基本要求”的评判依据。两个评价依据均具有客观性和规范性，也都具有体育教学评价的信度和效度。

（2）体育教学评价的内容是“教”与“学”的过程和结果。体育教学评价的重点对象是作为受教育者的学生的学习，包括学生的学习水平和品德行为等。体育教学评价也对教师的教授进行评价，包括教师的教学水平、教法与组织能力和师德行为等。

（3）体育教学评价的工作内容是“价值判断和量评”工作。价值判断是定性的评价，主要是评价教学方向的正误、教学方法的恰当与否等。量评工作是指定量评价，主要是评价可以量化的学习效果，如身体素质增长和技能掌握的数量等。

（4）体育教学评价贯穿教学目标确定、内容选择、组织实施的各个环节，目的是及时修正体育教学目标、解决体育教学中出现的问题以及实现体育教学资源的合理配置与组合，追求最佳效果和目标的达成，是一项实践性和操作性较强的工作。

（5）体育教学评价是以体育教育的价值观为标准，以达到体育教学目标的程度来评量体育教学成绩和效果，它要求对体育教育和体育学习的知、意、行等领域的全面考查。

## 二、体育教学评价发展的基本特点

1．重视综合评价，关注个体差异，实现评价指标的多元化

一直以来，学业水平的好坏是考查学生发展、教师业绩和学校办学水平的重要指标。随着社会的发展，人们在关注学业成就的同时，也开始关注人体发展的其他方面，如积极的学习态度、创新精神、分析与解决问题的能力以及正确的人生观和价值观等。在体育教学过程中，有的学生可能因有运动天赋而体育学习成绩好，在体育学习中优点和长处明显一些；有的学生由于先天的遗传因素等，在体能和运动技能方面存在不足，运动能力比较低，在体育课程的学习过程中无论是在体能、技能、兴趣等方面都存在明显的个体差异。体育课程强调体育教师在对学生进行体育学习评价时，要关注学生之间的个体差异，重视综合评价，实现评价指标的多元化。

2．强调评价内容的全面性和选择性

体育课程倡导的评价注重对学生体育课程学习进行全面的评价，主要表现为：既评价学生运动知识和技能掌握的情况，又评价他们在体育活动中的具体表现；既评价学习的结果，又评价学习的过程；既评价学生在体育课程学习中的能力因素，又评价其情感因素；等等。通过全面地评价学生，不仅能提高学生的体能和运动技术水平，

而且还能完善和健全学生的人格品质。在确定评价内容时，除了要注意其评价内容的全面性外，还应给予学生一定的选择权，即在某些评价内容（如运动技能）上，学生可以选择自己所擅长的项目参与评价，使其有更多机会获得成功的体验。这样既充分体现了学生的主体地位，又有助于激发学生的体育学习兴趣和参与体育活动的积极性。

3. 强调质性评价，实现评价方法的多样化

随着评价内容的综合化，以量化的方式描述、评定一个人的发展状况时往往表现出僵化、简单化和表面化的特点，学生发展的生动性和丰富性、学生的个性特点、学生的努力和进步都未能体现。质性评价的方法则能全面深入、真实再现评价对象的特点和发展趋势。质性评价从本质上并不排斥量化的评价，它常常与量化的评价结果整合应用。因此，将定量与定性评价相结合，应用多种评价方法，如成长记录学习日记、情境测验、行为观察和开放性考试等，将有利于更清晰、更准确地描述学生、教师的发展状况。

4. 强调参与、互动，实现评价主体的多元化

实现评价主体的多元化，即被评价者从被动接受评价逐步转向主动参与评价。目前，世界各国的教育评价逐步成为由教师、学生、家长、管理者，甚至包括专业研究人员共同参与的交互过程，这也是教育过程逐步民主化、人性化发展进程的体现。在进行体育课程评价时，既强调教师对学生进行的外部评价，也强调学生对自己学习情况的评价、学生互相之间的评价，还可以让家长参与到评价中来等，从而实现评价主体的多元化。这样既有利于发挥学生的自主性和能动性，又有利于让学生学会正确地认识和评价自己与他人，了解体育课程的教学目标及教学要求，促进学生的进一步发展。

5. 注重过程、终结性评价与形成性评价相结合，关注学生的进步与发展

关注结果的终结性评价，是面向过去的评价；关注过程的形成性评价，则是面向未来、重在发展的评价。评价应更多地关注学生求知的过程、探究的过程和努力的过程，关注学生、教师和学校在各个时期的进步状况。在评价学生的体育学习成绩时，不仅要评价学生学习的最终结果，而且要关注学生在学习过程中的行为表现，尤其要关注学生在学习中的进步与发展，培养学生的自尊与自信，淡化体育分数和名次的竞争，强化科学育人、全面育人的意识。只有关注过程，评价才可能深入学生发展的进程，及时了解学生在发展中遇到的问题、所做出的努力以及获得的进步，这样才有可能对学生的持续发展和提高进行有效的指导，评价促进发展的功能才能真正发挥作用。

## 三、体育教学评价的类型

体育教学评价是现代教育和教育科学发展及改革的产物，它与人们以往所熟知的

一般性的体育教学检查和评定不同，有一套较为完整的理论和方法，从不同的视角出发可以有不同的分类方式。

1. 根据“谁来评价”和“评价什么”

根据该分类视角可以分为教师对学习结果的评价，教师对学习过程的评价；学生的自我评价，学生之间的相互评价；教师对教师的评价，教师的自我评价；学生对教学的随时反馈，学生的评教活动（其他的评价方式，其关系和结构如图 9 – 1 所示）。教学评价主要由四大类（含八小类）组成，如果加上其他非主要性评价（如家长对学生的评价）等，应有九类教学评价。

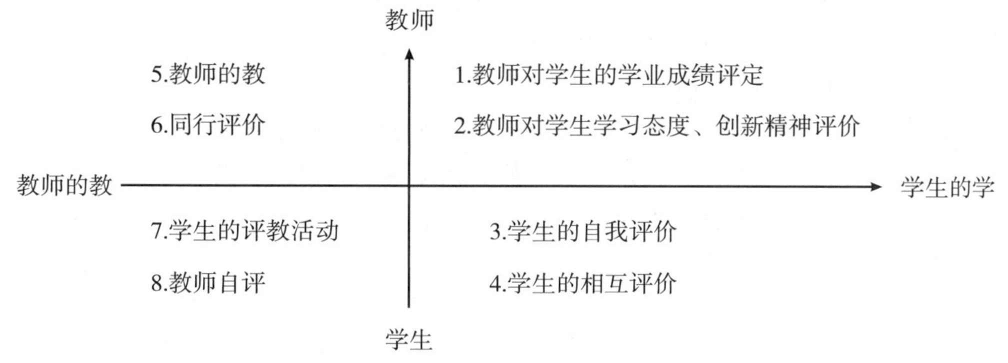


**图 9 – 1　体育教学评价的结构和内容图**

2. 根据教学评价的不同目的、作用及类型

按教学评价的不同目的、作用及类型来分，教学评价一般有诊断性评价、形成性评价、终结性评价三类。

（1）诊断性评价又称准备性评价，是在教学活动开始之前进行的一种评价。它主要是对教学环境及学生各方面情况做出判断，涉及的内容有：教学所要完成的任务与相应的教学要求；学生前期的知识储备与教学的可接受性；学生的性格特征、学习风格、能力倾向及对本学科的态度；身体素质状况及家庭教育情况；等等。需要注意的是，教师进行诊断是为了促进学生的学习而不是为了给学生贴标签。诊断性评价的目的，是为了设计一种可以排除障碍的教学方案，也是识别出学生最高和最低的学习能力，并把它们分置在最有效的教学序列中。根据这两方面得出的结果，从认知、技能、情感和应用四个方面，检查教学目标是否定的客观，教学内容选择是否恰当，教学方法是否适合学生的水平及兴趣，教学组织形式是否符合学生的认知特点，等等。

（2）形成性评价又称过程评价，是对学生在过程或教学活动中产生的行为而进行的评价。以学生的个性发展与主体意识的提升为评价对象。形成性评价的主要日的不是为了甄选优秀生，而是为了发现每个学生的潜质，完善和改进学生的学习行为，并提供反馈以便为今后的学习与成长做好充分准备，保证每个学生都能达到课程与教学计划的要求。心理学的研究成果和教育实践经验表明，教师经常向学生提供有关发展的信息，可以促使其更好地成长。就形成性评价的设计与实施来看，需要注意的是，反馈一定要伴随针对性的方法措施才能行之有效。

（3）终结性评价又称结果评价，是对某一相对教学阶段或整个教学完成的结果做出的评价，一般是在学期中或学年结束进行。终结性评价要立足于全面，倡导主体的多元化和评价标准的差异性，不可窄化为学业评价。不仅要关注学生学习结果、学习方式等显性因素，更要关注学生的兴趣、学习方法、认知风格以及情感体验等内隐因素。评价的标准应为被评价者提供前进的目标和发展方向，应尊重被评价者的差异，为他们建立弹性的评价标准，允许被评价者有不同的发展方向和发展速度。改变传统只重视结果，不重视过程的评价弊端。

3. 根据评价标准的不同

根据评价标准的不同，可以分为相对评价和绝对评价两大类。

（1）相对评价是指在团体内以自己所处的地位同他人相比较而进行的评价。

（2）绝对评价是指判断完成既定目标的程度而进行的评价。相对评价和绝对评价的标准的性质区分在于，前者是表现在集合体处于正态分布中的、一贯稳定的、个人和个人之间的差异；后者是以集合体每个人达到预定目标的程度，并且就每个人来测定这些目标是否达到。

4. 根据评价的量化程度不同

根据评价的量化程度不同，可以分为定量评价和定性评价两大类。

（1）定量评价是指在体育教学过程中，运用数学方法对学生完成教学目标的达成度做出量化判定的评价。

（2）定性评价是指在体育教学过程中，对学生完成教学目标的达成度做出非量化判定的评价。

5. 根据评价的参与主体不同

根据评价的参与主体不同，可以为内部参与者的评价和外部参与者的评价。

学校内部参与者除学生和任课教师外，还有教师的同事和学校领导；外部参与者除家长外，还有社会与学校有关方面的人员等。

上述所列的评价方式和方法没有好坏区分，只有从实际需要出发才能确定哪一种评价更适合本校的实际情况。

## 四、体育教学评价的原则

为了使体育教学评价更加客观科学，必须根据体育教学的规律和特点，确立一些基本的要求，以作为教学评价的指导思想和实施的基本准则。

1. 客观性原则

客观性原则是指在进行体育教学评价时，从评价的标准和方法的选择、评价的信息的获取到评价者所持的态度，以及最终的评价结果，都应符合体育教学的客观实际。评价力求客观、公正、准确，不能主观臆断或掺入个人感情。

教学评价如果有失客观，则评价就毫无意义，甚至还会提供虚假信息，导致错误的教学决策。因此，在进行体育教学评价时，一是要注意保证评价标准的客观，不能带有随意性；二是应做到评价方法的客观，不带偶然性；三是应做到评价态度的客观，不带主观性。

2. 整体性原则

这一原则是指在进行体育教学活动时，应对体育教学的各个方面或某一方面的全部内容特征做多角度、全方位的考查和测量，不能以点带面、以偏概全。由于体育教学系统的复杂性和教学目标的多重性，要客观地反映教学效果，必须从整体上考虑教学的评价。在具体实施时，一是应使评价标准全面，尽可能包含体育教学的多项目标，保证具整体性；二是应注意根据具体教学对象和教材的特点而有所侧重，抓主要矛盾和解决主要问题；三是要把定性评价和定量评价结合起来，使两者相互参照、互为补充，以求全面准确地评价实际的教学效果。

3. 一致性原则

一致性原则是指在体育教学评价时，必修采用统一的评价内容和评价标准。在各级各类学校实施教学评价过程中，指标体系会依学科的不同或年级的不同而体现出各自的特点，但是对于同一学科的相同年级进行教学评价时则应该采用统一的指标体系。对于一致性原则的贯彻和落实，不能因学校的地域差异、学校领导的主观意志、学校的师资水平以及学校的教学环境和条件而受到影响。否则，学校体育教学目标的统一性就不可能实现。

4. 可行性原则

可行性原则是指体育教学评价的设计与组织是切实可行的，各项指标是现实条件能基本达到的。根据可行性原则，体育教学评价方案的设计要通俗易懂、简便易行，既方便师生自我评价，也便于学校领导和教育行政部门督促检查。同时，评价项目的多少及等级、疏密要合理，不能过于繁杂。评价指标的确定要从体育教学的特点出发，反映体育教学的客观规律，是师生经过努力能够达到的，以保证体育教学评价激励导向功能、反馈调节功能的实现。如此，才能使体育教学评价切实可行，进而促进体育教学质量的提高。

体育教学评价的对象是整个体育教学系统，所涉及的范围非常广泛，要求也不尽相同。现代教学论的基本观点认为，教与学是体育教学最基本的矛盾，为此本教材界定体育教学评价的范围主要从教与学两个方面进行。

# 第二节 体育教师教学评价

## 一、体育教师教学评价的内容

体育教师教学评价是指按照一定的标准，对教师教学活动及其相关因素进行系统描述，并做出相应的价值判断。体育教师教学评价主要包括三个方面内容。

### （一）体育教师教学基础素养的评价

体育教师教学基础素养的评价主要包括体育教师的职业道德、专业知识掌握和教育科研能力三个方面。

1. 体育教师职业道德的评价

体育教师的职业道德主要包括体育教师的价值观和人生观、社会意识和教育观念、师德素养以及对学生的态度等。中小学生的认知能力要求在对体育教师进行评价时，应把教师的职业道德评价放在首位，引导体育教师认识到教育不仅是“传道、授业、解惑”，更应是培养符合道德准则与规范的人。

2. 体育教师专业知识掌握情况的评价

体育教师的专业知识是教师知识的重要方面，它直接决定了体育教师在体育与健康课堂上教什么内容。具有广阔而精深的专业知识能够让体育教师在课堂上侃侃而谈，游刃有余。因此，体育教师应广泛吸收体育学、教育学和心理学等学科知识，掌握专业的运动技能知识，为促进学生的成长和发展做好充分的准备。

3. 体育教师教育科研能力的评价

体育教师的教育科研能力主要包括：根据教育发展的情况主动学习、不断充实和完善自身的能力；能够发现和提出与体育与健康课程内容有关的课题并写出有见解的科研论文；能够针对实施体育与健康课程内容有关的问题进行调查研究，并写出调查分析报告；能够创新体育教学活动方式、游戏或运动方法；等等。

### （二）体育教师教学能力的评价

体育教师是学校体育的具体执行者，其能力的高低直接影响与制约着学习的质量和教学效果。因此，对其能力的评价，一般可以分为体育教师讲解示范能力、体育教师教法能力和体育教师组织能力的评价等三个范畴。

1. 讲解示范能力的评价

体育教师讲解示范的评价，可围绕三个方面进行。

（1）看讲解能否清晰、简明和扼要，表达是否具有逻辑性，能否唤起学习的高涨心情。

（2）看肢体表达方面，动作示范是否正确、自然和优美，能否诱发学生的学习向往。

（3）看能否根据教材有的放矢地分别展开不同向面的示范，能否给予学生视觉和知觉活动，明确所学动作，为进入练习提供清楚而又正确的动作表象。

2. 教法能力的评价

体育教师教法能力的评价，可围绕三个方面进行。

（1）教法的选择与应用是否符合学习者的认知特点、心理和生理特点。

（2）教法的选择与应用是否符合教材的学习规定和顺序。

（3）教法的选择与应用是否符合教学的条件与环境。

3. 组织能力的评价

体育教师组织能力的评价，可围绕四个方面进行。

（1）看教材内容的组织是否符合感知、理解、巩固和提高的原则，能否体现由简单到复杂、分解到完整的逻辑递进。

（2）看教学的组织练习之间的匹配，是否符合由单一练习到组合练习、由个人练习到分组练习的递进。

（3）看教学的场地与器材是否符合教学内容呈现的需要，能否正确选择易用、实用的有效媒体和材料。

（4）看教学组织能否按照动作技能的形成规律，能否正确适配课堂结构。

### （三）体育教师教学效果的评价

体育教师课堂教学效果的评价，包括对体育教师的教学行为，如教学、组织和教育的行为进行评价和对学生在学习过程中的表现以及学习前后发生的变化进行评价。一般而言，体育教师的课堂教学效果主要包括教学目标的达成度、教学的实用性、学生的发展性、教学效果的覆盖面、学生的参与程度等方面。

1. 学生的体育学习兴趣是否得到激发

学生的体育学习兴趣是否得到激发，主要体现为学生喜欢体育课和主动参与体育活动的程度。学生是体育课堂教学的主体，体育教师在进行课堂教学时应努力激发学生体育学习的兴趣，促使学生积极参与体育活动，让学生充分体验体育学习和体育活动的乐趣，并在愉快的学习中获得进步和发展。

体育教师教学效果的评价，应十分重视学生喜欢体育与健康课程和参与体育活动的程度。如果学生在体育与健康课堂上只是被动地应付，不能积极地参与教学活动，

那么这样的课堂教学是低效甚至是无效的。学生只有自觉、主动地参与体育活动，并养成锻炼身体的习惯，体育与健康课程的目标才能实现，学生的健康发展才能得到保证。因此，学生喜欢上体育课和参与体育活动的程度是体育教师教学效果评价的一个重要方面。

2. 学生主体地位是否得到体现

传统意义上的体育课评价首先是看教学目标是否明确、内容安排是否合理、教学组织是否严密、声音是否洪亮有力、哨音吹得是否富有节奏感、讲解是否清楚、动作示范是否准确等方面。然而，在这样的体育课上学生究竟学到了什么？教师在安排教学内容的时候是否考虑从学生的需求出发？学生的主体地位又如何在这样的体育课中得以体现呢？这种现象在优质课的评比中尤为常见，也带来了不小的负面效应。这种课的目的是为了评优、获奖，并不是围绕学生的学习来进行的。

体育教学的目的是为了学生的发展，根据现代教育教学的理念，只有学生的主体地位得到体现的体育课，才能称之为好课。

3. 体育教学目标是否得以实现

体育课程强调以“健康第一”为指导思想，课程目标也是直指学生整体健康水平的提高。因此，对体育教师的评价应看他在课程设计、教学方案和计划的制订、教学内容的选取、教学评价等方面是否充分体现“健康第一”的指导思想，是否在体育教学过程中贯彻和落实这一指导思想，是否促进了学生身心健康的发展。

体育教学的目的是促使学生通过体育学习和活动得到全面的发展。比如体育课的真正意义不仅仅局限于教给学生某些运动知识和技能，更重要的是通过体育教学，影响学生集体主义的情感，培养学生奋发向上的精神，形成乐观开朗的生活态度。好的体育课堂教学甚至能使学生一生受益，这才是一堂好课的真正价值所在。

4. 体育教师的课堂教学实践能力

体育教师的课堂教学实践能力主要包括：融会贯通《义务教育体育与健康课程标准（2011 年版）》的能力，如对课标的领会和掌握程度；对现代教育教学理论和教学方法的掌握和实际运用能力；掌握从事体育教学必需的基本技能的情况，如体育教学的设计、讲解、示范、提高、应变、组织教学和评价的能力；激发和保持学生运动兴趣，促进学生形成体育锻炼习惯的能力；运用现代教育技术手段（如多媒体教学手段等）进行教学的能力以及利用和开发体育课程资源的能力；等等。

5. 课堂教学的创新程度

没有两个完全相似的学生，也不会找到适合所有学生的一种教学方法。因此，教师不能照搬照抄一些优秀公开课的教案来对自己的学生进行教学，也不能对所有学生从头到尾都只用一种教学形式上课。应该研究学生的个体差异，因材施教，把同行教师优秀课中主要的理念和有益的经验加以理解，融会贯通于自己的课堂教学中，而不是简单地学习和模仿。体育课程给予教师很大的选择余地和发展空间，鼓励体育教师开展创造性的体育课堂教学。因此，课堂教学评价的一个重要内容就是看教学是否有新意，是否令人耳目一新。

## 二、体育教师教学评价的方法

1. 即时性评价、阶段性评价与终结性评价相结合

课堂教学评价主要是通过发展性的评价来促进体育教学工作的不断改进。课堂教学评价即可针对某一课堂进行即时性评价，也可针对阶段性的课堂教学或整个课程的课堂教学进行评价。

即时性评价可采用每堂课后由教师在教学日记或教案上做简要评述的方式进行，从而起到及时回忆课堂教学活动全过程，发现问题与不足以便及时纠正的作用。即时性评价也可由领导、同行或专家、学生以评课讨论会的方式进行，以便于相互指导、交流与沟通、反馈信息、激励教师扬长避短。即时性评价是最直接、最具体、最及时的评价形式，因而也是一种应用非常广泛且行之有效的课堂评价形式。

根据各地、各校的实际条件，可以采用随机的方式在每学期进行若干次即时性评价，也可以激励和促进体育教师不断地追求进步与发展。在进行即时性评价的基础上，还应由学校组织课程教学，实施阶段性或总体评价，对体育教师的课堂教学进行管理和指导，了解每一位教师的教学发展情况。这种阶段性评价至少每学期进行一次，并要将评价结论和整改建议及时反馈给教师本人，以便体育教师在新学期的课堂教学中有更大的发展。

2. 定性评价与定量评价相结合

随着教育评价理论和技术研究的发展，对课堂教学不仅可以进行定性评价，还可以进行定量评价。定性评价主要是通过评课活动进行讨论、分析和评述，也可对评价指标进行等级制的评定。定量评价则可通过评价量表的形式进行评价，给出客观分数，以判定课堂教学质量的好坏。各地、各校或体育教师自己均可以根据实际情况选择课堂教学的评价指标，编制体育课堂教学评价表，以便于对体育课堂教学进行有效评价。

定性评价和定量评价在使用上各有优劣，定性评价在很大程度上缺少量的判断，主观随意性较强，但能给体育教师提出建设性的意见；定量评价则强调量化，可以提供客观数量上的标准，但仍必须在对量化的数据进行定性分析之后，才能给教师提供改进建议。如果把两者有机地结合起来，则能更为科学准确地对课堂教学做出评价。

## 三、体育教师教学评价的主体

体育教师教学评价强调评价主体的多元化，将教师自评与领导评价、同行评价、

学生评价有机结合起来，这样才能对体育教师的发展进行全面而有效的评价。

### （一）领导评价

领导评价一般是指教育行政部门领导、学校领导（校长、教导主任或教研组长等）对体育教师进行的评价，也是体育教师教学评价中对教师促进作用最大的一种外部机制。领导能较好地把握评价标准和评价原则，能对体育教师的教学行为给出客观的评价。然而，对于体育教师的课堂教学质量，由于领导很少会深入每一堂课逐一评价体育教师的教学质量，很难对体育教师的教学行为给出全面而客观的评价。领导评价与领导者本身的素质、评价水平、公正的程度具有极大的关系，要全面评价体育教师的教学情况，还要结合其他主体的评价结果。

### （二）同行评价

教师间的教学相互评价是为了提高教学质量，在教师同行之间进行的业务性评价，也称同行参与评价。评价的内容围绕教学思想、教学设计、教学风格、教学方法的适用性和教学效果等开展。教师间的教学相互评价的主要方法包括互评、互议、学习同行优点和指出同行不足等。主要手段包括日常教学观摩、教学评议、教学课评优活动、教学研究活动、说课活动和教学总结等。

需要注意的是，体育教学是一项专业性比较强的工作，需要专门的学科知识来保证评价的信度和效度。同行间的评价，在业务基础上不会有太大问题，但是可能碍于情面或个人偏见等原因，影响评价的客观性。因此，在进行教师相互评价时应注意：①采用定性和定量相结合的分法，从教学的具体环节入手，用公认的等级和分数进行评价，以求客观标准；②要把教师间的教学相互评价更多地看成是业务性和探讨性的评价，不要过多地将评价与功利性因素联系起来；③评价要将教师的自评与同行评价更好地结合起来；④教师间的教学相互评价可多采用“公开课”或“评议课”的形式进行，以便有的放矢；⑤主持教师间的教学相互评价的领导要熟悉业务并了解体育教学改革形势，使评价有正确的方向。

### （三）学生评价

在体育与健康课程的教学过程中，学生是体育教学的主体，也是教学活动的直接对象。学生对体育教师有最全面的接触和最深切的了解，对体育教师的教学效果和自己学到的知识与技能感受也最深刻。由学生评价体育教师的教学质量，有助于体育教师改进教学过程，达到教学相长的目的。学生评价不仅可以指出体育教师在教学上的优点及存在的问题，促使体育教师充实、调整和更新教学内容，改进教学方法，还有利于促使体育教师调整自己的教育观，更加注意倾听学生的意见，了解学生的需要，不断提高和完善自己，深入研究和运用教学规律，提高教学质量。同时，学生通过参与对体育教师教学的评价，也有助于他们提高评价能力和获得更多学习机会。

## 案例1：学生对教学过程的评价案例

【案例陈述】体育课堂教学学生评价案例

上课班级：　　　　　　　任课教师：　　　　　　　　　　年　　月　　日

指导语：同学们，下面的每个问题都分为A、B、C、D四个等级，请在最符合你的情况的等级上打“√”。每个问题只能选一个等级打“√”，不能多打，也不要漏打。多谢！

1. 老师上课时，课堂秩序好吗？

A. 很好　　B. 比较好　　C. 不太好　　D. 不好

2. 老师的讲解你能听懂吗？

A. 很好懂　　B. 比较好懂　　C. 不太好懂　　D. 不好懂

3. 当同学动作练习发生困难时，老师帮助同学耐心吗？

A. 很耐心　　B. 比较耐心　　C. 不太耐心　　D. 很不耐心

4. 你对这一节课所学的内容感兴趣吗？

A. 很感兴趣　　B. 比较感兴趣　　C. 不太感兴趣　　D. 不感兴趣

5. 你喜欢上老师的这一节课吗？

A. 很喜欢　　B. 比较喜欢　　C. 不太喜欢　　D. 不喜欢

6. 你认为老师示范动作怎样？

A. 很好　　B. 比较好　　C. 不太好　　D. 不好

7. 你感觉这一节课的运动量怎样？

A. 适中　　B. 较适中　　C. 不太适中　　D. 不适中

8. 这一节课同学们在练习中团结协作，互相帮助的程度如何？

A. 很好　　B. 比较好　　C. 一般　　D. 不好

9. 这一节课同学们能积极参与吗？

A. 很积极　　B. 比较积极　　C. 一般　　D. 不积极

10. 你掌握了这节课的运动知识和技能了吗？

A. 掌握　　B. 基本掌握　　C. 部分掌握　　D. 没掌握

注：A选项得分2分；B选项得分1.5分；C选项得分1分；D选项得分0.5分，每题目满分2分，共20分。

（资料来源：http://pe.cersp.com）

【案例分析】由学生、同行或专家进行的课堂教学评价，除了公开课外，可采用随机的方式在每学期进行若干次。阶段性或课程教学实施的总体评价，应在课堂教学评价的基础上由学校组织进行，至少每学年进行一次，并将评价结论和修改建议及时反馈给被参评教师本人。这样可以指导教师更好地改进其教学水平，提高其教学质量，也可以培养学生正确的价值判断观念和主体意识。

### (四)教师自评

教师自评是通过反思来分析问题与不足，并及时进行总结做简要评述的过程，也是一种自我认识、自我教育和自我提高的具有内省机制的评价。评价的内容包括教学目标、教学的组织和课的结构、教学内容的质与量、师生间的交流和关系、教学技巧和授课能力、教学目标的实现程度及教学思想、教材化及个性化的教学模式、教学方法的恰当性、教学效果等。教师教学评价可通过自省、自评和自我总结的方法，运用目标的回顾、阅览学生的学习卡片、对比学生前后的变化和听取学生意见等手段进行(见表9－1)。

表9－1　教师自我评价

| 项目 | 具体方式 |
| --- | --- |
| 评价内容 | 教学思想、教材化、个性化的教学模式、教学方法的恰当性、教学效果 |
| 评价方法 | 自省、自评、自我总结 |
| 评价手段 | 目标的回顾、阅览学生的学习卡片、对比学生前后的变化、听取学生意见 |

# 第三节　学生体育课程学习的评价

学生体育课程学习的评价，是为了了解学生体育课程学习的实际状况做的一种评判，包括对学习相关进程和结果的评价。

对学生体育课程学习能力进行评价的目的包括以下几点。

(1) 了解学生的学习情况与表现，以及达到学习目标的程度。

(2) 判断学生学习中存在的不足，分析其原因，为改进教学提供依据。

(3) 为学生提供展示自己能力、水平、个性的机会，并鼓励和促进学生的进步与发展。

(4) 培养学生正确认识和评价自己与他人的能力，达到自我教育和互相教育的效果。

## 一、学生体育课程学习评价的内容

### (一)体能的评价

发展体能既是体育课程重要的学习内容，也是体育课程的重要目标。《义务教育体育与健康课程标准（2011 年版）》强调，对与健康有关的体能进行评价，如心肺耐力、柔韧性、肌肉力量、肌肉耐力、身体成分等。体能评价应根据不同水平学生的体能发展目标，考虑学生在体能基础、兴趣、爱好、特长等方面的差异，选择具体的评定项目。在进行与健康相关的体能评价时，可参照《国家学生体质健康标准》，结合学生的基础、身体发育情况及进步幅度进行评价。对于与运动技能有关的体能评价，如篮球项目中的弹跳力、羽毛球项目中的灵敏性、田径短跑项目中的速度等，由于项目的差异导致很难有国家层面的统一评价标准。各地、各校应根据学生的实际情况制定相应的评价标准，尤其要关注学生通过学习后的体能进步幅度的评价标准。

#### （二）知识与技能的评价

对学生体育与健康的知识与技能学习的评价主要根据不同学习水平的学习目标和要求，有针对性地选择相应的体育与健康知识、技能及运用能力。

在评价时，体育教师可以结合教学的实际情况，选择体育锻炼知识、比赛规则和技战术运用等内容，采用规定动作展示、在教学和比赛中运用所学运动技能、选择擅长的技能展示等方式对学生所掌握的知识与技能进行综合评价，鼓励学生积极学习和运用，促进学生体育与健康学习。同时，还要注意，评价内容与方式易简不易繁。

#### （三）学习态度与参与的评价

从终身体育的角度来看，体育与健康课程的重要目标就是要树立学生对体育与健康的正确认识，使学生形成正确积极的体育态度。在体育与健康课程学习过程中，对学生态度与参与的评价主要包括学生体育课上的出勤与表现、学习方式、学习兴趣、健康行为表现以及运用所学知识和技能参与课外体育活动的情况等。在实际教学中，体育教师可以结合学生的学习特点和课堂常规要求，有针对性地对学生的态度与参与进行评价。对学生体育学习态度、运动参与的评价，可以从他们能否主动、自觉地参与体育学习和活动等方面进行简单的记录，为期末成绩的评定提供依据，也可以编制一些相关的自评量表，以问答的形式让学生评价自身参与体育与健康学习的态度。

#### （四）情意表现与合作精神的评价

学生的情意表现主要包括：能否战胜胆怯、自卑，充满自信地进行体育与健康活动；能否敢于和善于克服各种困难与障碍，挑战自我、战胜自我，坚持不懈地进行体育与健康活动；能否善于运用体育活动等手段来调控自己的情绪；等等。学生的合作精神则主要包括：能否理解和尊重他人，并在体育与健康学习过程中表现出良好的人际交往能力与合作精神，努力承担在小组学习中的责任，如为小组的取胜全力以赴；能否遵守规则、尊重裁判；能否在学校和社区体育与健康活动中履行自己的权利和义务，表现出负责任的社会行为；等等。

体育教师可以采用多种方式来评价学生的情意表现与合作精神。如由各小组长或体育骨干协助体育教师记录以及采用自评和互评的方式，让学生对同伴的情意表现与合作精神进行评价，等等。

教师对学生体育成绩的评定内容和方法实例见表 9－2 和表 9－3。

**表 9－2　学生体育成绩评定（百分制）**

| 领域 | 分值 | 评分内容 | 评分方法 |
| --- | --- | --- | --- |
| 体育态度 | 10 | 出勤率、态度评定 | 出勤统计＋主观评价 |
| 体育知识 | 20 | 体育运动项目知识、体育锻炼知识 | 知识考试＋主观评定 |
| 运动素质 | 40 | 速度、耐力、柔韧、灵敏、力量等运动素质 | 素质测验＋主观评定 |
| 运动技能 | 30 | 有关运动技能的评价 | 技评考试＋主观评定 |

**表 9－3　学生体育成绩评定（5 分制实例）**

| 领域 | 分值 | 评分内容 | 评分方法 |
| --- | --- | --- | --- |
| 运动技能 | 3 | 特长、技能面、体育锻炼知识 | 参考技能考核与知识考试的主观评价 |
| 运动参与 | 0.5 | 积极态度、爱好 | 参考行为观察和态度问卷的主观评价 |
| 身体健康 | 0.5 | 病假率、体适能 | 参考出勤和健康标准测试的主观评价 |
| 心理健康和社会适应 | 1 | 开朗性格、集体融入度 | 参考行为观察和态度问卷的主观评价 |

## 二、学生体育课程学习评价的方法

学生体育课程学习评价方法的种类较多，根据不同的维度有不同的分类（如图 9－2 所示）。在对学生的体育与健康课程学习进行评价时，体育与健康课程不能单一地使用定量评价、终结性评价或绝对性评价，应强调各校应该根据实际情况，采用多种评价方法相结合的方式，实现定量评价与定性评价相结合、终结性评价与形成性评价相结合、绝对性评价与相对性评价相结合，全面综合地评价学生的体育与健康课程的学习实效。需要强调的是，无论使用哪种评价方法，都要特别关注学生的进步幅度，对进步幅度的评价既体现了相对性评价，又包含了绝对性评价；既包括了形成性评价，又涉及了终结性评价；既突出了定量评价，又因为进步与否凸显了定性评价的内涵和关注学生的个体差异。

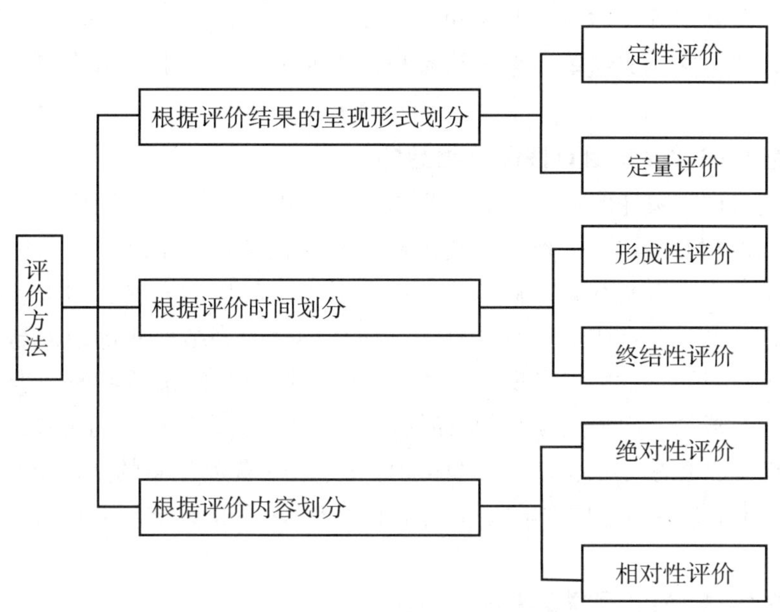


**图 9－2　评价方法分类**

### （一）定性评价与定量评价相结合

学生的体育与健康课程学习效果体现在身体、心理和社会适应等方面，仅采用定量评价不能全面反映学生的多维学习目标的达成情况。因此，需要体育教师充分发挥创造力，采用定量与定性相结合的方式对学生的体育学习成绩进行全面、综合评价。这种结合主要表现为两个方面：一是对某些可量化的因素进行定量评价，对那些不能量化的因素进行定性评价；二是对某些因素进行量化后得到的结果进行定性分析。在评价学生的体育与健康知识和技能掌握情况以及体能发展水平时，主要以定量评价为主；当评价学生的体育学习态度与参与、情意与合作表现时，主要以定性评价为主。

需要指出的是，体育与健康课程强调定性评价并不是否定定量评价，而是为了更好、更具体地反应学生的体育学习情况。因此，定性评价从本质上并不排斥定量评价，体育教师需要将两者巧妙地结合起来，为促进学生的体育与健康学习发挥应有的作用。

### （二）形成性评价与终结性评价相结合

在体育学习中，学习目标主要是在“过程”中完成，其中许多目标如果不在“过程”中进行评价，而统一集中在学期末进行评价则会失去客观性。因此，体育学习评价的方法必须多元化，将形成性评价和终结性评价结合起来。

在体育学习中，教师可以通过观察记录学生的行为表现，并以口头评价的方式及时对学生的行为做出反馈，使学生了解自身学习情况并不断改进，提高学习能力。当对学生进行学期或学年评价时，需要综合考虑学生的体能、知识与技能、态度与参与、情意表现与合作精神、健康行为等表现的变化与发展，并结合学生的期末学习成绩给出综合得分。除此之外，体育教师也可将班级学生的体育与健康学习成绩进行汇总，上交教务处，或与文化成绩单一起寄给家长，以使他们了解学生的体育与健康课程学习情况。

### （三）绝对性评价与相对性评价相结合

体育与健康课程关注的是学生的进步与发展，因此体育学习评价不仅要采用绝对性评价，更强调相对性评价的作用。具体做法是，在学生入学之初，通过诊断性评价建立一套学生个人体育与健康课程学习档案，对学生的体能发展、知识与技能等方面进行摸底，作为入学起点成绩。通过将每学期结束时的终结性评价结果与学期开始时的起点成绩进行对照，就可以发现每个学生一学期体育与健康学习的进步幅度（相对进步成绩 = 绝对成绩 - 起点成绩），从而使每个学生都能看到自己的进步，感受到通过努力获得进步所带来的成功体验。在具体的操作过程中需要注意的是，相对性评价应简便、易操作，不应过多地增加教学负担。同时，相对性评价要与绝对性评价结合使用。

## 三、学生体育课程学习评价主体

为了全面了解学生的学习情况，体育与健康课程强调不应单一地由体育教师从外部对学生的学习成绩进行评价，而应让学生参与到评价中来，学生可以对自己和同伴的学习情况进行自评与互评。在条件允许的情况下，还可以让家长参与到评价中来，对学生校外的体育与健康行为进行评价，从而使评价主体多元化。

### （一）学生

学生评价主要有学生自我评价与互相评价，即由学生对自己或同伴的体育与健康学习情况进行评价（见表 9 - 4 和表 9 - 5）。通过学生评价可以提高学生正确认识和评价自己与他人的能力，增强主体意识；可以培养学生的观察能力、判断能力、分析和解决问题能力；增强学生创新能力和交流沟通等社会能力。让学生参与到体育与健康学习评价中来，可以丰富体育教师对学生的评价，避免评价的片面性。采用学生自评和互评、教师测评相结合的方式，能够充分保证体育学习评价结果的公正性。

**表 9 - 4　学生自我评价**

| 项目 | 具体方式 |
|---|---|
| 评价内容 | 自己学习目标、参与程度、拼搏精神和学习效果 |
| 评价方法 | 自省、自评、自我反馈、自我暗示 |
| 评价手段 | 目标的回顾、学习卡片、成绩前后对比、行为的检点 |

表 9－5 学生相互评价

| 项目 | 具体方式 |
|---|---|
| 评价内容 | 同伴的学习目标、参与程度、拼搏精神和学习效果 |
| 评价方法 | 互评、互议、学习同伴优点、指出同伴不足 |
| 评价手段 | 观察、学习卡片上的互动、课中讨论 |

要特别注意以下两点。

（1）学生的自我评价难免会出现偏差。因此，在进行学生自我评价时，要注意与功利性分离，更不宜作为最终学习成绩的评定。

（2）由于经验的不足，学生进行相互评价时可能会有许多不准确之处。因此，学生相互评价不宜作为最终学习成绩的评定。

### 案例 2：运动技能学习中的互评

【案例陈述】这是在篮球传、接球教学过程中，教师对学生发放的同伴之间相互评价活动的调查问卷（见表 9－6）。

表 9－6 学习主题：篮球传、接球

| |
|---|
| 你的姓名：<br>同伴的姓名：<br>根据学习过程中的实际情况，请回答下列问题：<br>（1）在篮球传、接球的学习中，我认为同伴有以下特殊能力：<br><br>（2）我的同伴对篮球传、接球学习的突出贡献是：<br><br>（3）我的同伴在篮球传、接球学习中存在的困难是：<br><br>（4）我的同伴在篮球传、接球学习中今后应注意改正的问题是： |

（资料来源：周登嵩．学校体育热点 50 问［M］．北京：高等教育出版社，2007.）

【案例分析】这是一个在运动技术学习过程中采用的问卷，是同伴互评案例，问题的设计具有集中、简单、易懂的特点。这样的评价方式不仅可以促进被评学生运动技术学习的进步，而且对于评价方的学生来说也是一种很好的学习和观察机会，对促进自身学习的进步也具有十分明显的作用。为了方便使用，该问卷也可以运用于课堂讨论。

### (二) 体育教师

在体育与健康学习评价中，体育教师评价主要是由体育教师依据学生的学习目标达成度、行为表现和进步幅度等，参照学生自我评价和相互评价的情况，对学生的体能、知识与技能、态度与参与、情意与合作和健康行为等方面进行综合评价，以保证体育与健康学习评价结果的公正性和全面性。教师在开展体育与健康教学活动时，可以以团队的方式进行。教师关注团队学习的表现，并给予相应的评价，团队所获的成绩即为各成员的平时成绩。这种评价方式体现了教师主体，还能够培养学生与他人合作的精神，达到育人的功能，且简便易操作。

### (三) 其他人员

除了学生评价和教师评价以外，还可以让“教”与“学”以外的班主任和家长等参与到学生体育与健康学习评价中来，这对于了解和评价学生课外体育锻炼情况有很好的补充作用。从课堂之外的视角对学生的体育与健康学习进行评价，将学生的课内和课外具体学习情况结合起来，有利于体育教师更好地把握体育与健康课程教学的实施。

体育教师应不定期地与学生家长联系，充分发挥家长的作用，及时了解学生进行校外体育与健康活动的情况，为评价学生参加课外活动情况提供依据。家长的关注也有利于培养学生坚持体育锻炼的习惯，形成健康的生活方式，改进教师的“教”和学生的“学”，增强对学生体育与健康学习重要性的认识，从而更加关注学生的课外体育锻炼习惯和健康生活方式的养成。

## 四、 体育教学评价中的其他案例赏析

### 案例 3：单、双脚跳（素质练习）

【案例陈述】利用游戏“造楼房”提高学生跳跃能力的方法设计：

学生分成 8 组，各组在地面用粉笔造（画）“楼房”，每造（画）一层本组全体同学依次练习一轮；所造（画）的“楼房”每一层不低于 50 厘米，并且要一层单格、一层双格间隔造（画），练习中单格单脚起跳、双脚落地，双格双脚起跳、单脚落地，最后看哪一组造（画）的“楼房”又高又漂亮?

【案例评析】案例 3 通过将民间造“楼房”的游戏与跳跃练习的组合，有效地优化了活动内容，增强了跳跃练习的情趣，摆脱了单纯跳跃练习的枯燥乏味，促进了学生为本组的胜利积极主动地参与练习，从而有效地提高学生的跳跃能力。

## 案例4：叠罗汉（游戏）

【案例陈述】叠罗汉教学设计：

（1）教师介绍学习内容，学生观看叠罗汉图解，教师讲解。

（2）学生4~16人一组，分组尝试练习，教师巡视指导。

（3）反馈练习情况，小组展示动作造型，并结合动作进行讨论。

（4）巩固深化练习，在注重动作造型稳定性的基础上进行创新和拓展性练习。

（5）展示学习成果，各组轮流展示动作造型，并进行评价。

【案例评析】案例4以学生小组合作的形式贯穿于学习活动的始终，学生在学习过程中能认真制定方案，如谁在下位，谁在上位，谁负责指挥，等等。随后，尝试体验动作，相互讨论完成动作的要点，并在组际交流时积极展示他们的学习成果，讲述动作形成的技术要领。这样的活动形式有利于学生之间的交往和沟通，培养学生的合作精神，从而促进学生对活动的参与度。

## 案例5：篮球

【案例陈述】篮球投篮教学设计：

（1）陈述学习内容。

（2）学生分组尝试练习。

（3）学习反馈，组织讨论，重点关注投出的球要有一定的抛物线。

（4）强化巩固练习投篮动作。

（5）分组投篮对抗赛。

（6）学习评价。

【案例评析】案例5在教学过程中，采用了小组合作的形式让学生练习投篮动作。学生经过尝试体验练习、学习讨论和强化巩固练习等学习环节，在投篮动作已基本达成教学目标的情况下，采用分组投篮对抗赛的游戏活动，不仅能有效地激发学生对投篮练习的兴趣，强化学生参与活动的行为，而且对学生巩固投篮动作技能具有积极作用。

## 案例6：郊游

【案例陈述】“郊游”教学设计：

1. 出发准备

教师语言诱导，构思郊游活动情境，激发学生活动兴趣。

2. 郊游途中

（1）郊游行走途中进行队列练习，并用《郊游》歌曲音乐伴奏。随后，引导学生想象，并模仿农民伯伯劳动的情境，以及小动物活动动作；进行准备活动的模仿操练习等。

(2) 引导学生模仿小白兔、小青蛙跳，结合立定跳远动作进行教学。

3. 郊游活动

到达郊游活动地点后，结合帮助农民伯伯采蘑菇的情境，开展采蘑菇游戏接力活动。可采用白色垒球布置在草坪上作为蘑菇，学生进行采蘑菇分组往返接力，并用《采蘑菇的小姑娘》歌曲渲染活动氛围。

4. 郊游活动结束

教师结合活动情况进行总结评价。

【案例评析】案例6将体育课堂教学活动与学生郊游情境的有机结合，使体育课堂教学活动更接近于学生的实际生活，以促进学生积极主动地参与体育活动，从体育教学活动中体验生活，从而使学生活动过程中获得丰富的情感体验，这对于激发学生参与体育活动的兴趣、享受体育活动的快乐具有积极的意义。

## 案例7：学习广播操

【案例陈述】新生学习广播操教学片段设计：

当一节广播操学完，学生已能完整练习时，将学生分成4组轮流展示，一组展示其他组观看，做完后让其他各组的学生说说该组中谁做得最好，好在哪里？谁的动作还需要改进，并指出动作需要改进的环节。

【案例评析】案例7进行分组展示评比，并且让学生相互评价，这样有利于培养学生主体的责任意识。同时，也能够让主体通过评价体验到参与活动的乐趣。这样设计的好处包括：①能够促进学生以积极认真的态度参与展示，一个小组的成员之间是荣辱与共的，每一个学生都必须为集体的荣誉而积极努力；②让学生进行评价，不仅使学生加深了对所学动作的理解，而且有效地促进了学生主体参与的整体性，在这一过程中，学生既要细心观察动作的正确与否，还要认真思考语言的组织和表达。

## 案例8：跑，还是很有趣的

【案例陈述】在体育教学中，速度课和耐力课往往会显得枯燥乏味。对学生而言，此类项目需要付出更大的努力。在近一年的课改实验中，部分教师尝试了一些游戏项目，用于提高学生兴趣，发展学生的奔跑能力，发挥了跑在促进集体的协作、友伴的组合以及个人在集体中价值的体现等方面的作用。

1. 尝试1：接力跑

跑的总距离固定，但允许同一组的学生每人可以跑不同的距离，其差距限制在正负8米之内。这样跑得较快的学生会感到自己有了用武之地，这些跑得慢的同学也会努力，两者相得益彰。

2. 尝试2：负重2.5公斤沙袋接力跑

由于这是一项速度和力量结合的运动，原来奔跑速度快的同学较之于速度慢的同学未必有优势。有些原来奔跑速度较慢的同学的体能优势此时便显示了出来，从而再次获得心理上的平衡和体现自身价值的快感。

3. 尝试3：合作（两人三足）跑

这种跑步的形式不像正规的快速跑，要想取得成功，就必须依靠两人的默契配合。在这里，速度并不是最重要的，只有最和谐的互相配合，才能获得成功。它使学生享受胜利喜悦的同时，体验相互合作和团队精神的重要性。未来的体育课更注重学生的健康目标，以往教师在上耐力跑课时，经常安排学生围绕着操场无休止地跑步，或者是定时跑等。这样一跑到底的体育课，确实让学生感到单调和厌倦，这也是大部分学生喜欢体育运动却不喜欢上体育课的原因所在。对此，在课改过程中，部分教师也进行了一些改变学生的心理状况，改变对耐力跑课堂教学看法的尝试。

4. 尝试4：让学生自主选择练习手段

有些学生选择连续3分钟运球上篮，有的选择连续跳绳3分钟，有的选择5分钟追逐跑，有的选择5分钟带球突破射门，等等。他们用不同的方式来表示自己的情感，来体验体育锻炼的乐趣。我们认为，跑只是一种手段，提高学生的耐力才是教学的目标，课堂上只要有利于受教育者提高心肺耐力的一切有效手段均可以进行大胆的试验。

【案例评析】案例8中，教师试图通过各种跑的游戏，激发学生参加快速跑和耐久跑练习的兴趣，提高他们的积极性。案例中4种尝试，能较好地解决学生喜好体育运动，但不喜欢那种枯燥乏味的反复跑、定时跑、定距跑等练习方式的矛盾，使学生积极主动地投入到快速跑和耐久跑的练习中。学生在欢快的学习气氛中，既锻炼了身体，发展了快速奔跑的素质，提高了心肺功能，又学会了如何通过团结合作完成学习任务，还通过自主选择练习手段提高了体育学习的能力。在本案例中，无论是教学内容的安排，还是学习方式的运用，都体现了体育与健康课程标准提出的“目标统领教学内容和教学方法”的要求。

## 五、《〈体育与健康〉教学改革指导纲要（试行）》关于评价的要求

（1）丰富评价内容，倡导开展多元性评价，注重对学生语言表达（是否能说出）、动作表现（是否能做对）、能力体现（是否能会用）等的多方面检验，完善评价方式，提升评价效果。

（2）打破以往只对运动技术、体质健康等某一方面的评价，要更加注重“知识、能力、行为、健康”综合评价指标体系的建立。为增加评价方式的便捷性和评价结果

的精准性，鼓励引入人工智能等评价方式。

（3）改进知识评价。主要是对体育知识、健康知识等的评价，建立知识测评题库，通过试卷纸笔测试、线上网络测试、随堂口头测试、组织开展活动测试等相结合的方式实施。小学侧重情境式测试，初中和高中可多采用主题式测试。

（4）突出能力评价。主要包含基本运动能力评价和专项运动能力评价。基本运动能力评价按照各学段必修必学的基本运动技能确定评价内容；专项运动能力评价可依据专项运动技能学习结构化内容确定评价内容，特别要注重对学生运用知识的能力以及比赛能力的评价。

（5）完善行为评价。注重对学生健康行为和良好品德的评价，鼓励利用大数据平台实施体育家庭作业制度，重点评价学生体育锻炼行为与习惯的养成，实现对日常锻炼情况的过程性评价；通过组织各项体育比赛，充分把握学生的品德，尤其要强化团结协助、勇于拼搏等优良品格的评价。

（6）强化健康评价。对标《国家学生体质健康标准》，通过精准监测各学段学生对应的体质健康指标，评价中小学生的体质健康水平，及时向家长反馈，便于做好家校联合，共同促进学生的健康成长。

**思考题：**

1. 什么是体育教学评价？
2. 体育教学评价发展的特点是什么，为什么会有这些特点？
3. 体育教学评价的类型有哪几种？
4. 常用的体育教学评价的方法有哪些？
5. 如何看待校外人士对体育教学的评价？
6. 体育教师教学评价的主体有哪些？
7. 体育课程学习评价的内容有哪些？

体育课堂教学评价表

广州市××中学课堂教学评价表

课堂教学质量评价表

# 第十章　课余体育锻炼

**内容概要**

课余体育锻炼是课外活动的重要组成部分，是达成学校教育目标的途径之一，具有教育学、体育学、文化学等多方面的价值。本章主要围绕课余体育锻炼的组织形式和实施进行阐述，分析了大课间、班级体育锻炼等组织形式的内容，并总结了课余体育锻炼组织实施的方式。

# 第一节　课余体育锻炼概述

## 一、课余体育锻炼的概念

课余体育锻炼是指以在校学生为主，在校内或校外进行的以身体运动、健身活动、各类竞赛以及学校综合体育活动为主要锻炼手段，通过有组织的班级或团队为基本活动单元，以满足身体、心理和社会适应能力发展的体育活动。

## 二、课余体育锻炼的地位

1. 课余体育锻炼是学校课余活动的重要组成部分

课余体育锻炼具有教育功能，学校体育为了实现既定的教育目的与教学目标，需要在体育课堂教学的有限时间以外，开展各种促进身心健康发展的课外体育活动。课余体育锻炼以其灵活、轻松、愉快的氛围特点，通过身体练习，帮助学生学习或巩固体育知识、运动技能，培养学生的体育品德，发展学生个性，具有空间广泛性、活动灵活性、主体自觉性的显著特征。课余体育锻炼与体育课堂相互配合、互为补充，构成了完整的学校体育课程体系，共同担负着培养身心全面发展的人的任务。

2. 课余体育锻炼是学生课余生活的主要表现形式

学生课外生活丰富多彩，包括文艺娱乐、科技发明、体育锻炼等，且组织形式多种多样，如小组活动、个人活动、俱乐部活动、协会活动等。课余体育锻炼是学生课余生活的重要内容，一方面学校根据实际情况因地制宜地开展各种形式的校内竞赛活动，如趣味运动会、体育节等；另一方面家长从个性发展、兴趣爱好、经济、时间等多方面入手，开展校外体育活动，如郊游、爬山、家庭体育比赛等。这些体育锻炼的形式与内容有利于学生个性和心理的健康发展，同时又可以丰富课余生活，培养学生的兴趣。由此可见，课余体育锻炼既是一种教育活动，也是一种休闲娱乐活动。

3. 课余体育锻炼是贯彻终身体育思想的关键因素

学校是培养学生终身体育意识的重要场所，学校体育是培养学生终身体育能力的关键手段。培养学生终身体育能力不仅是通过有限的课堂教学对学生进行知识、技能和方法的传授、运动兴趣的培养、社会适应能力的挖掘，更为主要的手段和方式是通过课外体育锻炼潜移默化地将课堂所学的知识、技能和方法转化为学生终身体育的意识、能力和习惯。课余体育锻炼能够培养学生对体育的兴趣，养成体育锻炼的良好习惯，树立终身体育的观念。

4. 课余体育锻炼是践行素质教育的重要环节

2021 年，教育部出台了“双减”政策，提出了增加中考体育分数的计划，目的在于减轻学生课业压力，促进学生德育、智育、体育、美育、劳动教育全面发展，推行素质教育，培养全面发展的人。体育关乎健康，是人之根本。身体素质的提高不能仅仅依赖课堂教学，更多的在于课余体育锻炼。课余体育锻炼是一种非常理想地度过闲暇时光的健康方式，通过形式多样、内容丰富的体育活动形式，学生能够合理安排课余时间，按照兴趣爱好和运动基础安排锻炼内容，达到强身健体、全面发展的目的。由此可见，课余体育锻炼是实现素质教育的重要一环。

## 三、课余体育锻炼的原则

1. 课余体育锻炼的自觉性

自觉性原则是指学生参与课余体育锻炼完全依据自身内在的需要，是非强制性的体育锻炼活动。自觉性原则是保证课余体育锻炼正常开展，并达到良好效果的重要条件，是课余体育锻炼的基础性原则。贯彻这一原则要注重加强宣传力度，让青少年明确参加体育锻炼的重要意义和责任感，养成自觉参加体育锻炼的习惯。学校在安排课余体育锻炼内容时应充分考虑不同年龄阶段学生的兴趣需求，激发学生运动参与的兴趣，提高学生参与与锻炼的积极性。教师要注重加强与学生的沟通交流，有意识地普及体育锻炼的知识与技能，为学生自觉参加体育锻炼提供重要的保障。

2. 课余体育锻炼的持久性

经常性原则是指课余体育锻炼要持之以恒，在长期体育锻炼的过程中形成习惯并成为日常生活的组成部分。人体是一个有机的整体，只有经常、不间断地参与体育锻炼才能保证锻炼效果，提高健康水平。贯彻经常性原则要注意合理地安排作息制度，制订科学的体育锻炼计划，保证经常参加体育锻炼的时间，持之以恒，养成坚持锻炼的习惯。

3. 课余体育锻炼的差异性

差异性原则是指课余体育锻炼应根据不同地区、不同学校和不同学生、不同时间的实际情况，因地制宜地开展课余体育锻炼。由于不同地区经济发展情况差异较大，资源配置存在不平衡，学校在基础设施、学生身心发展等方面存在着一定的差异。只有结合客观条件，因地制宜地采取不同措施才能确保课余体育锻炼的有序开展。因此，学校在组织课余体育锻炼时，要充分考虑学校自身的现实条件，根据现有情况合理安排课余体育锻炼的形式和内容。

## 四、课余体育锻炼的功能

1．促进学生的身心健康发展

课余体育锻炼是学生增强体质、增进健康必不可少的途径。现代体育科学已经证明，要想通过体育锻炼增强体质、增进健康，必须要有科学的锻炼方法。其中，锻炼的频度为每周至少3次，理想是每天锻炼1次。为此，仅靠体育课堂教学难以实现既定目标。由于课外体育内容丰富、空间广阔、形式多样，且大多在户外进行，且根据学生的身心发育特点，选择合适的体育锻炼内容，掌握适宜的运动负荷，坚持经常锻炼，可以调节身心，消除学习和生活中出现的身心疲惫、紧张和焦虑。能有效地促进青少年儿童的健康成长，发展身体的活动能力和运动能力，有利于增进健康。

2．培养学生的运动兴趣与习惯

体育课堂教学在满足学生体育兴趣和需求方面存在一定的局限性，而课余体育锻炼具有内容丰富、形式多样、因人制宜等特点，使得课余体育锻炼在满足学生的体育需求和兴趣方面具备了广泛的可能性。学生在丰富多彩并能自愿选择的体育活动中更易得到积极的情绪体验和心理满足，既易于激发进一步从事体育锻炼的动机，也利于兴趣的培养和习惯的形成。

3．奠定学生终身体育的基础

在课余体育锻炼中，学生既可以复习巩固体育课堂教学的内容，促进体育学习质量提高，还可以从事自己所喜爱的活动，体验成功的喜悦和满足感，逐渐培养兴趣爱好，养成终身体育锻炼的习惯。课余体育锻炼大多是自主活动，自我教育意识强，有助于学生自控能力的培养。通过课余体育锻炼活动，学生自学、自练、自评能力，组织、裁判、交往能力，运动能力等都能够得到不同程度的发展。课外体育锻炼在培养学生体育兴趣和能力，养成锻炼习惯等方面有着重要的作用，能为终身体育奠定良好的基础。

4．丰富文化生活

课余体育锻炼较之于课余体育训练和课余体育竞赛，是学生参与面最广、人数最多的一项体育活动。它能够丰富学生的文化生活与生活体验，促进学生的人际间交往，增添了学生的生活乐趣。属于一种外向型的文化活动，归属于校园文化的范畴。可以陶冶情操，充实精神生活，使学生热情乐观，精力充沛，学习生活充满生机与活力。集体项目可以培养学生团结友爱、互相帮助、胜不骄败不馁的精神；练习过程能够培养学生听从指挥、遵守纪律、不怕困难、坚忍顽强、积极进取的意志品质；体育竞赛可以培养学生诚实守信、公平正义的竞争意识，对于加强学生思想品德教育，促进校园精神文明建设都具有重大意义。

# 第二节　课余体育锻炼的组织形式

## 一、课余体育锻炼的特点

课余体育锻炼是指学生在课余时间里，运用多种体育手段，以发展身体、增进健康、愉悦身心为目的的群众性体育活动。在学校体育的多种形式中，课余体育锻炼占据着非常重要的位置，对培养学生的体育意识和行为习惯，增进学生的体质健康起着非常重要的作用。相对于体育课堂教学以及其他课余体育锻炼来说，课余体育锻炼具有以下特点。

1．目的上的健身性

健身性是对课余体育锻炼的目的性要求。课余体育锻炼必须紧紧围绕“健身”这个主题，切实加强对学生体质健康的促进。学校体育的其他形式也有健身性的特征，但与课余体育锻炼相比较而言，健身性的特征不如课余体育锻炼那样直接和明显。体育课堂教学的“健身性”特征很大程度上要让位于“体育知识技能”传授的特征，课余体育训练和竞赛的“健身性”特征也在一定程度上要让位于培养“竞技体育后备人才”的特征。

2．内容上的稳定性

从内容的稳定性上来看，课余体育锻炼的内容要强于体育课堂教学，但弱于课余体育训练和竞赛。课余体育锻炼的这一特征体现在两个方面：一是学校统一组织的课余体育锻炼活动，如早操、课间操、大课间活动等，通常在一个时期内不会在内容上发生较大的变化。广播体操、长跑活动等早年广泛活跃于课余体育锻炼中的活动，今天仍然是我国很多学校课余体育锻炼的主要内容。二是学生个人选择的课余体育锻炼在一定时期内相对稳定。喜欢篮球的学生在课余锻炼时总愿意到篮球场寻找锻炼的机会，喜欢足球的学生则总愿意到足球场。学生个体的这种选择表明，个人的体育兴趣在一段时间内是相对稳定的，频繁的内容转换可能对激发学生的体育兴趣并无好处。

3．组织上的灵活性

课余体育锻炼的组织形式不如体育课堂教学、课余体育训练和竞赛那样要求严格。它可以因时、因地和因人的不同而采取不同的组织形式。在课余锻炼中，只要学生能积极地参与活动，组织松散一些、场面看上去混乱一些、动作技能看上去差一些均无大碍。当然，“无大碍”的前提是学生能在安全的环境中积极锻炼。课外体育锻炼既可以班级、年级、学

校为单位统一开展，也可以个人、友伴的形式分散开展。总之，随着外在环境、活动性质和参与对象的不同，课余体育锻炼所采取的组织形式也可以有所区别。

4．过程上的自主性

课余体育锻炼过程，很大程度上依靠学生的自主性来维持。在这个过程中，体育教师的专业权威不如在体育课堂教学、课余体育训练和竞赛中有明显的体现。很多时候，体育教师（或其他学科教师）在课余体育锻炼中与学生主要是伙伴关系，而不是师生关系，他们一起活动、同场竞技、共担成败。课余体育锻炼的这一特征赋予了学校体育在学生社会性培养中的独特教育价值。因此，课余体育锻炼并不只是如它的称谓那样，仅是一种锻炼性的活动，而是学校教育中一条具有独特育人价值的教育途径。

## 二、课余体育锻炼的要求

1．广泛性与广阔性相结合

课余体育锻炼内容丰富多样，包含多种形式的运动竞赛、游戏活动等。在空间方面，课外体育锻炼既可以在校内进行，也可以在校外进行；既可以在室内也可以在室外。这种空间领域的广阔性，为学生提供了宽广的活动范围。

2．自愿性与规定性相结合

学校课余体育锻炼兼有自愿性与规定性相结合的特点。在学校中某些活动形式（早操、课间操、班级体育活动等）是国家法规明文规定必须开展的体育教育活动，具有规定性。但大多数活动形式是学生按照个人兴趣、爱好自愿参与的自主性体育活动，比如家庭爬山、同伴远足等。

3．多样性与灵活性相结合

课余体育锻炼的内容丰富多彩，没有统一的规定，可根据学校条件、家庭实际与学生需求，选择娱乐性、健身性、竞技性的运动项目。形式则灵活多样，可以是个人、小组、班级、家庭或社区集体进行，也可以是竞赛性或娱乐性的身体活动。课余体育锻炼的内容、人数、方法和组织形式等，均可因人、因时和因地制宜，做到从实际出发，表现出锻炼内容的多样性和组织形式的灵活性。

4．自主性与指导性相结合

课余体育锻炼是在学生自主、自愿参加的基础上进行的，根据兴趣爱好选择锻炼内容、组织锻炼小组、开展锻炼活动。教师和家长为辅助角色，起咨询和指导作用，进行宣传教育和指导，提高学生的主观认识，培养兴趣，发展体育特长，激发锻炼的积极性，提高学生自学、自练、自评的能力，养成终身体育的习惯。

5．多元性与动态性相结合

课余体育锻炼具有主体多元性的特点，学生是实践者，注重学生在锻炼过程中提高创造性，教师是组织者和管理者。与体育课不同，教师无法按照预先设定的活动方案执行，需要根据环境实时对复杂信息进行选择和处理，形成新的活动方案和目标。家长是参与者和监督者。家长根据学生的兴趣和特长，积极引导鼓励学生参与体育锻炼，并适时参与亲子体育活动。

动态性是指在各种活动中总会出现各种出乎意料的问题和情景，如果组织者按照固定的思维和方案实施的话，难以达到活动事先设定的目标，而且会使课余体育锻炼的目标产生偏差。因此，在活动过程中，教师或家长应根据即时出现的不确定信息和问题，依靠经验、知识和技能将突如其来的信息和问题等有机组合在一起，灵活地控制整个课余体育锻炼的过程，使课余体育锻炼内容、方法和方式及时得到更新，并在原有计划的基础上设计新的活动计划和目标。

6. 独立性与补偿性相结合

课余体育锻炼不完全是体育课的延伸和扩展，具有相对独立性。不受课程标准的约束，内容五花八门，大大超出体育教学的范畴。因此，与体育课程既有联系又有区别，不能等同也无法取代。补偿性是从学生身心发展的需要考虑的，补偿体育课程因课标、教案的约束对学生身心发展的局限性。

## 三、课余体育锻炼的组织形式

### （一）全校性的体育活动

1. 早操和课间操

早操是学校作息制度中安排的体育锻炼。在学校住宿的学生，每天起床后做 15 ~ 20 分钟早操。早操能促进机体的新陈代谢，使身体从睡眠时的抑制和放松状态进入积极活动的状态，开始一天的学习生活。

课间操是在每天上午第 2 节课至第 3 节课之间进行，集体做操约 15 ~ 20 分钟。课间操能使学生在紧张的坐姿学习后，身体各部分得到伸展和活动，大脑得到积极的休息。早操和课间操的内容一般应以徒手操或武术操为主，还可做慢跑、素质操，或做较和缓的游戏等。总之，课间操运动负荷不宜过大，以免影响学生文化课的学习。

2. 大课间体育活动

2004 年和 2006 年，由国家体育总局、教育部等 10 个部门联合进行的两次国民体质检测均显示我国学生超重与肥胖检出率继续增加，视力不良率有所上升，肺活量水平继续下降，速度、爆发力、力量耐力素质水平进一步下降。针对这种情况，2007 年 5 月 27 日，中共中央、国务院下发了《关于加强青少年体育增强青少年体质的意见》，以期通过阳光体育运动的开展，吸引广大青少年学生走向操场、走进大自然、走到阳光下，积极主动参与体育锻炼，有效提高学生体质健康水平。

自阳光体育运动开展以来，得到了教育行政管理部门和各级各类学校的积极响应，

并采取各种措施确保实现每天活动 1 小时的目标。其中，大课间体育活动是中小学广泛采取的组织形式之一。由于中小学生的体育课程无法完全满足学生锻炼身体的需要，大课间体育活动时间能否有效利用就在很大程度上影响了阳光体育运动目标的实现。大课间体育活动能使学生上课时思维中枢神经细胞的兴奋性得到抑制，能加快心脏的搏动，增加呼吸深度，促进血液循环，加速体内新陈代谢过程。此外，还可使学生的不良情绪得以宣泄，形成良好的心理品质，从而使学生在前两节课中积累的疲劳更快消除。

大课间体育活动改变了过去那种一成不变、单调枯燥的课间操形式。在时间上，由原来的 15 分钟延长到 20 ~ 30 分钟。在内容上，大课间体育活动内容丰富、时间集中、形式多样、全员参与、实效明显，受到广大中小学校师生的普遍喜爱。大课间体育活动还能反映学校的班风、学风甚至校风，体现良好的校园文化与精神面貌，是学校纪律教育、精神文明建设的重要内容。大课间体育活动的内容大多以徒手操为主（广播操、素质操、健美操、武术操等），适当辅以轻器械操（健力操、绳操、哑铃操等），还可配以舞蹈、游戏与音乐。所选内容动作简易，技术性不强，学生一学就会，一练就有效。为此，不少学校结合本校情况，已专门拟定大课间活动课的简要大纲。在组织形式上集中与分散相结合，内容的统一性和选择性相结合，身体练习与音乐舞蹈相结合；在运动负荷上，以中小强度为主，练习的负荷安排从静到动，节奏由快到慢。集中做操应严格动作质量和练习时精神状态；分散活动讲究欢快活跃的气氛。大课间体育活动组织的主要有三种模式。

（1）全校集中型模式。全校学生在音乐伴奏下进场集合，然后一起先做中、小学学生广播体操，然后是自编校操，或按学校指定的项目统一练习。其特点是规模大、人数多，地点集中，活动时间、内容便于统一安排和管理，其优点是比较容易组织管理，督促检查，相互促进。

这种模式适合大课间活动刚起步的学校，这些学校的大课间活动还没有形成自己的特色，还需要经过一段时间的实践摸索和经验积累，其最大的优势是适合场地器材条件有限的学校。劣势就是内容、形式比较单一，学生自主活动时间较少，很容易使学生的积极性受挫，会对大课间的兴趣下降。最大的缺陷是扼杀了学生的自主创新能力，学生的活动内容均是教师安排好的，学生不能根据自己的兴趣爱好来选择活动的内容。

（2）自由分散型模式。大课间体育活动时学校提供各项活动的器材，让学生根据兴趣爱好自由组队，自由选择内容，进行自我活动。每个项目的带队教师根据实际情况对学生的活动进行指导或组织，做到每人都有活动内容，人人参与，充分发挥学生的自主性。其特点是分组后活动规模小、人数少，地点可以分散，学生自由活动的时间长，活动方式比较灵活。

这种模式的优势是学生可以根据自己的兴趣爱好自由选择活动项目，学生按照要求活动。正是因为学生是来自不同的班级和年级，所以在大课间活动过程中既提高了学生对体育运动的兴趣，又培养了他们相互间的协调能力，还提高了分析问题、解决问题的能力，学会了正确处理人际关系的能力。劣势就是对场地、器材、人员要求比较高。要求场地比较大，器材要比较充足，组织管理教师要比较多，对教师的自身素质要求比较高，教师除了要管理还要做好引导学生参与活动。

（3）俱乐部型模式。这是在自由分散型模式基础上提升的一种模式，它是在大课间体育活动时由教师组织，学生在自愿、互助、互惠的基础上自主参加，形成有相应的权利和义务的一个团体。许多学生因为喜欢同一项目而组成一个团体，在这个团体中个体能找到自己的一种归属感。

这个模式是大课间体育活动发展到比较完善时的一种模式。其优势是学生有很大的选择空间，能够充分发挥学生的个性特长，发挥学生的自主创新能力，尊重学生的兴趣爱好。体育团体有很好的运动氛围，学生感受到运动带来的乐趣和满足，能够更好地激发学生的学习兴趣，因而能够较好地掌握所选项目的技术。劣势是对场地器材的要求高，对指导教师的要求更高，需要有运动专长或教学专长的教师来指导学生比较全面的掌握运动技术。这种模式比较适合学生和教师对某些运动项目均有基础的学校。

3．班级体育锻炼

班级体育锻炼是在课外时间以班为单位，或将学生分成若干锻炼小组，在班主任和体育教师的指导下，由班干部和锻炼小组长带领学生进行的一种经常性的课余体育锻炼。活动时间应列入课表，并尽可能地与体育课的时间交替安排，一般每周安排两次，每次 1 小时左右，使学生每天都有从事体育锻炼的机会。班级体育锻炼的内容丰富多彩，多以《国家学生体质健康标准》内容为主，也可结合课堂教学内容或学校的传统项目进行。在组织形式上也可多样，可以集中与分散相结合、班组与个人相结合。在运动负荷安排上，可以稍大于课间操和早操，但应注意区别对待。班级体育锻炼是落实每个学生每天有 1 小时体育活动的重要措施，坚持班级体育锻炼活动的开展，是达到学生每天 1 小时体育活动的保证。

### （二）班级活动和小组活动

班级活动和小组活动的最大特点是生动活泼、灵活机动、方便组织、易于管理、受制因素少、选择余地大、锻炼效果好。班级体育锻炼活动以教学班为单位进行，由班体育委员负责组织，其他班干部（包括团支部、少先队、学生会等组织的学生干部）协助、配合，体育教师和班主任老师起指导和辅导的作用。小组体育锻炼活动可按学生班级自然分组，也可根据学生性别、体质等因素分组，如成立长跑组、篮球组等。各组配备体育积极分子任组长，带领小组开展活动。班级活动和小组活动的内容可根据不同季节、不同的场地器材等条件灵活选择，如做操、游戏、球类、武术、长跑、游泳或登山等。

### （三）俱乐部活动

校园内的体育俱乐部活动是近些年来出现的课余体育锻炼组织形式，分单项俱乐部和综合性俱乐部两类。学校根据场地设备、师资力量、体育传统优势等因素筹建，学校视情况适当下拨一定经费，参与学生以会费形式适当缴纳一部分，社会赞助一部分。学生根据各自的兴趣爱好等需求自愿加入俱乐部，参加符合自己特长和要求的体育学习与锻炼活动。其中有一部分带有课余体育训练性质的，有一部分则是为了提高运动技术水平，还有一部分则纯粹是为了玩乐。它的特点是有组织有管理，有专人指导，有经费支持，具有一定的导向性，活动效果好，深受学生欢迎。

### （四）小团体活动

小团体是指有共同体育兴趣爱好和特长的学生自发组成的体育锻炼的集体。与小组不同的是，小团体的成员有可能是本班的同学，也可能有其他班的同学，甚至有不同年级的同学。与俱乐部不同的是，小团体的组织比较松散、自由、经济，成员多少视具体情况而定，且相对不固定。共同的体育兴趣爱好和特长使他们自发地组织起来，共同进行体育锻炼活动，共同交流经验，共同切磋技艺，互帮互学，相互促进，共同提高，并通过活动体验成功和快乐，建立和加强彼此间的友谊。由于这类小团体组织相对比较松散、自由、随意，活动时间和地点也随机而定，无须特别的管理，它的作用往往因为其自身的特点而被忽视。事实上，这类小团体的体育锻炼活动在学生的课余体育锻炼中具有其他组织形式不可替代的作用，它对于学生体育兴趣的形成发展，对学生的锻炼习惯的养成，对学生的终身体育意识形成发展等都有积极的影响，是学生在身体、心理、社交等方面发展的良好载体。小团体开展的体育活动同班级活动和小组活动类似，形式多样。

### （五）个人锻炼活动

个人锻炼活动是指学生个体，根据自己的兴趣、爱好和需要，按体育锻炼的方法要求，自觉自愿地选择相应的体育锻炼的项目在课外单独进行的体育锻炼活动。学生的个人体育锻炼活动是一项极其重要的体育实践活动。它是学生体育意识觉醒的表现，是学生体育兴趣形成和发展、体育锻炼习惯的养成和巩固的重要途径，对学校体育终极目标达成具有非常积极的影响。一般来说，能自觉进行体育锻炼的学生大都对体育有较浓厚的兴趣，个人在体育知识、运动技能、身体素质等方面有一定的基础，常常是班上的体育积极分子。因此，体育教师要积极做好引导工作，扬长避短，充分发挥他们的特点，以达到以点带面，整体提高的功效。个人锻炼活动对内容的选择相当广泛，这与个体兴趣、爱好、需求的多样性有较大的关联。同时，需要指出的是，个人锻炼活动与集体活动互不矛盾，不存在绝对的排他性，相反，两者在一定程度上表现为互相促进，互相转化。

# 第三节　课余体育锻炼的组织实施

组织实施是一个动态的管理过程，对全校性的课余体育锻炼而言更是一个系统工程，需要学校多个部门的协调配合才能完成。一般来说，课余体育锻炼的组织实施应做好以下基础工作。

## 一、确立制度和工作规范

根据学校课余体育锻炼的计划，由主管校长召集相关部门确定实施学校课余体育活动的有关制度，如晨操制度、课间操制度、大课间活动制度、班级课余体育锻炼轮换制度等。这些制度都要纳入学校作息时间内规范管理，从而保证各项制度能有效地实施操作。与此同时，应建立与各项制度相配套的工作规范。这是学校课余体育锻炼的一般规则，其主要形式有守则、须知、程序等。科学的规范管理是有步骤、有秩序地实施课余体育锻炼的基本保证。

## 二、明确职责和工作范围

1. 校领导

校长或主管副校长为全校课余体育锻炼总负责人。早操、课间操和大课间活动等全校性课余体育锻炼要求校长或主管副校长身体力行，亲自到活动场地参与活动，以鼓舞学生积极参与体育锻炼同时，可以深入一线了解课余体育锻炼开展情况，以便及时发现问题、解决问题。

2. 体育教师

体育教师是课余体育锻炼的业务工作责任人，具体负责编制实施方案并把方案付诸实践。具体的操作包括安排全校早操、课间操、大课间活动等的内容，选择乐曲、带操等；负责班级活动场所及进退场的安排；协助班主任组织好所带年级的活动；等等。

3. 班主任

班主任是各班级课余体育锻炼的具体负责人。班主任的特殊身份决定了他们有着非同一般的感召力。课余体育锻炼的实施必须充分发挥班主仼的作用，通过班主任教育、鼓励、引导和督促学生积极参加活动。具体的职责是，了解和掌握本班学生的运动兴趣、运动习惯、基础水平及体育特长等基本情况，协助学生干部组织本班学生按时出操或开展其他活动，维持本班级纪律和秩序。

4．学生干部

学生干部主要是指共青团、少先队、学生会、班级以及学生体育协会等组织中的骨干，尤其是班级体育委员对课余体育锻炼的顺利实施有着较大的影响。学生干部的职责是以身作则，组织并带动全班学生积极主动地参加活动。

## 三、编制实施方案和落实操作

全校性的课余体育锻炼应根据课余体育锻炼计划，由体育教研组（室）负责人协同全体体育教师编制具体实施方案，经征求各方面意见后报主管校长批准方可实施。年级课余体育锻炼实施方案则应由年级体育教师会同年级长和各班班主任协商编制。

课余体育锻炼操作实施的实质就是从领导到教师，各司其职、各尽其能，扎扎实实地把课余体育锻炼的具体实施方案付诸实践的过程。在这个过程中，领导起着统领全局的作用；体育教师主要做指导、协调、和组织工作；班主任着重在于组织、引导和督促学生主动参与活动。

**思考题：**

1．什么是课余体育，如何认识课余体育的地位和作用？

2．试述课余体育的意义、特点和目标，结合自己中学时期的课余体育情况谈谈感想或给予评价？

3．我国课余体育有哪些原则，贯彻这些原则应注意哪些事项？

4．我国课余体育锻炼有哪些组织形式？结合个人参加或组织的一次课余体育锻炼活动谈谈个人的感想。

广州市花都区狮岭镇育华小学特色项目大课间

深圳市南山区第二外国语学校（集团）海德学校大课间

珠海市文园中学大课间

深圳市育才之小足球主题大课间

中山市桂山中学大课间

# 第十一章 课余体育训练

内容概要

课余体育训练是我国学校体育的重要组成部分，也是我国竞技体育的关键环节，它为体育特长生成长通道的创建和竞技体育人才的储备起到了奠基性的作用。本章概括地论述了课余体育训练的概念、定位与目标，阐述了课余体育训练的组织形式和管理，为从事学校课余体育训练提供理论指导和实践参考。

# 第一节　课余体育训练的特点

## 一、课余体育训练概述

### （一）课余体育训练的概念

课余体育训练是指利用课余时间，对部分在体育方面有一定天赋或有某项运动特长的学生，以运动队、代表队、俱乐部等形式对他们进行较为系统的训练，以此发展他们的体能和身心素质，提高某项运动技术水平，培养体育后备人才。课余体育训练是我国在体育强国建设中的一个重要环节，是挖掘我国巨大的体育运动后备人才资源的必经之路。

### （二）新时代课余体育训练的定位

课余体育训练是学校体育的重要组成部分，是学校贯彻普及与提高要求的重要内容。2020 年 9 月，经国务院同意，国家体育总局、教育部联合印发《关于深化体教融合　促进青少年健康发展的意见》（以下简称《意见》）。《意见》的颁布为新时代全面加强学校体育工作、培养全面发展的体育竞技后备人才指明方向。课余体育训练是体育竞技后备人才培养中不可缺少的组成部分。

学校课余体育训练是我国运动训练体制的一个组成环节，是培养体育后备人才的必经之路，是基础训练的一种组织形式。我国大部分在国内、国际比赛中夺取优异成绩的运动员都启蒙于学校课余体育训练。抓好课余体育训练，不仅可以促使学生全面发展，而且也可为培养优秀竞技体育人才发挥基础性作用。开展课余体育训练，对全面贯彻我国教育方针和体育方针，实现学校教育目标和体育目标，推动“体教融合”和“体育强国战略”的实施具有积极的意义。

### （三）新时代课余体育训练的目标

1. 推动我国“体育强国”目标的实现

习近平总书记在党的十九大报告中。向全党、全国发出了向体育强国进军的号令，《体育强国建设纲要》中也明确提出，到 2050 年全面建成社会主义现代化体育强国的伟大目标。体育强国建设的根基是青少年体育的发展，学校课余体育训练是竞技体育持续发展的根基，同时也对青少年体育的普及起到了积极的推动作用。

2. 成为学校立德树人的重要抓手

学校课余体育训练将形成多层次、多类型的体系，朝着系统化、多样化和便捷化的方向发展。随着各级各类学校领导、教师和学生对学校课余体育训练与竞赛在学校建设中重要地位的认识、目标的理解，不同层次的、内容多样的课余体育训练将得到广泛开展，进一步丰富学校业余文化生活，满足广大学生的多样化体育需求。

3. 为国家培养更多的竞技体育人才

加强青少年体育后备人才培养，学校体育是基础，体校培养是提高，社会阵地是补充，课余体育训练是新时代我国青少年后备人才培养的必然趋势。在体教融合的背景下，需要统筹处理好体教融合过程中普及与提高、锻炼与训练、特长与专业的关系，使体教融合的理念不断根深蒂固。课余体育训练要以青少年体育后备人才的可持续发展为目标，立足训练水平的全面发展，谋求前沿发展引领，为我国竞技体育培养更多的优秀人才，开创新时代学校体育工作新局面。

## 二、课余体育训练的特点

### （一）课余体育训练的业余性

学校课余体育训练存在一定的业余性，它与专业运动员的系统化训练存在一定的差别。同时，它又区别于广大青少年利用课余时间所开展的娱乐身心的体育锻炼，它是对部分有一定体育运动特长的学生在学习之余进行的基础性的体育训练。因此，在训练方面存在业余性。

### （二）课余体育训练的基础性

课余体育训练主要进行基础性训练，这是根据学生身心发展特征和课余体育训练业余性决定的。青少年儿童正处于生长发育的关键时期，他们的思想作风、道德品质、身体功能状态等均处于形成和发展阶段。因此，这一阶段应着重抓好身体素质和基本运动技术的训练，重视基础性训练，为今后攀登体育高峰做好准备。

### （三）课余体育训练的广泛性

若全面提升我国竞技体育水平，为体育强国建设提供人才支撑需要学生的广泛参与，培养学生的体育兴趣，通过校代表队等多种形式为有特长且有发展愿景的学生提供发展平台、畅通竞技体育后备人才的成长通道，扩大课余体育训练的花园，为竞技体育发展奠定坚实的基础。

## 第二节　课余体育训练的组织形式

自20世纪70年代末国家体育运动委员会（现为国家体育总局）提出业余训练要“全国一盘棋，组织一条龙，训练一贯制”以来，全国从上而下建立起形式多样、层层衔接的青少年业余体育训练体系，包括青少年业余体育训练初级形式（基层学校运动队、传统体育项目学校、体育班、普通业余体校），中间层次（重点业余体校、体育中心、训练中心、体育俱乐部）和最高层次（体育运动学校、竞技体校、优秀青年队）。随着我国体育体制改革的深入，作为业余体育训练基础的课余体育训练，呈现出多层次、多形式、多渠道并存的局面。

### 一、学校运动队

学校运动队是我国课余体育训练最常见、最普遍的组织形式，也是我国课余体育训练最富活力的训练组织之一。无论是在体育传统项目学校，还是在普通中小学校，都有这样的学校运动队。在体育传统项目学校，一般有一个或两个具有广泛群众性和较高水平的项目运动队，需要得到教育和体育行政部门的关心与支持，其运动队训练工作纳入了学校的常年计划。为了贯彻落实党的教育方针，落实普及与提高的体育方针，普通中小学也成立了学校体育运动队。

学校运动队的目标非常明确，主要是提高运动水平，代表本校参加各种级别的比赛。由于在学校范围内训练，全面发展身体、增强体质，培养良好的思想品德，掌握一定的运动技术和战术等，便成为学校运动队的主要任务。实际上，由于在训学生与本校其他学生的联系紧密，在促进学校开展课外体育活动，普及体育运动知识和技术等方面起到了积极的作用。此外，学校还有班级运动队、年级运动队等。由于这些运动队的成绩直接关系到集体荣誉，它们的组织结构也较严密，各项工作有保障，训练也颇有成效。

相对于普通学校的代表队而言，各级别的体育传统项目学校的学校运动队师资与物质有着较好的保障，工作有序、训练系统。运动队训练项目的选择与确定，是上级教育和体育主管部门根据学校的体育传统、师资队伍和指导力量、场地设施条件以及地理与气候条件而综合考虑和合理布局。对于普通中小学校，学校运动队一般选择学习努力，身体健康，有一定运动专长或具有培养条件的学生。有的学校为使学校运动队不断得到充实和更新，除了建立校运动队外，还根据学校的具体条件和学生的运动技术水平及其兴趣爱好，将学校运动队分为爱好组和提高组，使学校课余体育训练层层衔接，保证后备力量源源不断。

## 二、基层训练点

基层训练点是以一个或两个运动项目为重点的训练基地。有的基层训练点根据青少年儿童课余体育训练的需要，由教育与体育行政部门共同规划，全面部署。有的地区的基层训练点往往会以一所重点中学为基地，作为吸收附近学校有特长或有培养前途的学生参加某项运动训练的网点。

## 三、体育特长班

在部分中小学校对部分有运动天赋的学生进行集中教学，组成体育特长班，旨在发现培养他们的体育特长。体育特长班是由学校组织教师或教练员，招收本校或周边学校中有一定体育特长的学生进行课余体育训练，采用自愿、业余的方式，有的甚至是有偿训练。

## 四、体育俱乐部

随着学校体育改革的深入，课余体育活动丰富多彩。学校根据学生的需要，组成了各种形式的体育俱乐部。其中带有运动训练性质的体育俱乐部成为新型的课余体育训练形式，这类体育俱乐部由企业赞助，体育和教育行政部门出面组织，中、小学校优秀的体育苗子被选送到体育俱乐部进行系统的培训，然后冠以企业的名称参加比赛，既为企业扩大了社会影响，又可代表本校参加各类比赛。这种组织形式依托于经济实体，训练条件有充分的保障，是体育社会化和体教融合的又一新形式。

另外，学校课余体育训练还有其他一些组织形式，如有民办公助的训练中心、民间协会、训练站点等，其中有些属于纯民办的性质，参与此类组织训练的学生往往会出现高水平的运动成绩。

# 第三节　课余体育训练的管理

## 一、组建学校运动队

组建学校运动队是学校课余体育训练的核心内容。竞技体育的发展，要求运动员要从小接受科学、系统的运动训练。在这个过程中，课余体育训练无疑为输送竞技体育后备人才提供了渠道，对我国基层体育事业以及全民体育事业都有重要的意义。

### （一）确定课余体育训练项目

确定训练项目是组建学校运动队的首要问题。对于一般普通学校而言，训练内容应选择群众基础好、普及范围广的项目，在发展单一项目的基础上逐渐深入发展多个体育项目。同时，应充分考虑体育与教育行政部门有关竞技体育项目的布局、学校的场地设施、师资力量和生源情况等客观条件，在考虑多方面因素的基础上集中力量确定1~2个运动项目，开展科学系统的训练。

### （二）运动员选材

课余体育训练的目的是为国家输送优秀的竞技体育后备人才，科学选材是竞技体育发展的前提，是课余体育训练极为重要的环节。参与课余体育训练学生的选拔流程，可结合竞技体育运动员选材过程进行，对部分学生的各种素质的相关指标（见表11－1）进行测试和预测，经过一段时间的观察，准确地挑选出身体素质各方面条件优越，适合从事某个项目的人才，通过学校科学化训练，为运动员将来创造优异的运动成绩奠定基础。

表11－1　运动员选材测试指标

| 项目 | 测试指标 | | | | | |
|---|---|---|---|---|---|---|
| 身体形态 | 身高 | 体重 | 体围 | 跟腱 | 足弓 | 臀部 |
| 身体素质 | 力量 | 耐力 | 速度 | 灵敏 | 柔韧 | 平衡 |
| 生理机能 | 心率 | | 肺活量 | | 最大吸氧量 | |

### （三）运动队规章制度的建立

运动队规章制度是学校体育管理制度的重要组成部分，建立各项规章制度，旨在加强对课余体育训练以及学校运动队的科学管理。一般来说，规章制度可围绕以下五个方面去建立。

1. 训练制度

科学规划训练时间与内容，建立严格的作息制度，不得利用学生的上课与休息时间进行训练。

2. 奖惩制度

学校应当对运动成绩和学习成绩优秀的学生予以物质或精神奖励，而对于学习成绩不合格的学生应当给予一定的惩罚措施，如：停训、停赛等。

3. 比赛制度

根据校内外比赛任务，应当对参赛的学生在参赛风貌、赛场礼仪、比赛态度等方面提出具体的要求。

4. 学习检查制度

学校应当不间断地对参训学生的思想状况、学习成绩等方面进行及时的检查与评定，完成情况良好的学生应给予表扬，学习较差的学生要注意说服教育，并及时安排教学辅导工作，不能因为参与课余体育训练造成文化课学习的下降。

5. 教练员责任制

应充分落实教练员负责制，给予教练员足够的权利以及相应的责任，促使教练员认真制订并执行训练计划，努力提升学生的训练、学习水平，推动课余体育训练的顺利进行。

## 二、制订训练计划

训练计划是保证实际训练目标的可操作性方案，是保证学校课余体育训练顺利进行以及进一步提高运动员成绩的重要环节。课余体育训练计划应根据学生的身体素质、运动能力、身心发展特点确定系统和明确的训练计划。

1. 年度训练计划

学校课余体育训练计划应根据学年、每年比赛等情况安排确定。因此，通常以年度训练作为组织系统训练过程的基本单位。

2. 阶段训练计划

阶段训练计划是根据年度训练计划中所规定的各阶段任务、内容、要求和训练次数而制订的。与年度计划相比，阶段训练计划的内容更为具体，它能使训练内容的安排、主要训练手段的选择和负荷量的确定更加切合训练过程的实际。阶段训练计划根据训练任务或重点的不同，可以分为基础训练阶段计划、准备比赛阶段计划、比赛阶段计划、恢复阶段计划和临时性短期集训计划等不同类型。

3. 周训练计划

周训练计划是指根据阶段训练计划，并结合课外体育训练实际，制定的一个星期的训练安排。中小学课余体育训练每周一般可安排3～4次，每次训练时间约为1.5～2小时。周训练计划应根据不同的训练内容，如技术、战术训练与身体素质训练等交替实施。

4. 课时训练计划

课时训练计划是最基础的训练计划，它是根据周训练计划以及体育训练实际情况，包括学生的身心状态、具体训练要求、气候等，对一次训练课所做的具体安排。学校课余体育训练的课时训练计划通常包括：训练目标与要求、课的进行程序、课的内容与主要手段、课的组织形式、课的时间与运动负荷安排等，一般可采用教案或卡片的形式。

## 三、训练内容安排

课余体育训练的内容是为提高运动成绩而进行基础训练的主要环节，可分为：身体训练、技能训练、战术训练、心理训练和体育品格训练。其中，身体训练和技能训练是学校课余体育训练的最主要内容。

1. 身体训练

身体训练是指在体育训练过程中运用各种有效手段和方法，增进学生运动员的身体健康，全面发展身体素质和运动能力，为掌握运动技术和战术，创造优异运动成绩打好基础的训练过程。

身体训练是技术、战术训练的基础，包括一般身体训练和专项身体训练两种。学校课余体育训练多侧重于一般身体训练，包括力量、耐力、速度、灵敏、柔韧等各种身体素质的训练，并以此作为专项身体训练的基础。只有对运动水平较高或参加了多年系统体育训练的学生，才会采用与专项运动紧密联系的专门性训练，以进一步提高学生运动员的机体功能，发展专项运动素质。

2. 技能训练

技能训练是指学习、掌握和提高运动技术的训练过程。技能是提高运动成绩的重要因素，只有掌握规范的动作技术，才能充分发展运动员的身体能力，创造优异的运动成绩。技术又是形成战术的基础，全面和熟练的运动技能可以增加战术的熟练性并提高战术的执行力。

3. 战术训练

战术是在一定的身体训练和技能训练的基础上，根据比赛的需要形成的，是根据比赛对手的水平和外部情况，正确地分配力量，充分发挥自己的特点，限制对方特长，争取比赛胜利的行动方案。战术训练可分为一般战术训练和专项战术训练。

4. 心理训练

心理训练是指在运动训练中，有意识地对运动员的心理过程和个性特征施加影响，使他们学会在训练和比赛中调节自己心理状态的训练过程。随着竞技体育的发展，心理训练越来越受到人们的重视，并被列为运动训练的重要内容之一。

5. 体育品格训练

学校课余体育训练是一个培养人、塑造人的教育过程，其最终目的是把学生运动员培养成社会需要的、全面发展的一代新人。学校课余体育训练可以促进青少年学生体质的增强，选择最佳的训练内容、方法和负荷，对吃苦耐劳和勇敢顽强品质的培养，自信心和进取心的提升，团队意识和守法意识的养成具有积极的作用。

## 四、课余体育训练效果的评价

课余体育训练评价，是整个学校体育工作质量评估的一个组成部分，是加强课余体育活动管理的一个重要方面，也是课余体育训练科学化的前提。通过对课余体育训练效果的检查与评定，能客观地了解课余体育训练的绩效，及时得到反馈信息，有利于总结经验，科学地监控课余体育的训练过程。

1. 身体训练水平的评价

身体训练水平评价的内容一般包括身体形态、生理功能和身体素质几个方面。身体形态常用的指标有身高、体重、胸围、臂围、腿围等。对学生运动员来说，不仅可以作为判断训练水平的一个方面，而且是衡量身体生长发育的重要内容。生理功能常用的指标有脉搏、血压、最大耗氧量、尿蛋白、血红蛋白、血乳酸，以及台阶试验等，可根据运动项目特点和测定评价的需要，确定所测指标。对身体训练水平的评价，应以综合评价为主。同时应与原始或阶段测试结果加以对比分析，然后做出客观的评价并得出结论。

2. 技、战术训练水平的评价

对技术、战术训练水平的评价应在使运动员处于类似比赛的环境下进行，以保证技战术训练水平的充分展示，为评价提供可靠和有效的依据。

评价学生运动员的技术，有的可用具体数据来表示，如篮球运动员定时、定点投篮的命中率等。但有的技术则难以用具体数据来表示，只能进行定性描述，如跳远的腾空动作完成质量。因此，评价技术训练水平，首先，要根据评价的任务确定技术评价的内容，并鉴别某一技术在该运动项目中的地位和作用。第二步，是选择与设计评价某一技术动作的手段与方法，根据该技术在该运动项目中的地位和作用及其成绩显示做出评价。第三步，将运动员所获成绩折合成分数，将各种技术测试所得分数相加，获得一个总分，再根据总分再做出评价。

对战术训练水平的评价，可根据战术训练的要求，选择一套或几套实际训练的战例进行评定，还要注意对运动员战术意识与战术运用能力和应变能力的评价。

3. 运动成绩的评价

运动成绩的取得是建立在日常科学训练基础上的，对于学生运动员个人或是一个运动队运动成绩的评价，可主要参照参加各类比赛所获得的运动成绩。但影响体育比赛结果的偶然性因素较多。因此，也要考察教练员和学生运动员平时体育训练的态度、努力程度以及运动队的实际情况等，使终结性评价与过程性评价有机结合，从而客观地评价所取得的运动成绩。

4. 运动员输送率的评价

由于学校课余体育训练是基础层次的运动训练，最终目的是为高一级竞技体育组织输送优秀的竞技体育后备人才。因此，学生运动员输送率也是评价学校课余体育训练成绩的重要指标之一。学校输送学生运动员的去向包括普通业余体校、重点业余体校、体育中学、体育运动学校、竞技体校、优秀青年队和职业体育俱乐部等。向各层次运动队输送的人才越多，越能反映出课余体育训练的成效。

**思考题：**

1. 简述课余体育训练的基础性。
2. 结合自己的体育学习经历，谈谈新时代课余体育训练目标是什么。
3. 怎样实施课余体育训练管理?
4. 如何进行运动员科学选材?
5. 简述如何制订课余体育训练课时训练计划。

**《体育总局　教育部关于印发深化体教融合　促进青少年健康发展意见的通知》**

# 第十二章　学校运动竞赛

内容概要

作为学校体育的重要内容之一，运动竞赛在检验教学和训练成果、发现优秀体育人才、促进学生全面发展和丰富校园体育文化等方面起着十分重要的作用。本章论述了学校运动竞赛的特点和种类，阐述了运动竞赛的主要组织形式以及竞赛方法，揭示了运动竞赛的特点和丰富的价值。

2020年10月15日，中共中央办公厅和国务院办公厅印发的《关于全面加强和改进新时代学校体育工作的意见》（以下简称《意见》）指出，义务教育阶段体育课程帮助学生掌握1至2项运动技能。“教会、勤练、常赛”是实现这一目标任务的必要途径，而“常赛”是体育独特育人价值的重要体现。通过竞赛能够凸显体育活动的育人价值，是运动技能和体能的综合展示，同时也是对学生运动技能掌握程度和体能发展水平的实战性检验。

## 第一节　学校运动竞赛的特点

课余运动竞赛是指学校各种运动项目比赛的总称，它是以争取优胜为主要特点的活动。课余运动竞赛是学校课余体育的重要组成部分，是推动校内外群众性体育运动广泛开展，增强学生体质和提高体育运动水平的重要措施，是实现学校体育目的任务的基本途径之一。学校运动竞赛（以下简称“运动竞赛”）具有如下特点。

### 一、组织形式的灵活性

运动竞赛的主要目的是为推动和活跃学校的课余文化生活，检查教学训练的效果，总结交流经验，促进和培养学生的勇猛、顽强、遵守纪律和集体主义精神等。因此，要根据不同的任务有针对性地组织多种多样的竞赛形式。既可以班级、学校为单位组织比赛，也可以年级、小组为单位参加比赛；既可以在教学中进行，也可以专门组织单项与综合性的运动竞赛活动；既可以具有锦标性质，也可以体现娱乐性。学校要根据具体条件、不同季节、气候、时间长短，组织不同形式的竞赛活动。

### 二、竞赛内容的多样性

运动竞赛的内容不受教学任务的局限，只要是学生喜闻乐见的都可以组织进行比赛。它既可以是竞技项目的内容（如田径、体操、球类等），也可以是民俗民间体育项目（如摔跤、踢毽子、跳绳、陀螺、民族舞蹈等），还可以是学校的传统“乡土”

体育项目内容。可以说，只要有利于增进学生身心健康的体育文化内容均可以组织比赛，以满足学生娱乐的需要、个性发展的需要和人际交往的需要等多种体育需求。

### 三、参加人员的广泛性

运动竞赛具有广泛的群众性。可在体育课堂教学中围绕教学任务的需要，安排简单易行的竞赛活动，也可通过体育节和田径运动会等综合性或单项比赛形式吸引全校学生的参与。学生可以通过体育社团等形式自行组织比赛，充分满足学生的体育兴趣和爱好，达成以“赛”促“学”、以“赛”促“练”的目的。

### 四、竞赛时间的课余性

运动竞赛一般都在学生的课余时间进行。因此，在确定竞赛日程、时间、内容、形式时，一是要做到每次竞赛时间不能太长；二是不能影响学生的文化学习和合理的生活作息制度。这就要求在竞赛计划的安排上必须把学校计划组织的竞赛与学生自行组织的竞赛有机地结合起来，使小型多样的竞赛活动不间断开展，让小型竞赛为全校性竞赛做准备，反之全校性竞赛再推动小型竞赛活动日常开展，以促成学生锻炼习惯的养成。

## 第二节　学校运动竞赛的组织形式

按竞赛的形式和任务，可把学校运动竞赛分为以下几种类型。

### 一、课内赛

课内赛主要是教师围绕本堂课的教学任务，在体育课堂教学中组织的简单、易行、实效的比赛活动。此类比赛活动是面向全体同学，通常体现的是非锦标性质，目的是体现“学练赛”的统一。

## 二、单项赛

单项赛主要是指单独进行的某一项目的比赛。如校内进行的某一球类项目、100米跑、越野跑、跳高、跳绳和拔河等单项比赛。其特点是参加的人数较为广泛，组织工作方便。校外举办的有地方或全国性的中学生足球、篮球、排球比赛及其他单项的比赛。其特点是参加的单位较多，规模大，组织工作比较复杂，参赛人数有一定的局限性。对校内的单项比赛，运动技术方面一般不做硬性规定，为的是促使广大学生参加某项目的运动，进而促使该项目的广泛开展。

## 三、对抗赛

对抗赛是指几个单位联合组织的，并经协商按同等条件参加的比赛。如几个班级或附近几个学校联合组织的比赛。其特点是规模小，便于在节假日或利用课余时间进行比赛，目的在于互相学习，互相促进，交流经验，共同提高。

## 四、选拔赛

选拔赛是为了选拔某一项目的代表队或优秀运动员而组织的比赛，如学校每学年开始时组织的新生运动会。其特点是规模小，人数少，目的是选拔运动员组成年级代表队或补充学校代表队。

## 五、测验赛

测验赛是为了达到一定的标准或了解运动员的技术水平而组织的比赛。如《国家学生体质健康标准》的测验赛、身体素质的技术测验赛等。测验赛必须按竞赛规则或测验要求进行，并记录测验成绩，一般不计名次。目的是检查教学、训练和学生自觉锻炼的效果和运动成绩的变化，破纪录赛也属此类。

## 六、等级赛

等级赛是按运动员的不同技术水平分别组织的比赛，其特点是参赛对手的实力相当，参加的单位、人数和每年比赛的次数等方面灵活性较大；其目的在于促进运动技术水平的提高，丰富实际比赛的经验。

## 七、表演赛

表演赛是为了宣传扩大体育的影响，介绍新项目和某项运动技术以及促进该项运动发展而举行的比赛，如新广播体操、武术、健美操、团体操表演等。表演赛可以单独组织，也可以安排在运动会的开幕式或中间进行。其特点是重点技术和战术能较充分地发挥，且能提高观众的审美情趣，一般不计名次，示范性比赛也属此类。

## 八、通讯赛

通讯赛是指在不同学校之间，用通讯的方式进行的比赛。凡以时间、距离、重量等客观标准确定成绩的体育项目均可采用通讯赛。参加通讯比赛的学校按竞赛规程在本校组织比赛，然后将成绩列表函告主办单位，以便评定名次。其特点是组织工作简便，可以容纳很多单位参加比赛，能有效地推动基层群众性体育活动的开展，同时节省经费。其缺点是各学校之间不能获取直接参观学习的机会，比赛条件也不完全相同，成绩可能会出现误差。

## 九、运动会

运动会是指有若干运动项目在同一时间内进行的比赛，如学校每年春秋两季举行的田径运动会等。其特点是项目多，规模大，参加队数多，组织工作比较复杂。目的是为了全面检查、推动学校田径运动的开展。从全国范围来讲，还可组织综合性运动会，如全国中学生运动会、大学生运动会等，它是若干单项比赛的综合形式。

## 十、体育节

体育节具有综合的性质，有些学校会和文化艺术节相结合。体育节面向的是全体学生，是每个学生的节日，人人都是运动员，突出了学生的体验和参与。体育节的时限较长，内容和形式丰富多样，包含趣味性项目和展示项目。同时，既有个人项目，也有集体性项目等。

以上各种形式的比赛各具特点，也有它们的共同点，应根据各级各类学校的具体情况灵活运用。同时，学校还可组织一些小型多样，广大学生喜闻乐见的具有民间特点的比赛，以推动学校群众性体育活动的普及与提高。

# 第三节　学校运动竞赛的方法

学校运动竞赛的方法需要按照一定的规则和竞赛规程的要求而进行，本节主要介绍学校运动竞赛的一些较为常用的比赛方法和评定成绩、名次的方法。

## 一、实施学校运动竞赛的原则

1. 小型多样

为满足广大学生体育兴趣，吸引其积极参加体育竞赛，竞赛尽量做到小型多样，使组织工作简便、灵活，易于开展。鉴于多数中小学校体育活动的场地、器材、设施等条件的限制，可采取单项分散的形式进行。

2. 业余自愿

学校运动竞赛是在不影响正常的教学工作的前提下，利用课余和节假日时间开展的竞赛项目。要启发和鼓励学生积极参加，不能强迫命令。同时，也不可放任不管，应加强宣传教育使广大学生乐于参加学校运动竞赛。

3. 公正合理

学校运动竞赛是体能、技战术和意志品质等多方面的综合较量。参赛者都希望取得好成绩，为个人和集体争得荣誉，因此必须确保比赛公正合理、公平竞争，以提高参赛者的积极性，发挥体育竞赛的教育作用。

4. 健康安全

学校运动竞赛也是增强学生体质、传承体育文化的重要手段。为实现促进学生身心健康的目的，在运动竞赛中要掌握适宜的运动负荷，注意安全卫生，防止过度疲劳和伤害事故的发生。此外，由于学生的年龄特征，在竞赛过程中，易于兴奋激动，为此要加强安全教育。

## 二、学校运动竞赛的方法

### (一) 淘汰法

淘汰法又称淘汰制，是指在比赛过程中逐步淘汰成绩差的，最后决定优胜者的一种方法。其优点是参赛者能在较短时间内完成比赛任务，确定优胜者；缺点是在第一轮比赛时，强者相遇总有一方被淘汰，除第一名能反映该次竞赛水平外，其余名次很难反映与之相称的水平，相互学习机会相应减少。淘汰法一般有单淘汰和双淘汰两种。

1. 单淘汰法

单淘汰法指的是将所有参加比赛的队员（队）编排成一定的比赛次序，相邻的两名队员（队）进行比赛，败者被淘汰，胜者进入下一轮比赛，直到整个比赛最后一场的胜者为冠军，负者为亚军。

2. 双淘汰法

双淘汰法是按编排的比赛顺序进行的比赛，失败两场就被淘汰，最后全场胜利者为冠军。这种方法可以避免一次失败而被淘汰，但组织编排比较复杂。为弥补淘汰法的不足，可采用种子法、补赛法等方法。种子法是经过调查并和有关方面协商讨论而选择若干实力较强的队伍或个人作为种子队或种子队员，有目的、有计划地进行编组，防止他们在预、次赛中相遇，为争取优异成绩创造条件。补赛法是在决赛后，用补充比赛来确定第二名以下名次的方法。一般以种子法为前提，以便正确决定第二名以后的名次。

### （二）循环法

循环法又称循环赛，是指在比赛过程中，参赛者要按照一定的次序相互轮流进行一次比赛，最后综合全部比赛的胜负来决定名次的一种比赛方法。通常多用于球类及其他对抗性项目的比赛中，可又分为单循环、分组循环和双循环三种类型。

1. 单循环

单循环比赛是指所有参加比赛的队之间均要轮流相遇一次，最后根据各队胜负场次的积分多少来决定名次。

2. 分组循环

分组循环比赛适用于参加队数较多的情况，为了不过多地增加比赛的场次和延长比赛的时间，各队又能尽可能有切磋的机会，排列出的各队名次较客观，所以多用这种编排方法。这种方法可根据参加比赛队伍的水平，分成若干个平行小组，在组内先进行单循环比赛，排出各小组名次。根据具体情况，分组循环可分 2 ~ 3 个阶段进行，即预赛、复赛和决赛。

3. 双循环

双循环是指参加比赛的队先后进行两次单循环的比赛方法。这种方法使参加的队均能相遇两次，最后按各队在全部比赛中胜负场数的积分多少排列名次，其编排原则和方法同单循环比赛。

### (三)顺序法

顺序法是指参赛者按一定先后顺序表现成绩的比赛方法。一般适用于以时间、距离、重量、环数等以客观标准确定成绩的项目,有分组与不分组两种。

1. 分组顺序法

分组顺序法是把参赛者分成若干组,分别进行比赛,按预赛、复赛、决赛结果决定名次。也可采用一次比赛(决赛)决定名次,但必须是以时间、距离和命中环数等客观标准评定成绩的项目。

2. 不分组顺序法

不分组顺序法是在同一比赛时间内不能有两人以上进行比赛的项目中采用,如田径运动中的跳高、跳远、三级跳远、铅球和标枪等项目。顺序法可使参赛者的竞赛条件基本相同,对抗性强、竞争激烈,有利于创造好成绩,但费时较多,在参赛者较多的情况下难以评定全部名次。

顺序法可使参赛者的竞赛条件基本相同,对抗性强、竞争激烈,有利于创造良好的竞赛成绩。但费时较多,在参赛者较多的情况下难以评定全部名次。运用顺序法时,如果参赛人数过多,可先进行资格赛(及格赛),合格者才能参加正式比赛。

### (四)轮换法

轮换法是指在同一比赛时间内,参赛者按规定的轮换顺序进行不同项目的比赛,常在竞技体操与综合性运动项目中采用。如有 3 个队参加的竞技体操男子团体赛,可按以下顺序轮换:上半场一队是自由体操、鞍马、吊环,二队是吊环、自由体操,鞍马,三队是鞍马、吊环、自由体操;下半场一队是跳马、双杠、单杠,二队是单杠、跳马、双杠,三队是双杠、单杠、跳马。这种方法能节省竞赛时间,但参赛队同时比赛的项目不同,条件不一。

### (五)游戏法

游戏法是一种非正规的、由比赛组织或成员共同约定的竞赛方法。其最大特点是不受正规运动竞赛规则的限制,可以从学校场地器材条件和学生实际以及竞赛目标出发,制定符合实际的游戏竞赛法则;是一种群众性的比赛方法。此外,有的项目可采用比较特殊而灵活的比赛方法,如自行车赛有交替领先的方法,摩托车赛可用分组不同时间出发等方法。

在学校运动竞赛中,除了上述比赛方法外,还可采用一些非正规的,由竞赛的组织者和参加者共同约定的比赛方法。

## 三、评定成绩与名次的方法

### （一）评定个人运动成绩和名次的方法

个人的竞赛成绩，应严格按照各项运动竞赛规则的规定来评定成绩，后根据成绩确定名次。

1．根据客观标准评定成绩和名次

田径、游泳、跳绳、踢毽子等比赛项目的成绩，都是以时间、距离、重量、数量等实际计量确定参赛者的成绩和名次。若遇两人或两人以上成绩相等时，则按竞赛规程和规则的规定处理。

2．根据规定条件和动作质量评定成绩和名次

广播操、健美操、武术等比赛项目的成绩，均由裁判员根据竞赛规程和规则，依据参赛者完成动作的质量、难度等评定分数，再以得分多少计算成绩和名次。

3．根据战胜对手或特定因素评定成绩和名次

乒乓球、排球、羽毛球以局为单位，网球以盘为单位，均以三赛两胜、五赛三胜七赛四胜定胜负；篮球、足球是按在规定时间内命中球数决定胜负；棒球、垒球以七或九局中得分多少决定胜负。

### （二）评定团体成绩和名次的方法

团体名次一般是在各单位参赛者个人成绩和名次的基础上进行计算和评定。

1．按参加者所得分数的总和来评定团体名次

校田径运动会，一般以得分总和多者名次列前。

2．按规定参加人数所得名次的总和来评定团体名次

它适用于以时间、距离、重量及次数确定成绩的单项比赛。例如，冬季长跑等项目。

3．按参赛者的平均成绩来评定团体名次

采用这种方法时必须计算每一团体的总成绩，然后按人数除以成绩，求得平均成绩来确定名次。这种方法适用于团体人数不相等的情况，这对按单位总人数的一定比例进行比赛较为合适。

4．按达到规定的标准人数评定成绩计算团体名次

这种方法可以鼓励更多的人参加比赛，可用于《国家学生体质健康标准》测试赛。采用这种方法时，赛前各参赛单位要先报一个控制人数，以控制数为基础，再将实际参赛数和达到标准数做比较，以百分比大小定名次。

评定成绩和名次的方法，对于引导学生积极参与体育竞赛，促进群众性体育活动

的开展和运动技术水平的提高有着重要的意义。评定成绩和名次时，无论采用哪一种方法，都应根据实际情况，力求客观准确，使参赛者和团体在竞赛中受到教育和鼓舞。

## 四、学校运动竞赛案例

东莞市中小学校园足球运动会活动方案

为全面贯彻新时代党的教育方针，贯彻党的十八届三中全会关于“强化体育课和课外锻炼，促进青少年身心健康、体魄强健”的决定和教育部等六部委《关于加快发展青少年校园足球的实施意见》的精神，落实“立德树人”的教育根本任务，加快我市校园足球运动的普及程度和人才的培养，建立健康生态的校园发展格局，特制定本指南，供学校组织开展校园足球运动会借鉴。

一、指导思想

全面贯彻党的十九大精神，以习近平新时代中国特色社会主义思想为指导，坚持“公平、均衡、创新、优质、共享”的东莞教育价值取向，把开展校园足球运动会作为强化校园足球课和课外锻炼和推进校园足球运动普及与人才培养的重要举措，发挥足球运动在立德树人中的重要作用，促进青少年学生身心健康全面发展。

二、基本原则

（1）普及与提高并进原则。

（2）课内与课外联动原则。

（3）科学与人文并举原则。

（4）技能与文化并重原则。

（5）集体与个人兼顾原则。

（6）规范与特色并存原则。

三、比赛项目设置

（一）足球运动能力比赛项目

1．对抗性比赛项目

中学生：11 人制足球比赛、8 人制足球比赛、5 人制足球比赛、3 人制足球比赛、不同人数的传抢球比赛（如：二打一、三打二等）等。

小学生：5 人制足球比赛、3 人制足球比赛、不同人数的传抢球比赛（一打一、二打二等）。

2．非对抗性比赛项目

（1）动作组合与技术运用比赛。

中学生：动作组合的比赛内容应包括控球能力、传接球能力、射门能力和合作能力等四种类别技术动作中的三种技术动作（如：合作传球—运球突破—射门）；技术应用的比赛内容是基于某一个区域的攻防演练或战术演练（如：下底传中—中路包抄射门）。

小学生：动作组合的比赛内容应包括控球能力、传接球能力、射门能力和合作能力等四种类别技术动作中的两种技术动作（如：运球突破—射门）；技术应用的比赛内容是基于攻防演练情境设置的无身体对抗游戏。

（2）单项技术比赛。

球性：推、拉、拨、扣、踩、挑、颠球，基本技术：踢、停、顶、运、射。

（二）足球文化（元素）比赛项目

1. 足球行为文化（元素）比赛项目

足球啦啦操设计与展示、足球加油操设计与展示、足球一般体能设计与展示、足球专项体能设计与展示、足球安全防范能力设计与展示、足球游戏的设计与展示、大课间足球活动设计与展示。

2. 足球精神文化和物质文化比赛项目

足球报的设计、足球摄影比赛、足球海报设计、班级足球形象设计。

四、比赛组织方法

（1）比赛分组和参赛单位以年级划分比赛组别，以班级为参赛单位。

（2）比赛项目的选择应根据不同年级学生参与足球项目的学练情况进行选择，确保每一位学生至少参加一项足球运动能力比赛项目的比赛和2项足球文化（元素）比赛项目的比赛。

（3）比赛项目的比赛方法各学校可根据学校自身的情况，指定各项目的比赛办法。中学在举办足球运动能力项目的比赛应采用诚信制比赛，学校活动组委会不安排现场裁判员。

五、比赛时间安排

（1）各比赛项目的比赛时间可根据学生学练的先后顺序安排，可采用分散与集中相结合的方式安排，贯穿整个学期或学年。

（2）比赛的闭幕式可将各年级最精彩的比赛集中，以嘉年华的方式举行。

六、比赛奖励办法

应充分发挥比赛杠杆的激励作用，合理设置比赛奖项，激发学生参与足球的内驱动力。

**思考题：**

1. 简述课余运动竞赛的特点与价值。
2. 结合自己的经历，谈谈学校课余运动竞赛的组织方法。
3. 讨论学校课余运动竞赛与高水平运动竞赛的区别。
4. 提出自己对改革中小学课余运动竞赛的方法。

学校体育节活动实施方案示例

# 第十三章　体育教育实习

## 内容概要

本章主要介绍体育教育实习前期准备、管理与组织、总结等工作，旨在为高等学校体育教育专业教育实习的组织和参与人员，尤其是实习生提供相应的指导，明确教育实习的具体任务、内容，从思想上、业务上、物质上做好各项准备工作，以便有序推进教育实习工作。

# 第一节　体育教育实习的准备

## 一、体育教育实习准备的意义和范畴

### （一）体育教育实习准备的意义

体育教育实习前期准备工作是完成实习任务，提高实习质量的首要环节，是搞好实习工作的前提条件。充分做好体育教育实习的前期准备，使之有计划、有步骤、有针对性地进行，才能保证圆满完成实习的各项任务。实践证明，体育教育实习前期准备做得认真、细致、充分、扎实，不仅能增加工作的主动性、预见性，临场不慌，忙而不乱，而且问题出得较少，对学生的锻炼和收获也较大，实习学校对实习生反应也较好。相反，实习工作做得简单、马虎，不细致，实习过程中出现的问题就会多，对学生的锻炼和收获也相对较少，实习学校对实习生反应也较差。因此，体育教育实习前期准备做得好坏与否，对能否顺利、圆满地完成实习任务，提高实习质量起着重要作用，是体育教育实习必不可少且必须认真做好的一项重要工作。

### （二）体育教育实习准备的范畴

体育教育实习准备的范畴主要有：体育教育实习的内容、实习学校的具体情况和条件，实习学生的思想、理论知识、专业能力的具体情况和条件，体育教育实习的周期及时间长短。

1．体育教育实习的内容

体育教育实习的内容主要有：体育教学、课外体育活动、班主任工作等，体育教育实习前期准备要安排实习生围绕相关内容进行强化演练，既要全面又要有所侧重的进行针对性练习和准备，提高学生的知识和能力水平。

2．实习学校的具体情况和条件

实习学校的具体情况和条件有：场地、器材设备、教师人数和素质，学生对体育的兴趣、爱好、体育基础，身体发展水平，组织纪律，各年级体育教学的进度安排，课外体育活动的特点和业余训练及竞赛开展情况，等等。体育教育实习的准备既要按照书本上已学的知识和理论进行准备，同时又要考虑到实习学校的具体情况和条件，如学校场地小、器材少、学生体育基础较差等实际情况。若实习期间该校的体育教学进度主要是上篮球和武术教材的课，那么实习前期准备就要重点进行这两项教材的练习和准备。总之，要考虑到实习学校的具体情况和条件来安排体育教育实习前期准备，这样才会不脱离实际，收到良好的效果。

3. 思想、理论知识、专业能力的具体情况和条件

在体育教育实习前期准备中，要认真分析实习生的思想、理论知识、专业能力等情况，用实习教师的基本标准去衡量他们的每一方面，找出差距，在全面准备的基础上有针对性地进行训练，并充分发挥本校场地、器材设备和指导教师方面的有利条件，扎扎实实地做好前期准备。

4. 体育教育实习的周期及时间长短

体育教育实习一般安排在第七学期，具体是学期的前半段还是后半段，各院校按照人才培养方案的安排各有不同，实习时间八周左右。实习时间长，前期准备的时间也要长些，内容也要多些。由于体育教学既有实践课也有理论课，除此以外，还有其他一些实习工作安排在室内完成，所以，实习生在前期必须准备充分的理论资料，这样才能保证体育教育实习工作的顺利进行。

## 二、体育教育实习准备的内容和步骤

体育教育实习准备内容较多，如按实习任务可分为教学工作、班主任工作、中学课外体育工作和教育调查研究工作准备；若按人员可分为参与实习工作人员、实习学校和体育教研室（组）、双方指导教师和实习生个人准备。由于实习生是教育实习的主体，因此所有准备工作必须围绕实习生进行。本章着重针对实习生个人实习前准备工作进行阐述，另外，实习学校和指导教师准备的主要内容，结合准备步骤加以阐述。

### （一）实习生个人实习前准备工作的内容

实习生个人实习前准备工作的好坏直接影响到教育实习工作的质量。为了尽量减少失误，避免盲目性，实习生个人应从以下三个方面进行准备。

1. 思想道德修养的准备

思想道德修养是教师形象的表现，也是实习生开展教育实习工作的首要条件，为此要明确党的教育方针政策，树立牢固的专业思想，使自己成为学生的楷模，这是搞好教育工作的前提，也是我们前期准备的首要任务。加强思想道德修养的准备主要有以下几个方面。

（1）加强对党的教育方针政策的学习认识。党的教育方针政策是教育工作者的思想方向，行动指南。实习生教育实习不明确教育方向，等于“盲人骑瞎马”。中小学教育涉及培养什么人的问题，我们是社会主义国家，我们的教育是塑造社会主义的接

班人和建设者，四个面向，培养又红又专的“四有”新人。作为实习教师，不明确这一点，就难以搞好教育实习工作。因此，实习教师应首先自觉加强这方面的学习，提高思想素质水平。

（2）专业思想教育。体育教育专业思想不专，则难以高质量完成教育实习工作。特别是体育专业的学生，由于社会上一些人的误解、偏见或歧视，有人认为搞体育学科是不用读书学习，大多数是四肢发达、头脑简单，因而有些学生就自暴自弃，不能正确对待自己所学专业，更谈不上责任感、荣辱感、使命感。作为一名实习生，一定要正确认识这一点，树立牢固的专业思想，做好充分的思想准备，内强素质，外树形象，只有认真确实做好思想准备，才能把实习工作完成好。

（3）为人之师的垂范教育。人民教师是学生的榜样和楷模，所以实习生的言行举止十分重要，如果实习生自己生活散漫，经常迟到、旷课，说话态度粗暴，讲话不文明，言行不一，不能为学生做出表率，那怎能做到严格要求学生呢？尤其是体育教师，要求学生做到的必须自己先垂范，这样才能为人师表，教书育人。所谓“以身作则”“身教重于言教”就是这个道理。

2. 专业知识和素质方面的准备

体育教育专业知识，主要是在大学学习过程中获得的。在进行教育实习之前，加强这方面的准备是搞好体育教育实习工作的重要保证。专业知识和素质方面的准备，主要从以下几个方面进行。

（1）重温所学的知识。作为教育工作者，除了具有良好的思想品德，还必须具备扎实的业务素质，“给人一碗水，必须自己要有一桶水”。实习生除了具备良好的专业知识、专业理论、专业技能外，还必须具备教育学、心理学以及管理学等方面的知识。为了搞好教育实习，实习生必须全面系统地复习所学知识，并进一步加强和提高自己，为完成实习工作做好准备。

（2）认真学习钻研《义务教育体育与健康课程标准（2011 年版）》。实习生必须了解体育教学的基本规律，根据新课程标准和学校对体育教学的要求，选择教材、教学内容，进行课堂教学设计，明确每次课的目标任务、要求、重点和难点，选择和安排组织教法。因此，在未进行实习工作之前，实习生必须全面系统地学习掌握《义务教育体育与健康课程标准（2011 年版）》基本要求与规定，拟订实习阶段计划，尝试备课编写教案，阅读有关实习教材的参考资料，参阅历届教育实习的有关资料等，为进入实习状态做好准备。

（3）积极认真参加见习观摩教学公开课活动。见习观摩是实习生最重要的前期准备工作之一，通过见习观摩，可以使实习生全面系统地了解中小学体育教学的全过程，确定自己在教育实习中的目标，为进入实习做好充分准备。就见习内容来说，可包括：教学、班主任、课外体育工作等方面。

### 3. 教育工作技能的准备

教育能力是衡量实习生能否独立从事教育工作的重要标志，是理论与实践相结合的综合体现，是实习生最重要的前期准备内容。就教育工作能力来说，主要包括教育、教学、组织能力。它是实习生进行班主任工作、教学工作和组织工作，开展课余体育工作实习的基本功。因此，在实习前，必须加强训练。

（1）教育能力。教育能力是实习生从事各项实习工作的最重要的工作能力。实习生虽然掌握了基本的教育学、心理学知识，但涉及与具体工作和具体对象时，会束手无策。比如说，有的实习班主任在开展家访时，不知如何打开局面；进行个别教育，不知如何入手。这说明了实习生本人平常缺乏这方面的训练。因此，只有进一步加强教育能力训练，才能做好各项实习工作。

（2）教学能力。教学能力是实习生从事教学工作必备的基本功，就一堂体育课而言，要求实习生必须具备以下能力：课堂设计、语言表达、讲解示范、教法运用、观察与分析、纠正错误、保护与帮助、情感调控等，还要包括教师的心态、神态、形态、动态在教学中的具体体现。因此，实习生必须要有针对性地加强自身这方面的训练，并且能够达到一定的技能水平，以保证教学工作顺利进行。

（3）组织能力。组织能力是实习生开展实习工作的最重要的基本素质之一，如开展课余体育工作。不同于体育教学，课余体育人数多，场地器材相对不足，学生可以根据自身的兴趣和爱好选择活动内容。因此，要成功地组织开展一次课余体育活动，必须要求教师具有较强的组织能力，才能最大限度地满足学生的需求，达到预期的目的。

实习准备工作中教学能力的训练，大体分两步进行准备。

第一步，就有关教学工作的教学能力，提出具体的要求，在教师指导和自学下，按要求进行自我和集体准备。

（1）课堂设计。根据教学目标、任务、内容和学生、场地、器材情况，训练自己备课、尝试编写教案的课堂设计能力。要求：目标、任务和要求要“明”。教学内容要“实”，教学方法要“导”，教学环节要“严”。明：每次课的目标、任务和要求明确。实：教学内容安排从实际出发并突出重点、难点。导：教学方法要启发引导，设疑引思，指点迷津。严：课堂教学组织要有一个严密程序，一环紧扣一环。

（2）组织课堂教学。基本要求是：教材熟，主线明，学生活跃，教学紧紧围绕学、练、赛来开展。教材熟：实习生对准备教学的内容要熟悉、运用自如，尽量不看教案。主线明：课堂教学中以学生练习为主，使学生全面发展，运动主线（基本运动技能和专项运动技能）和健康主线（身心健康和社会适应）明确。学生活跃：课堂教学中，活而不乱，能放能收。结构严：教学环节严密，组织措施严谨。

（3）讲解基本要求。语言准确、简洁、清晰，生动形象，通俗易懂，重点突出，正确地讲解动作技术要领、要点，提炼口诀。

（4）动作示范基本要求。示范正确，示范面选择合理，有针对性、指导性、鼓舞性。

（5）指导基本要求。任务明确，内容具体，保护与帮助得法，纠正错误动作，方法运用得当。

（6）板书基本要求。上理论课时板书工整，规范，条理分明。

（7）现代教育技术运用基本要求。针对具体情况和条件，教学中合理运用有视、听效果的现代教育技术手段。

第二步，综合运用基本教育知识和技能，进行模拟试讲、试教和实践活动。

要求实习生在模拟试教（讲）演练中，逐步熟练运用已有的知识技能，进一步培养和提高实际教学能力。

总之，实习生的思想品德、业务素质和工作能力不是一蹴而就的，它是一个长期的学习实践和积累过程。做好这方面的准备，可以尽量减少实习工作中的失误，并能在教育实习和今后的工作实践中逐步得到加强和提高。

### （二）体育教育实习准备工作的基本步骤

安排好教育实习准备工作的规划，可以使准备工作有步骤、有计划地进行，是顺利完成准备工作的重要保证。教育实习准备工作的基本步骤和内容包括以下几点。

1．开始准备阶段

（1）院（系）实习准备工作的主要步骤和内容有：①成立体育教育实习组织领导机构；②制定体育教育实习计划、各项实习管理条例、实习成绩评定方法；③联系实习学校，了解实习学校的情况；④召开实习生动员大会，选聘指导教师，实习生分组；⑤安排实习生到中小学参观见习，了解情况；⑥组织学生进行中小学体育教育实习的必备基本功训练与考核。

（2）实习学校体育科组需要做的准备工作：①做好接待工作；②准备全面介绍本校教学及班主任和开展课余体育工作的情况；③做好实习班级宣传教育工作；④提前做好必要的生活安排准备。

（3）指导教师的准备工作：①在全面了解院（系）教育实习计划的基础上拟订出个人教育实习计划，其中包括：指导内容、方法步骤、要求以及应注意的一些问题，以便从总体的高度把握教育实习工作的全局；②全面了解实习学校教学、班主任工作和开展课余体育工作的情况，并充分估计实习生可能遇到的问题，以便根据实习生的业务水平和实际工作能力进行分组，确定重点指导对象；③学习有关教育学、心理学以及中小学体育教材教法，以利于实习中指导实习生正确运用教育理论进行教育实践；④认真学习和钻研实习成绩的评分标准，以利于在实习工作结束后能比较客观地评定本队实习生的成绩；⑤组织实习生进行见习观摩活动，并开展试教、试讲、评议活动，以利于加强实习生实习前的能力准备；⑥加强实习生的思想教育工作，以利于实习生树立正确的教育观。

（4）实习生准备工作。除前述思想品德方面、业务方面和物质方面准备以外，还要做好以下准备：①认真学习学校教育实习的有关文件，进一步明确体育教育实习工作的目的、意义、任务和要求，在实习小组集体讨论的基础上，拟订出个人的教育实习工作计划；②深入实习学校调查了解实习学校的场地、器材、教学进度安排、学生思想状况、爱好兴趣等，为搞好教学、班主任工作以及开展中小学课外体育工作实习提供可靠的依据；③认真研究中小学体育课程标准、教材，阅读有关参考资料，以便从整体上把握课程与教学体系；④选择学习优秀教案，并在此基础上进行试教、试讲等活动；⑤参加各种见习观摩活动、课堂教学、班主任经验报告会，观看电视录像及中学课外体育工作，全面了解教育学习工作的各个环节；⑥根据教育实习的实际需要，有针对性地加强自身基本功的训练。

2. 检查汇报落实阶段

这一阶段的主要任务是汇报检查实习准备工作的落实情况。院（系）应有组织有计划地对指导教师、实习生以及实习学校的准备工作，并进行认真的检查，全面了解前期准备的落实进展情况，以便为全面进入教育实习工作做好充分准备。这一阶段主要内容和方法有以下两点。

（1）院（系）和指导教师应通过会议汇报和实地检查，深入实习队全面了解实习生的教育实习文件、教案的准备的情况，及试讲、试教活动的开展情况。

（2）召集全体实习生和指导教师会议，根据前期准备的情况，进行认真全面系统的总结，指出优缺点。同时根据目前的准备情况，充分预计全面实习阶段可能出现的问题和补救措施。

## 三、体育教育实习准备工作的要求

要充分做好实习准备工作，并逐一进行分别落实，它牵涉到许多具体问题，只有认真对待才能做好。因此，要注意以下几点要求。

1. 要提高全体实习人员对体育教育实习和准备工作的认识，充分发挥大家的自觉性和积极性

要做好体育教育实习的准备工作，首先要提高全体实习人员对体育教育实习和准备工作的认识。学校可通过实习动员大会，组织实习人员集体讨论、个别谈话、制定必要的管理条例和措施等，充分调动和发挥全体实习人员做好准备工作的自觉性和积极性，使全体实习人员认真细致、全面充分、自觉积极地做好体育教育学习的准备工作。

2. 要从实际出发进行体育教育实习准备工作

从实际出发是指从事每项工作都必须遵循的原则。体育教育实习准备工作要根据实习学校的场地、器材设备、学生兴趣爱好、体育基础、身体发育水平、学校的办学条件、实习学生的思想、业务素质和各方面的能力以及实习周期时间、季节和气候等实际情况来安排实习的前期准备工作，这样才切实可行，收到预期的效果。

3. 要狠抓教学基本功和一专多能的训练

教学基本功是教师传授知识、技术、技能，搞好教学工作的重要素质，体育教育实习前期准备要狠抓“三字一话一能”（即粉笔字、钢笔字、白板字、普通话和教学能力）外，重点对口令、领操、队伍的组织调动、教学常规、田径、篮球、足球等裁判技能、体育基本技术技能的示范和讲解等教学基本功的训练，做到人人过关；在教育过程中注意加强对学生的意志品质、心理、专业思想、技术、技能的教学训练，努力提高学生的知识面，促进学生的组织、指导、教学、训练、管理、社会交往等整体能力的提高。

4. 从难、从严要求学生进行实习准备工作

不论是制订计划、编写教案，还是进行教学基本功的训练，都要求按标准和规定进行，一丝不苟，从高从严，认真做好，决不能马虎了事，搞形式，走过场。只有从高从严要求，才能收到良好的效果。

5. 加强检查督促，发现问题及时处理

在体育教育实习前期准备工作中，实习领导小组和教师要加强检查和督促，了解实习学生前期准备工作的进展情况，各项工作是否落到实处，发现问题，及时处理，以保证实习工作按质按量顺利进行。如果只有安排，没有检查督促，事情就很可能会落空。

## 四、 教育实习计划案例

体育教育专业教育实习工作方案

教育实习是体育教育专业人才培养方案的重要组成部分，是教师教育过程中培养学生的创新精神和实践能力的重要环节，是理论与实践相结合原则的贯彻和体现，也是全面检验和进一步提高我院教学质量和办学水平的重要措施。根据人才培养方案的安排，体育教育专业×××级将进行为期16周的教育实习工作。为了更好地贯彻培养目标提出的任务，切实保证我系学生教育实习质量，现依据学院教育实习的规定与要求，结合我系的实际情况，在总结历年来教育实习工作经验的基础上，继续进行新的改革与探索。为保证我系教育实习工作圆满完成，特制定体育教育专业教育实习工作方案。

一、教育实习目的与任务

（一）体育教育专业教育实习目的

面对高校迅速扩招的严峻局面，体育教育专业学生的就业压力越来越大，如何以最快的速度造就体育教育专业学生的教师素质和从教技能，增强毕业生的竞争实力，已成为当前体育教育专业教育实习的主要目的。因此，本次教育实习的目的包含两个方面：一方面，通过教育实习，可以使学生将所学到的基本理论、专业知识和运动技能应用于教学训练实践，培养其独立实施体育教学与运动训练的能力以及分析和解决教学与运动训练的实际问题的能力，逐步了解和掌握中小学体育教学工作的方法、技能，并在实践中得到锻炼，以获得教师职业的初步实际知识和能力，从而缩短从教适应期，为即将从事的体育教学工作打下坚实的基础；另一方面，了解和学习中小学教育教学改革的经验，检查我们的教育教学质量，促进教育教学改革，提高办学水平。

（二）教育实习的基本任务

（1）通过实习使学生了解基础教育的基本情况，初步熟悉工作环境，巩固专业思想。

（2）通过教学与训练实践，使学生初步获得独立从事体育教学与训练的能力。

（3）通过教育实习，使学生初步获得基础教育的体育工作管理和对学生进行思想教育的实际工作能力。

二、教育实习领导小组（略）

三、教育实习人数、时间、方式

（1）教育实习人数：体育教育专业×××级482人。

（2）教育实习时间：按学院实习办公室总体要求进行。

（3）教育实习方式：以集中编队实习为主，分散（单独）实习为辅，加强跨学院、多专业学生混合组队实习。严格控制单独实习生的人数，原则上单独实习控制在10%以内，选择单独实习的学生，由学生自己联系实习单位，但要办理相关手续，包括本人申请、对方单位的接收确认函、安全协议书等，经系及学院实习办批准后方可执行。

四、教育实习工作的主要内容与要求

教育实习主要由教学工作、见习班主任工作和教育调查与研究三部分组成。

（一）教学工作

（1）教学工作实习包括课堂教学、课余体育锻炼、运动队训练、运动竞赛组织与裁判工作等。通过课堂教学，使实习生熟悉教学的全过程，初步掌握从事中小学体育教学工作所应具备的知识、技能和技巧，学习科学的教学方法。

（2）为培养实习生实际教学能力，要求每位实习生尽可能完整地完成实习教学工作的内容，且实习期间的课堂教学不得少于两个教学班的教学工作量。

(3)实习第一周，各实习队应组织全体实习生观摩实习学校体育教师的示范课两次，观摩后组织学习讨论。

(4)实习生要熟悉体育与健康课程标准，认真钻研教材，结合实际备好每节课。教案应在试讲前两天写好交指导教师审阅后进行试讲，教案修改基本成熟后，再请指导教师听试讲，经指导教师在教案上签名后，方可正式上课。实习生原则上不要任意改动教师签字后的教案。

(5)实习生上完每节课后，要认真做好自我分析。在此基础上，及时请指导教师指出课堂教学中的优缺点和改进意见。指导教师对每个实习生的课堂教学至少召开一次评议会。

(6)实习期间实习生必须互相听课，每人听课不得少于10节，并填写听课记录。

(7)每个教育实习队应组织好实习生的观摩课或评议研究课。在实习的中后期，各实习队必须每人组织一次公开课，请有关领导、教师和全队实习生参加，课后开评议会；结束前必须安排每位实习生上一次检查课，检查课必须有实习学校体育教研组长、原任课教师参加和无课的实习生参加，课后进行评议（注意收集教学观摩课或公开课的教案、音像图片等资料)。

(8)根据实习学校的具体情况，实习生尽可能参加与组织该校的课余体育锻炼、运动队训练、竞赛组织与裁判工作。

(二)见习班主任工作

(1)调查了解班级学生的基本情况，制订班主任工作实习计划，在原任班主任指导下，进行班主任工作实习。针对班级情况，运用各种方法与渠道（集体、个别教育、主题班会、家访工作）进行思想品德教育及组织班级各种教育活动。

(2)运用教育科学理论指导开展班主任工作实习，了解班主任工作的意义与基本内容，学习班主任工作的基本方法，培养从事班主任工作的能力。

(3)每个实习生必须制订班主任工作实习计划，交原班主任审定后执行。实习期间至少组织、指导一次学生主题班会或有效的班级活动（学校没有安排实习班主任工作的除外)。

(4)班主任工作要贯穿教育实习全过程，注意点面相结合，并做到“五到”（早自习、大课间、文体活动、劳动、晚自习等)。

(三)教育调查与研究

教育调查工作主要了解实习学校的历史、现状及贯彻党的教育方针政策的情况；了解中小学体育课程改革的情况；调查体育优秀教师的先进事迹、教育教学经验的情况；研究教育对象的思想情况、心理与生理特点、学习态度与方法、知识结构与智能水平等德智体状况。实习生根据当前基础教育课程改革和培养学生科学素养的新动向、新问题和新特点，选好调查题目，选题要突出体育教育专业的教育教学特点，同时要有针对性和现实意义。

(1) 拟订调查计划（既要全面又要有侧重点）送交指导教师审批后执行，必要时应征得实习学校同意。

(2) 在充分调查研究、分析整理资料的基础上，撰写一篇调查研究报告。

(3) 调查报告的内容要真实，有观点，有典型材料，有数据，有分析，文字要简明扼要（一般3 000字左右）。

五、教育实习要求

（一）纪律要求

(1) 强化学生安全意识教育，使学生学会自我保护，做好实习中的安全防范工作。

(2) 学生必须严格按照实习计划的安排，努力完成各项实习任务。

(3) 自觉遵守实习单位的各项规章制度，爱护公共财物，提倡文明礼貌，维护学校声誉。

(4) 严格遵守实习单位的作息时间，不得无故迟到、早退。

(5) 严格落实请假制度，遵守实习队实习期间一切规章制度。

(6) 凡不参加毕业实习的学生不予评定实习成绩，不能取得毕业资格。

(7) 对分散实习的学生必须将本人的联系电话、手机、E-mail等报给院（系）实习办公室以便加强联系和管理。

(8) 实习开始，实习小组按时、统一到实习学校报到，实习结束按时返回学院上课。对实习生在实习学校的违纪行为，按学院的有关部门规定严肃处理。

（二）领队教师的职责

(1) 与实习学校联系安排好有关教育实习的一切活动。

(2) 按照教育实习计划，协同教学实习指导教师和班主任实习指导教师，帮助实习生完成教育实习任务，做好实习生实习的评议和成绩评定工作。

(3) 组织实习生进行个人和小组总结。加强与实习学校的联系，协调并处理好各方面的关系。对于重大问题或难以处理的问题，应及时向系领导汇报。

(4) 实习结束时上交实习工作日志与实习工作总结。

（三）实习学校指导教师的职责

(1) 向实习生介绍教学计划及进度、班主任工作计划，帮助实习生熟悉实习班级学生和所要实习的内容，指导实习生备课，编写教案，制订班主任工作实习计划及其他实习活动计划，了解实施情况并予以督促、检查。

(2) 听实习生的试讲和教学实习课；参加实习生主持或组织的班会及其他集体活动；主持实习生教学实习及班主任工作实习评议。

(3) 评定实习成绩（包括课堂教学实习成绩和班主任工作实习成绩），做好教育

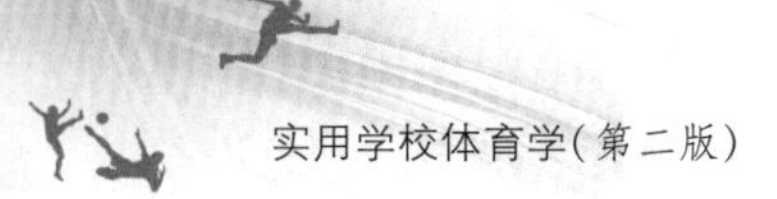



实习的总结工作。

（四）体育教育学院实习生守则

（1）实习生应按人才培养方案规定参加全部实习活动。实习期间要严肃认真，刻苦钻研，克服困难，努力完成各项实习工作。

（2）严于律己，自觉遵守实习工作的一切规定和实习学校的规章制度，服从实习学校的统一领导。

（3）积极参加实习学校的公益活动，谦虚谨慎，虚心求教，尊重实习学校领导、教师及工作人员，礼貌待人。若对实习学校的工作有新的建议，必须有组织地进行反映，不得随便议论。

（4）恪守教师职业道德，言传身教，教书育人，为人师表，敬业修德。衣冠整洁，朴素大方，举止庄重，并以满腔的热情关心和教育学生，以和蔼、诚恳的态度对待学生。

（5）发扬团队精神，敢于批评与自我批评，注重集体荣誉感。团结协作，互相帮助，互相学习，互相尊重，取长补短，共同提高。

（6）深入细致地做好教育教学工作。刻苦钻研教材、教法，认真备课、试讲，规范地书写教案，且教案必须经过指导教师的审阅并签字后方可实施，课后应及时做好小结，注意吸取经验教训，不断提高教学质量。

（7）强化安全意识。在教学、训练和课外活动中，应加强安全教育，采取妥善措施，严防运动伤害事故的发生。同时，不准私自带领学生外出游玩，要防止集体和个人意外伤害事故发生，严禁打架斗殴。

（8）严格遵守请假制度，实习期间一般不准请假，若有特殊原因必须请假时，须经双方指导教师批准后方可离队，不得擅自外出。

（9）注意环境卫生，实行办公室和宿舍值日制。保持实习场所清洁干净、室内整齐。

（10）发扬艰苦朴素的优良作风，勤俭节约，爱护公物，借用的各种物品、资料要认真保管并如期归还，若有损坏或遗失，必须要照价赔偿。

六、教育实习成绩评定

按“×××学院体育教育专业教育实习成绩的评定方法与标准”执行。

# 第二节　体育教育实习的管理与组织

体育教育实习的管理与组织是普通高等学校体育相关专业教育方案中极其重要的一环，也是教育管理科学中一个重要组成部分，无论是过去乃至将来它都与教学实习工作的完善和发展有着密切的关系。实践证明，越重视这项工作，教育实习就越顺利，工作越细致，成效就越明显；反之，就会出现许多问题和矛盾。本节主要阐述体育教育实习的管理与组织工作的意义、作用、任务、原则、方法、内容和机构等问题，主旨是对教育实习工作实行科学管理，提升教育实习工作的效率。

## 一、体育教育实习管理与组织的意义、作用和任务

### （一）体育教育实习管理与组织的意义和作用

实践表明，提高和保证体育实习效果与质量，是与加强组织领导和科学管理分不开的。有效的管理与组织对保证体育教育实习顺利进行具有重要的意义和作用，主要体现在以下几个方面。

（1）管理与组织有利于发挥人、财、物、时间的综合效益。体育教育实习工作涉及的面广、量大、情况复杂，只有加强组织领导和科学管理，以最合理的方式和方法，充分发挥有关人、财、物、时间的作用，才能顺利地完成实习任务，取得最大的工作效益。特别是在目前各校人、财、物、时间十分有限的情况下，更应该重视和加强管理与组织，统筹安排，合理使用，否则就会给实习工作造成损失。

（2）管理与组织有利于协调各方面的关系。体育教育实习工作牵涉到许多方面，诸如普通高等学校与地方教育行政部门及实习学校，领队教师与中学指导教师，实习生与中学生，以及班主任等系列关系，都需要协调好，没有严密的、科学的管理与组织，就不可能很好地协调和解决实习中所遇到的问题。

（3）管理与组织有利于培养、提高、检验和发现管理者的才能，使被管理者的教育水平得到进一步提高。在管理与组织过程中，涉及的体育实习的每一个环节，既是对被管理者思维方式、热情和态度、工作作风进行的一次全面检验和发现，同时又是对管理者的工作能力、组织才干的培养和锻炼过程。

（4）通过实施合理组织和总结，有利于体育教育实习工作向规范化、制度化和科学化发展，使之更符合普通高等院校体育教育专业培养目标和内在规律的发展。

总之，管理与组织工作对于提高教育实习质量，充分发挥人、财、物、时间的最大潜力，培养提高管理者素质，不断完善教育实习制度，具有十分重要的意义和作用。

### （二）体育教育实习管理与组织的任务

管理与组织的任务，是根据管理与组织目标和要求制定的，是综合多年实践和管理与组织工作中实际需要而制定的，其主要任务包括以下两点。

（1）建立体育教育实习管理机构，规定各级管理人员的岗位职责，明确工作关系。实践证明，管理机构的各级人员，作为相对稳定的教育实习指导队伍，发挥其研究、组织、指导和参谋作用。建立这样一支相对稳定的队伍，要认真物色师德好、责任心强的教师担任实习指导工作，对实习指导教师的智能结构提出一定的要求，实习指导教师应对中学体育有一定研究或熟悉中小学工作，有一定理论基础，知识面广，有一定组织能力。只有配齐、配好管理与业务指导队伍，才能高效完成实习任务，实现育人的目标。管理与组织机构队伍整齐配套，完成教育实习任务就可能实现。

（2）建立和明确管理机构的任务、内容和要求，制订各项工作计划，建立各项规章制度，提高管理工作的质量。管理制度应包括政治思想教育制度，各项实习工作的规范性，经费使用制度，组织纪律与生活管理制度等方面。但是，各项管理规定，应有利于实习生创造能力的发挥。执行管理的效果，应与实习生教育实践的效果相对应。

制定有关检查与评定的标准和方法。科学、正确地评价教育实习，是带有根本性的管理措施。如教育实习计划执行情况，教育实习成绩考核评定精准等，都要先定出具体的检查和评定方案，保证检查和评定工作得以落实到位。

## 二、体育教育实习管理与组织的原则、方法和内容

管理与组织的原则，是管理者在执行体育教育实习过程中，所必须遵循的指导原则和行动准则，它是教育实习实践经验的总结概括。实践证明，在教育实习过程中，无论是管理过程、内容、方法、制度以及调动和协调各方面的关系，都离不开管理原则的指导。

### （一）体育教育实习管理与组织的原则

应包括计划性原则、统一性与灵活性相结合原则、规范性原则、有序性原则和有效性原则。

1. 计划性原则

所谓计划就是对未来工作的预测和决策，具有指导和调控作用，可以避免工作的盲目性和随意性，它是教育实习管理与组织的中心环节。

体育教育实习是一项计划性很强的工作，它的特点是时间短，任务重，工作量大，涉及面广，实践性强。例如实习的选点，如不事先做好计划，联系落实，到临时上阵

就会落空，就会影响整个实习工作。同时，要用周密的计划来明确有关管理人员和实习生的具体工作，使他们明确各自的具体任务、职责和要求，以便高效率、高质量地顺利完成实习任务。

2. 统一性与灵活性相结合原则

统一性原则主要是体现在管理与组织方面、执行计划方面、遵循规章制度方面。体育教育实习从准备到结束，都须在统一的指挥下，按照统一的计划和统一的规章制度进行。

然而，院（系）实习队具有相对的独立性，必要时可根据各自的实际情况和特点，灵活安排，使统一性与灵活性结合起来。

3. 规范性原则

规范性原则是学校工作本质特点的反映。管理规范化，首先要求实习工作规格化和标准化。实习工作建立科学的统一规格和标准，就能比较客观地衡量实习工作的质量，就可以有效地进行质量管理。其次，要求建立和健全各项规章制度，没有实习的规章制度也就没有管理。有了合理健全的规章制度，既可以使教育实习工作有序地、正常地进行，又可以促进各级成员自觉地遵守。再次，参加教育实习工作的每个成员，在政治觉悟、思想品质、衣着举止、语言谈吐等方面，都要符合社会主义的道德规范。最后，规范性原则还有着重要的教育作用，只不过它是在潜移默化的、无形的影响中发生的。所以建立合理的规章制度和实习工作的规格和标准，不仅是科学管理的需要，同时也是一种教育手段。

4. 有序性原则

有序性原则，是指管理与组织者要抓住工作的主要环节，实行程序控制、阶段把关、全过程管理，做到管理工作程序化。

体育教育实习工作有着规范的流程，一是计划、二是执行、三是检查、四是总结。它构成了教育实习活动的基本环节，每个环节有序、紧密地结成整体，如果颠倒顺序，将会导致工作紊乱，削弱管理的效果。

5. 有效性原则

有效性原则，是指在体育教育实习工作管理中，合理而有效地使用人力、物力、财力和实践，使教育实习工作取得高效率、高效益的成果。评价工作的好坏，工作成绩的大小，要以效率和效果作为主要衡量尺度。

综上所述，管理与组织的各项原则是紧密联系的、互相影响的和不可分割的，它们共同组成了一个共同的有机体。只有全面地遵循和贯彻这些原则，才能充分地发挥各项原则的指导作用，才能提高科学管理水平和工作效率。同时，这些原则不是一成不变的，随着对管理规律认识的不断认识与提升，以及管理经验的不断积累，管理原则将会得到不断的修正、充实和发展。

### （二）体育教育实习管理与组织的主要内容和方法

管理与组织是一项复杂的社会活动，是人与人之间，人与财以及与物、计划、时间、信息等之间发生作用的过程。在这些过程的各个环节中，人是管理的主体，是全部管理的核心。只有确立人在管理活动中的主体位置，才能显示管理工作的生命力。

1. 管理与组织的内容

管理与组织的内容较多，概括起来主要有以下四个方面。

（1）人的管理。人，包括管理与组织者、领队教师、实习生以及其他有关人员。科学的管理方法在于调动人的积极性，充分发挥人的主观能动性，这样才能实现教育实习的目标。教育实习是在一定时间内完成的工作，时间虽短但影响较大，所以，人员的配备，不论其思想境界、言谈举止都要有良好的示范性，并有一定的专业水平和组织工作能力，这是提高教育实习工作质量的保证。

（2）财务的管理。财务管理主要指实习经费的管理，科学地管理就是要使有限的实习经费用之得当，并取得最大的效益。在教育实习中要求教育所有成员，都要本着勤俭节约原则，财尽其用，严格财务制度。教育实习经费应做到专款专用，不得挪作他用，一切非教育实习计划内的开支、都不得占用。

（3）规章制度的管理。规章制度包括教育方针、政策、指令性文件、实习计划、指导教师职责、实习生守则等。要有专人负责检查、落实。

（4）信息的管理。即管理者通过信息了解情况，利用信息与相关人员和部门进行意见交流的沟通，协调可能产生的矛盾，以提高管理的效能。

2. 管理与组织的主要方法

从教育实习的总体看，管理与组织的主要方法有以下四种。

（1）宣传管理法。即通过思想动员和宣传教育的手段，使实习的所有参加者，对教育实习的目的、意义、任务、作用等有全面认识。抓好宣传教育工作，不仅能激发参与者的热情，而且能为达到教育实习预定目标创造有利的条件。

（2）协调管理法。教育实习是由一系列具体活动组成的，这些活动不是孤立存在的，而是彼此紧密联系、相互制约的。在实习活动过程中，不同部门之间，出现意见不一致，实习计划与某一方面主生矛盾时，需要管理者进行指导，协调各方面的关系，以使实习顺利进行。这是切实可行的、有效的管理方法。

（3）法规管理法。主要是指令性文件——实习的规章制度、实习计划、指导教师职责、实习生守则等，要求必须贯彻执行，并有检查等措施，予以督察和保证。

（4）表彰与批评法。表彰先进、批评落后是一种符合教育特点的、行之有效的工作方法。正确运用表彰与批评法，能鼓励先进更先进，也能促进落伍者提高认识，增强上进心和勇气，变后进为先进。运用表彰与批评法，必须要赏罚分明，以表彰奖励为主，批评惩罚为辅。同时，表彰与批评，一定要实事求是，不能有意扩大或缩小事实。

## 三、体育教育实习管理与组织的机构

体育教育实习管理与组织的机构如图 13－1 所示。

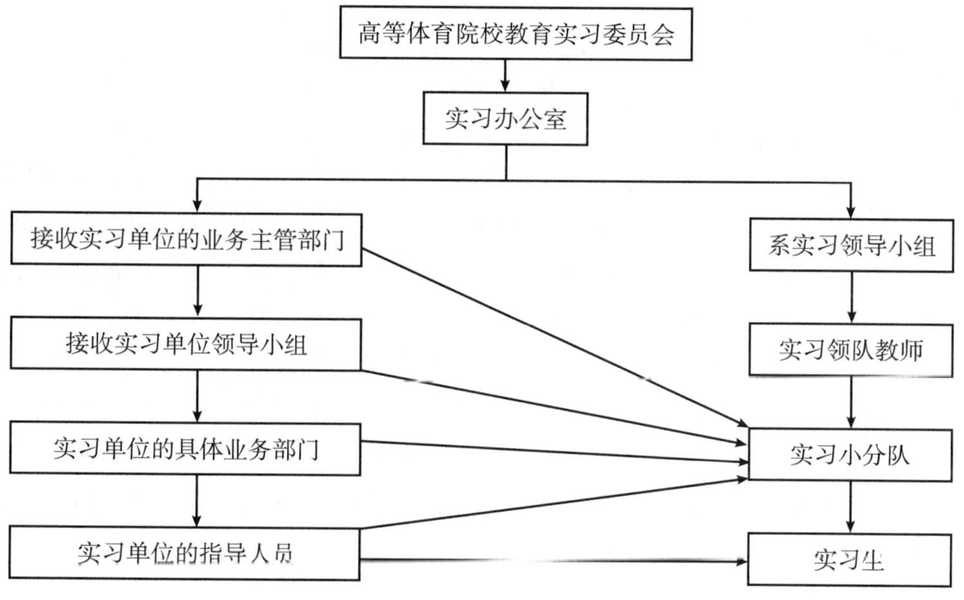


**图 13－1 体育教育实习管理组织机构体系**

## 四、教育实习管理文件案例

体育教育系×××级教育实习工作中期检查汇报

为了加强体育教育专业×××级学生教育实习工作的监管，更好地了解实习生的情况，及时反馈实习学校的意见和建议，10 月 20 日至 11 月 15 日体育教育学院分成五个小组先后、分别对所属的 5 个区域共 43 所实习学校中 30 所学校进行了走访调查。各小组通过听取实习带队教师的工作汇报，召开实习点师生座谈会，深入课堂、食堂、宿舍、办公室进行实地考察，检查实习生教案和教育实习手册填写情况等方式，全面了解实习生实习进展、生活情况及实习学校对我们教育实习工作的建议和意见。检查结束后，系召开会议对实习工作检查情况进行了总结，现归纳如下：

一、总体情况

走访中，各实习学校领导对我们的实习工作均给予了大力支持，对每一个实习生均安排了实习指导教师，同时在实习指导教师的安排上高度重视，普遍安排了经验丰富的教师指导我学院的实习生进行教育实习工作，并严格要求本校指导教师要随堂听课，部分学校还安排了见习班主任工作。从检查情况来看，本年度体育教育专业教育实习总体进展情况良好，实习工作井然有序，实习效果基本达到预期的阶段目标。全体实习生能严格遵守实习学校的校规校纪，认真对待教育实习工作，能积极主动与指导教师沟通，虚心向指导教师求教，认真做好听课、备课、试讲、上课等每一个教学环节，在指导教师的指导下，基本能顺利完成课堂教学任务；见习班主任工作热情、主动；课外活动及运动队训练认真、负责，并赋有一定的创造性。在教育实习中，实习生能及时与学生进行沟通、交流，了解学生的基本动态，实习生通过教育实习真正地理解和体味了教师这个职业的光荣和艰辛，也更坚定了立志成为一名优秀教师的职业信念。许多带队教师克服了家庭、工作中的重重困难，认真履行职责，协调关系，关心实习学生的思想和生活，保证了教育实习工作的顺利进行。同时，各学校对我院实习工作组织、实习生整体的纪律、精神面貌、敬业精神以及实习生在专业知识、教学技能、道德素质等方面所表现出的逐年进步给予了较高的评价。这从一个侧面也反映了师范生的培养在思想教育、知识传授和技能训练等方面取得了比较好的效果。

总之，在各实习学校的积极支持和配合下，各实习点教育实习的各项工作正扎实有序地进行。目前，实习生正在进一步总结前一阶段的工作，力争使得本次教育实习工作取得圆满成功并获得更大收获。

二、存在的问题

各实习学校对我系实习生在实习过程中存在的问题提出了以下中肯的意见。

(1) 实习生对目前基础教育实施的课程改革情况了解较少，表现在学校所学的知识与中小学实际脱节，“一专多能”中的专和能都需加强。

(2) 学生的知识面尚需进一步拓展，以适应新课改形式下对教师的要求。

(3) 少数学生专业功底不深厚，视野不开阔，素质不全面。

(4) 驾驭课堂能力还有待提高。主要表现在课堂的时间安排及临场应变能力欠佳；与学生互动的技巧有待提高。

(5) 篮球、田径、足球等裁判能力不足。

(6) 在班主任工作实习过程中，偏重具体事务而忽视整体把握，很少独立组织班会活动。

三、建议

(1) 当前，基础教育正在进行新一轮课程改革，各实习学校均希望能与我院共同就新课改进行研究，就新课改中存在的问题探寻解决方案。

(2) 体育教育专业在《学校体育学》开课的学期，能否增加一周认识实习的教学环节，并联系一所或多所中小学安排学生连续观摩听课，然后进行讨论并要求学生撰写见习报告。

(3) 进一步加强与基础教育的交流与合作，包括互派教师进行讲座、授课以及开展教改课题研究等。

(4) 采用不同方式，通过多种渠道，进一步加强学生“说课”“试讲”能力的训练。

(5) 对于后期建立并已经成熟的实习学校应尽快完成实习基地的审核与挂牌工作，同时也应对各实习学校的指导教师颁发聘书，以调动他们的积极性。

(6) 为了更好地开展实习工作，建议出台鼓励我院实习带队教师创造性地开展实习工作的相关政策，大力表彰在实习工作中涌现出的好人好事。

(7) 建议适当增加各系实习工作的经费，及时解决实习期间所遇到的各种困难。

四、教育实习和毕业论文的指导与衔接问题

体育教育专业在第六学期就启动了毕业论文的选题工作。具体要求是：第六学期末完成毕业论文的选题，并在指导教师的指导下确定论文的题目，完成论文的相关设计；第七学期，实习期间应与指导教师密切沟通并在指导教师的指导下，完成毕业论文的初稿；第八学期的前五周，修改论文、论文定稿，准备答辩。而现实问题是，学生在实习期间，由于各种原因可能无法与指导教师进行沟通，尽管我们也想了一些办法并做了要求，但由于学院目前内部管理体制的原因，实际上大部分学生的论文工作在第七学期是处于暂停状态的，这是要引起我们重视与思考的问题。

# 第三节　体育教育实习的总结

## 一、教育实习工作总结的意义和作用

教育实习工作总结是指对整个实习过程中的人员在工作、思想、教学和生活等方面进行认真回顾，分析研究，做出鉴定，总结出经验教训，用以改进和指导以后的工作。为此，要给予高度重视，自觉、认真地做好这项工作。

按照马克思主义认识论的观点，世界上任何一项新发现、新创造，无不是反复经过实践—认识—再实践—再认识，不断总结，改进，然后取得成功的。体育教育实习也不例外，只有通过全面认真的总结，才能达到预期的目的。实习总结工作的实践表明，其意义和作用概括起来有如下几个方面：

1. 有助于实习生正确地认识和评价自己

对实习生来说，通过总结，可以对中学体育教育的本质和规律、意义和作用得到再认识，再升华，同时对自己的教学、教书育人等方面的能力情况有清醒的认识和反省，并从中发现自己有哪些特长、优势，存在哪些不足，如何扬长补短，这不仅为今后成为一名合格的中小学体育教师奠定基础，而且通过实习总结，有助于激发鞭策学生，为党和人民的教育、体育事业贡献力量。

2. 有助于指导教师积累经验，掌握教育实习规律

对指导教师来说，通过总结，进一步积累经验，掌握教育实习的有关规律，一方面在指导实习中自身得到启迪和提升；另一方面，总结出经验教训为指导以后的实习生工作提供借鉴。

3. 有助于院系不断改进教育、教学和管理工作

对院系来说，通过总结，互相交流，巩固实习成果，探索今后实习的新路子，同时，注意发现在教育、教学、管理等方面存在的主要问题，为今后进一步深化改革，强化管理，改革高校体育教育专业教育实习工作等提供可靠依据和反馈信息。

总之，通过总结工作，对培养合格的中小学体育教师，确保正确的办学方向，明确指导思想，都具有重要意义和作用。

## 二、实习总结的主要内容和要求

按内容进行划分，实习总结包括全面总结和专题总结；按方式划分包括书面和口头或会议总结；按参加者划分包括实习生、指导教师和院系总结。以上各项总结是从不同角度划分的，归纳起来主要有两种，即全面性总结和专题性总结。

### （一）总结的内容

1. 实习生个人总结

实习生个人总结是一份自我认识和评价的重要总结，是教育实习领导小组、指导教师、实习队对其鉴定、评定成绩的重要依据之一，该总结的主要内容有以下几点。

（1）全面总结。对实习生的认识、态度及在实习中的主要收获，包括思想、组织纪律、作风、完成实习任务等方面，并侧重在教学工作、课外体育活动辅导等方面的成绩、体会、不足和今后的努力方向。

（2）重点总结。对本系和实习学校在教育、教学、管理等方面提出自己的设想和建议。

（3）专题总结。选择某一方面或某一问题（自己感受最深、收获最大的）进行总结，如写自己“在第一次试教前后的认识”“第一次召开主题班会”“通过教育实习谈谈学校的教学改革设想”等。

2. 指导（领队）教师的总结

指导（领队）教师的总结是为了院系专业教育管理以及不断深化教学、思想教育

和教育实习等方面改革工作提供直接依据，同时对指导（领队）教师本身工作再认识提供具体素材，其主要内容有以下几点。

（1）全面总结。工作概况、工作主要内容、开展的主要活动和完成的工作量及其所取得的成绩。

（2）对指导（领队）工作的认识、态度以及主要做法、经验、体会或感受。

（3）存在的主要问题。自我方面和整个实习队方面存在的主要问题、薄弱环节和教训。

（4）对本校、本专业教学、组织管理、学生思想及专业能力等方面提出改进意见和设想。

（5）对本次教育实习计划、安排等方面提出看法和改进意见，并从中再选择一至两个方面进行重点总结和专题总结。

3. 院（系）实习总结

院（系）实习总结属于集体总结的一种形式，其中还可以为学校和指导教师、实习队、实习生代表参加的会议总结和材料总结。它是在群众总结基础上产生的，既能使参加人员受到一次教育，提高认识，又有利于改进今后工作，其主要内容有以下几点。

（1）基本情况：本届实习的时间、地点、参加人数以及实习成绩评定情况和总体评价。这部分内容简明扼要，相当于“序幕”。

（2）主要做法和收获：即系重视，抓落实，取得主要成绩，一是实习总体成绩，二是组织指导实习工作方面成绩。

（3）主要认识和体会：即通过实习工作实践，进一步认识实习工作本身的意义和作用，以及通过实习对学校思想教育、体育教学的认识，从中得出深刻的体会，由感性认识上升为理性认识，用实习工作各个过程和典型事例来分析研究，得出结论以指导今后的工作。

（4）存在的主要问题和改进措施：分析存在的主要问题、产生原因和组织管理方面存在的带有普遍性和倾向性的问题，并对这些问题提出改进意见。也可以从中选择体会最深、感受最大的某一方面或某一问题进行重点和专题总结。

### （二）主要要求

实习工作总结既是整个实习过程中的重要一环，又是一项内容多、涉及面广，需要耐心细致的工作，因此，在总结时，要尽量体现下列要求：

1. 思想要重视，态度要端正

（1）充分认识总结工作的重要性和必要性，不是在会上讲几句，在材料或表格上写几句应付了事，搞形式走过场，更不是为了个人档案袋里添一份材料，而是作为实习工作本身的需要，总结经验教训，改进和提高今后工作的需要。

（2）坚持实事求是的原则，一分为二地看待成绩和问题，讲成绩不夸张，讲问题不回避，一是一，二是二，列举事例要真实，数据要准确，本着尊重客观事实，对个人、对组织负责的态度搞好总结。

2. 在内容方面的要求

（1）内容要充实。无论是口头总结还是书面总结，都必须有丰富、翔实的内容，做到既不空洞又不俗套。需要总结者平时注意搜集材料，对积累的材料进行细致的筛选，整理归纳，选择出最能说明问题的典型事例。

（2）处理好重点与一般、全面与专题内容的关系，既为总结，就要求全面梳理，符合总结的一般要求，如基本概况、过程、做法、成绩、缺点、经验教训、措施都要总结归纳。讲全面不是面面俱到，事无巨细，而应详略适宜，取舍得当，既突出重点，又注重一般，有侧重，有特色，有新意。

（3）要善于抓住本质和规律，实习总结不是对整个实习过程的刻录、罗列一些表面现象或数据，而是从许多的现象和材料中，通过分析、综合、判断，归纳出明确的，符合客观实际的本质规律。做到从材料引出观点，解释本质规律，观点紧扣材料，说明本质规律。

3. 文字方面的要求

书面总结，文字要简练，条理要清楚，层次要分明，重点要突出，篇幅力求简短，会议总结要安排有序，讲求实效。

## 思考题：

1. 体育教育实习准备的意义和范畴是什么？
2. 应如何开展体育教育实习准备工作？
3. 体育教育实习准备工作要遵循什么要求？
4. 如何进行体育教育实习管理与组织？
5. 体育教育实习管理与组织的机构如何构成？
6. 教育实习工作有什么意义与作用？
7. 实习总结的主要内容和要求是什么？

《广州体育学院体育教育专业实习指导手册》（案例）

# 推荐书目


[1] 周登嵩. 学校体育学［M］. 北京：人民体育出版社，2004.

[2] 樊临虎. 体育教学论［M］. 北京：人民体育出版社，2002.

[3] 王文生，王钦若，谭兆风，等. 体育教学论　体育方法学　中学体育教材教法［M］. 桂林：广西师范大学出版社，2000.

[4] 唐炎，刘昕. 学校体育学［M］. 北京：高等教育出版社，2020.

[5] 陈雪红. 学校体育学［M］. 北京：北京师范大学出版社，2011.

[6] 潘绍伟，于可红. 学校体育学［M］. 北京：高等教育出版社，2015.

[7] 毛振明. 体育教学论［M］. 北京：高等教育出版社，2017.

# 参考文献


[1] 王文生，王钦若，谭兆风，等. 体育教学论 体育方法学 中学体育教材教法[M]. 桂林：广西师范大学出版社，2000.

[2] 李晋裕，藤子敬，李永亮. 学校体育史 [M]. 海南：海南出版社，2000.

[3] 樊临虎. 体育教学论 [M]. 北京：人民体育出版社，2002.

[4] 戴三育，刘新民. 中小学体育与健康教材教法 [M]. 北京：人民体育出版社，2004.

[5] 周登嵩. 学校体育学 [M]. 北京：人民体育出版社，2004.

[6] 张学忠. 学校体育教学论 [M]. 北京：人民体育出版社，2005.

[7] 李国泰. 体育课程组织形式及其教学模式论 [M]. 重庆：重庆大学出版社，2005.

[8] 毛振明，于素梅. 体育教学评价技巧与案例 [M]. 北京：北京师范大学出版社，2009.

[9] 杨建国，王海宏. 新编中学体育教材教法 [M]. 北京：北京体育大学出版社，2011.

[10] 陈雪红. 学校体育学 [M]. 北京：北京师范大学出版社，2011.

[11] 中华人民共和国教育部. 义务教育体育与健康课程标准：2011 年版 [M]. 北京：北京师范大学出版社，2012.

[12] 潘绍伟，于可红. 学校体育学 [M]. 北京：高等教育出版社，2015.

[13] 张振华. 体育教学理论与方法 [M]. 北京：北京师范大学出版社，2016.

[14] 杨文轩，张细谦，邓星华. 学校体育学 [M]. 北京：高等教育出版社，2016.

[15] 毛振明. 体育教学论 [M]. 北京：高等教育出版社，2017.

[16] 中华人民共和国教育部. 普通高中体育与健康课程标准：2017 年版 [M]. 北京：人民教育出版社，2018.

[17] 唐炎，刘昕. 学校体育学 [M]. 北京：高等教育出版社，2020.

[18] 许定国，李国泰. 加强课余体育锻炼管理的意义 [J]. 体育学刊，2002 (3)：69 -70.

[19] 刘锦瑶，张运亮，王建华. 阳光体育运动下中小学大课间体育活动开展模式探析 [J]. 首都体育学院学报，2009，21 (6)：717 -720.

[20] 杨文轩. 关于“体育与健康课程标准”修订的思考 [J]. 体育学刊, 2011, 18 (5): 1-3.

[21] 于贵身. 体育教学中体育游戏的价值 [J]. 教育理论与实践, 2012, 32 (5): 60-61.

[22] 毛振明, 于素梅. 思考解析“教会、勤练、常赛”: “体育走班制教学”是保障“教会、勤练、常赛”的正确教学模式 [J]. 体育教学, 2021, 41 (1): 4-9.

[23] 国务院办公厅印发《体育强国建设纲要》(2019-09-02)[2021-11-11]. [EB/OL]. http://www.gov.cn/xinwen/2019-09/02/content_5426540.htm.

[24] 教育部办公厅关于印发《〈体育与健康〉教学改革指导纲要(试行)》的通知 [EB/OL].(2021-06-03)[2021-11-11]. http://www.moe.gov.cn/srcsite/A17/moe_938/s3273/202107/t20210721_545885.html.